L'EXPRESSIONNISME ET LA MUSIQUE

COLLECTION

LES CHEMINS DE LA MUSIQUE

Cette collection se propose d'offrir au grand public amateur de musique de brèves synthèses sur des périodes de l'histoire de la musique, sur des courants esthétiques, sur l'évolution des formes musicales, voire sur certains compositeurs, selon une approche historique, sociale et culturelle.

André Boucourechliev, *Le langage musical*
Rodolfo Celletti, *Histoire du bel canto*
Michel Chion, *Le poème symphonique et la musique à programme*
    — , *La symphonie à l'époque romantique*
    — , *La musique au cinéma*
Gérard Gefen, *Histoire de la musique anglaise*
    — , *Les musiciens et la franc-maçonnerie*
Paul Griffiths, *Brève histoire de la musique moderne*
Frans Lemaire, *La musique du XXe siècle en Russie et dans les anciennes républiques soviétiques*
Henry-Louis de La Grange, *Vienne, histoire musicale*
Isabelle Moindrot, *L'opéra seria ou le règne des castrats*

À PARAÎTRE

Guy Erisman, *Histoire de la musique tchèque*
Michel Fleury, *L'impressionnisme et la musique*
Marcel Marnat, *Joseph Haydn, la mesure de son siècle*

Alain Poirier

L'EXPRESSIONNISME ET LA MUSIQUE

Fayard

© Librairie Arthème Fayard, 1995.

Pour Manou

Introduction

Rien n'est plus réducteur qu'un abus de langage. Le terme d'expressionnisme, comme ceux de romantisme ou de baroque, est fréquemment utilisé à tort et à travers dès qu'une caractéristique est mise en avant aux dépens d'autres non moins importantes. Comme pour toutes les « catégories esthétiques » d'une telle ampleur s'est reproduit le même débat, partagé entre deux interprétations : soit le mouvement apparaît comme l'émanation d'une période précise, définissable en termes historiques, politiques, sociaux ou artistiques, soit il déborde de ce cadre pour accéder au rang d'un « esprit » général resurgissant à d'autres époques. Le sujet est donc délicat et reste ouvert à tous les amalgames et autres généralisations dangereuses. Ainsi le propos, simplificateur à l'extrême, consistant à identifier comme « expressionniste » toute œuvre, en particulier musicale, caractérisée par la violence de son discours. S'il est vrai que le trait est parfois forcé, en exacerbant une dimension particulière, l'expressionnisme ne peut sérieusement être réduit à ce seul critère d'extériorisation.

La complexité de l'entreprise est accentuée par le fait que l'expressionnisme s'est manifesté presque parallèlement, et non successivement, dans la peinture, la littérature, la poésie, le théâtre et la musique sans qu'il soit possible pour autant de définir une série de critères dont la validité serait susceptible de couvrir *l'ensemble* de ces manifestations. La première difficulté est donc de discerner un dénominateur commun, révélateur d'un *Zeitgeist*, un « esprit du temps » propre à une époque ainsi qu'à une éventuelle délimitation géographique. Si l'expressionnisme, tel que le formule justement Jean Jacquot, « n'aura d'abord été qu'un aspect d'un processus général de remise en question dans le premier quart du siècle[1] », il est d'autant plus susceptible d'englober des attitudes différentes que de se confondre parfois avec d'autres mouvements tels que le dadaïsme ou le futurisme.

Quant aux antériorités, largement issues des préoccupations du XIXe siècle, elles trouvent leurs prolongements chez les expressionnistes qui, à leur tour, identifieront les mêmes caractéristiques chez Goethe, Kleist, Nietzsche ou Hölderlin : « Leurs paroles, un petit nombre de paroles, sont chargées d'une énorme accumulation de tension créatrice, à vrai dire plutôt une saisie de paroles sous tension, et ces paroles saisies sur un mode tout entier mystique continuent alors à vivre avec une puissance de suggestion réellement inexplicable[2]. » La mise en regard qu'établit encore le philosophe Walter Benjamin entre les tragédies baroque et expressionniste à partir de la même préoccupation d'un « vouloir artistique » *(Kunstwollen)* conduit à mettre « l'expressionnisme, la violence pathétique de l'expression, en rapport avec les réalités qui la ruinent au fur et à mesure qu'elles la fondent : le non exprimé, l'inexpressif, l'inexprimable[3] ». Il s'agit là de l'un des aspects à la fois les plus déroutants et les plus fascinants de cet univers complexe rassemblé sous le terme générique d'expressionnisme.

---

1. « Les musiciens et l'expressionnisme » dans *L'Expressionnisme dans le théâtre européen,* p. 247. Les références sont données dans la Bibliographie.
2. G. Benn, « Expressionnisme » (1933), repris dans *Un poète et le monde,* p. 179.
3. P. Ivernel dans *L'Expressionnisme dans le théâtre européen,* p. 80.

Introduction

Les opinions divergent quant à la première apparition du mot. Parmi les précédents que l'on peut relever au cours de la fin du XIXe siècle, Lionel Richard signale quelques apparitions isolées dans des articles anglais, ainsi que les toiles que Julien-Auguste Hervé, peintre de second rang, présente à Paris en 1901 sous le titre d'*Expressionnismes*[4]. Au-delà de ces traces ponctuelles, il semble que ce soit en avril 1911 que le terme ait été employé pour la première fois en relation avec ce que nous en connaissons, lors de l'exposition berlinoise de la Sécession... au sujet de peintres français ! On le retrouve cité peu après, à la fois dans un essai de Kurt Hiller *(Littérature et science)* et dans un article que l'historien de l'art Wilhelm Worringer écrit pour la célèbre revue *Der Sturm*. Le mot, qui ne devient courant qu'au cours de la Première Guerre, n'est pas accepté pour autant par les artistes eux-mêmes. En effet, les fréquentes réfutations par certains auteurs dramatiques, des peintres ou des musiciens, sont tantôt liées à la volonté d'échapper à une mode ou à des catégories, tantôt marquées par un changement d'attitude. Pour exemple, Walter Hasenclèver, auteur en 1914 de la pièce *Le Fils* qui connaît un grand retentissement, définit d'abord son œuvre comme «une profession de foi d'un drame, si l'on veut expressionniste», avant de proclamer quatre ans plus tard : « Il est temps de démasquer une escroquerie à laquelle les esprits se sont laissé prendre. L'expressionnisme n'existe pas.» Il est vrai que la guerre, en tant que confirmation d'une apocalypse pressentie ou comme symbole d'une fracture irrémédiable, a profondément marqué une génération qui en ressortira traumatisée. La révolte expressionniste est donc difficilement concevable sans une connaissance du contexte dans lequel elle s'inscrit : une histoire de l'expressionnisme ne peut se limiter à un inventaire et Vienne ou Berlin deviennent ainsi des « lieux de mémoire». Nous aurons souvent l'occasion d'y revenir.

---

4. *Encyclopédie de l'expressionnisme*, p. 8.

L'époque de la Première Guerre mondiale coïncide enfin avec un nombre important de disparitions de personnalités ayant joué un rôle, direct ou non, dans le devenir de l'expressionnisme : on citera, entre 1911 et 1920, Gustav Mahler, le poète Georg Heym et le dramaturge August Strindberg (1912), les poètes Georg Trakl, Ernst Stadler, Alfred Lichtenstein, Ernst Wilhelm Lotz et le peintre August Macke (1914), Alexandre Scriabine et le poète et dramaturge August Stramm (1915), les peintres Franz Marc et Umberto Boccioni, le dramaturge Reinhard Sorge (1916), le peintre Egon Schiele et Frank Wedekind (1918), et le dramaturge Ludwig Rubiner (1920).

DIFFICULTÉS D'UNE APPROCHE

« L'expressionnisme est beaucoup plus qu'une secte littéraire ou une école, plus que ce qu'on nomme souvent un mouvement : c'est l'esprit d'une époque, un état d'esprit qui dans le domaine intellectuel toucha tout comme une épidémie : non seulement la poésie mais aussi la prose, non seulement la peinture mais architecture et théâtre, musique et science, universités et réformes scolaires. » À l'opposé d'une définition confortable de l'expressionnisme, cette proclamation d'Yvan Goll[5] insiste sur l'ampleur d'un mouvement que le poète Gottfried Benn déjà mentionné qualifie de « soulèvement avec éruption, extases, haine, aspirations vers une nouvelle humanité, avec explosion de la langue en vue de faire exploser l'univers ». De nombreuses autres déclarations, que nous serons amené à citer dans cette étude, viendront confirmer cette première difficulté quant aux sens multiples et mouvants que peut recouvrir l'expressionnisme.

La délimitation historique elle-même est discutée, selon qu'il s'agit de l'expressionnisme pictural coiffant les années 1905-

---

5. « Les écrivains allemands et la guerre » (1921), traduit dans L. Richard, *Expressionnistes allemands*, p. 301.

1925, ou théâtral, situé entre 1907 et 1930 selon les historiens. Peu importe. On aura compris combien l'expressionnisme ne peut être enfermé dans des limites étroites. Pourtant, la date butoir et symbolique du 10 mai 1933 correspond bien à la fin d'une époque ainsi que l'indique Jean-Michel Palmier[6], alors que les autodafés nazis incitent le peuple allemand à livrer aux flammes les ouvrages désormais condamnés par la nouvelle idéologie. La sinistre exposition intitulée « L'art dégénéré » à Munich en 1937 ne fera que consacrer cette « guerre implacable d'épuration contre les derniers éléments de la subversion culturelle », ainsi que la présentait Hitler.

Une délimitation historique encore plus délicate si l'on considère, avec Michel Ragon, l'expressionnisme comme « une tendance perpétuelle dans l'histoire de l'art, que l'on peut faire aller de la Vénus de Lespugue [art préhistorique] à l'expressionnisme abstrait de Jackson Pollock » ou comme « une extraordinaire période artistique, dont on peut fixer les dates : 1885-1933, et qui s'étendit de la Scandinavie à l'Autriche, en passant par les Flandres et l'Allemagne [7] ». Le même auteur distinguera les trois périodes suivantes :

1) 1885-1900 : les précurseurs avec Paul Gauguin, Vincent Van Gogh, Henri de Toulouse-Lautrec, James Ensor, Edvard Munch et Ferdinand Hodler ;

2) à partir de 1905 : les peintres allemands du groupe *Die Brücke*, Georges Rouault, le Picasso de l'époque bleue et nègre, et dans une certaine mesure, les fauves français ;

3) 1910-1930 : les expressionnistes allemands et viennois et Marc Chagall, Chaïm Soutine et Amedeo Modigliani à Paris.

Une nouvelle difficulté surgit cette fois-ci dans la délimitation géographique puisque l'expressionnisme est élargi au champ européen, comme le clamait déjà Kasimir Edschmid en 1918 au sujet de la poésie expressionniste : « Cet art de l'expression n'est

---

6. *L'expressionnisme comme révolte*, p. 118.
7. *L'Expressionnisme*, p. 20.

ni allemand ni français. Il est au-delà des nations. [...] Il y a eu un expressionnisme en tout temps. » Ajoutant que l'expressionnisme ne consiste pas en un programme stylistique, Edschmid le présente finalement comme « un questionnement de l'âme[8] ». Comme on le voit, les écrits théoriques suivent la mise en œuvre. Mais de peu. La réflexion est parfois même parallèle à l'acte créateur, sous forme de revendications et de déclarations qui voudraient contribuer à une histoire de l'art. La fonction de ces écrits vaut qu'on s'y arrête. C'est essentiellement pendant et immédiatement après la Première Guerre qu'apparaîtront des tentatives de théorisation de l'expressionnisme avec les textes de Edschmid, Theodor Däubler, Herwarth Walden, Kurt Pinthus ou Alfred Döblin pour n'en citer que quelques-uns. La même année que la publication de la précieuse anthologie poétique publiée par Pinthus en 1920 et intitulée *Crépuscule de l'humanité,* un article de Friedrich Hübner, « L'expressionnisme en Allemagne » brosse un panorama des champs d'action investis par ce nouvel esprit : « Depuis que les peintres l'ont amorcé, sont apparus des écrivains avec des poèmes, des romans et des drames expressionnistes, des musiciens avec des opéras expressionnistes, des penseurs avec une philosophie expressionniste, des politiciens avec des réformes urbaines expressionnistes[9]. » Suit une longue énumération consacrée à ces différents domaines : tout en opposant impressionnisme et expressionnisme en peinture, il cite rapidement le groupe *Die Brücke* (Le Pont) et insiste sur celui de *Der Blaue Reiter* (Le Cavalier bleu) – infiniment plus « médiatique » – avec les Russes Wassily Kandinsky, Vladimir Bechteieff, Marianne von Werefkin, Alexeï von Jawlensky et l'Allemand Franz Marc ; la philosophie est située dans le prolongement du pessimisme de Schopenhauer et de l'optimisme

---

8. « Über den dichterischen Expressionismus » (1918) repris dans *Theorie des Expressionismus,* p. 65.
9. « Der Expressionismus in Deutschland » (1920) repris dans *Theorie des Expressionismus,* p. 39.

tragique de Nietzsche, et le naturalisme des pièces de Gerhart Hauptmann, August Strindberg et de Frank Wedekind est posé comme annonciateur du théâtre expressionniste. Quant à la musique, elle n'est que mentionnée sans autre précision : il est vrai que les deux œuvres scéniques de Schoenberg, *Erwartung* et *La Main heureuse,* bien que composées avant la guerre, ne seront créées qu'en 1924, soit un an avant *Wozzeck.*

Dans tous ces textes, on relève les mêmes mots d'ordre, le même élan mobilisateur en faveur de la forme, du verbe, du mouvement avec l'ambition consciente de poser les fondements d'une nouvelle culture. Il est caractéristique que les réflexions à tendance théorique – peu en fait y parviennent réellement – acquièrent une valeur plus sociale que véritablement artistique : c'est le rôle de l'homme dans la société qui est en jeu au travers d'un discours sur l'art.

« À l'époque du jeune Goethe, de Lenz, de Klinger, de Wagner, il s'agissait d'être original. Aujourd'hui, d'être efficient. Rassemblements ! programmes ! », ironisera de son côté Robert Musil[10].

Enfin, l'expressionnisme a été peu abordé sous l'angle musical, du moins en français[11]. Brassant un grand nombre de notions, ne serait-ce que dans la relation entre la musique et les autres formes d'art, l'expressionnisme se manifeste d'une façon évidente dans un domaine qui semble particulièrement prédisposé à traduire les remous d'une époque de remise en question.

---

10. *Journaux,* vol. I, p. 444.
11. Les ouvrages de Luigi Rognoni, *La Scuola musicale di Vienna, Espressionismo e dodecafonia* (1954 / 1966), et de Lionello Cammarota, *L'Espressionismo e Schoenberg* (1965), sont deux des plus remarquables études sur l'expressionnisme musical.

SITUATION DU PROPOS

L'expressionnisme au sens où nous l'aborderons dans cette étude dans ses multiples dimensions musicales, concerne essentiellement les années 1909-1925, soit d'*Erwartung* d'Arnold Schoenberg jusqu'au *Wozzeck* d'Alban Berg. Plus définie en ses extrêmes par ces œuvres essentielles et hautement symboliques, cette tranche historique est aussi déterminée par les idées qui se sont développées à cette époque et qui restent le plus souvent dépendantes d'un contexte. Plus précisément, nous adopterons la position de Lionel Richard qui voit dans l'expressionnisme « l'un des maillons, dans un contexte historique précis, de cette "chaîne" sur laquelle s'inscrivent en matière d'art les bouleversements les plus fondamentaux des trente premières années de ce siècle [12] ».

Tout en plaçant Schoenberg au centre d'un expressionnisme musical, en tant qu'acteur ou initiateur par le rayonnement de son enseignement, il s'agira également d'interroger les antécédents, autant que les retombées au lendemain de 1918. On pourra nous objecter que la période ainsi délimitée est étroite : ce serait oublier, d'une part, qu'elle couvre quasiment l'ensemble de la phase dite « atonale » avant le dodécaphonisme sériel, et confondre, d'autre part, la lettre et l'esprit, nombre de procédés musicaux expressionnistes subsistant dans certaines œuvres postérieures, tant chez les trois Viennois que chez d'autres compositeurs. Bien que distante de près de quarante années, la brève et bouleversante cantate *Un survivant de Varsovie,* écrite en 1947, pourrait en effet constituer l'une des meilleures introductions à l'expressionnisme schoenbergien. Cette remarque en appelle une autre : si les meilleures études sur la peinture expressionniste sont abondamment illustrées, un parcours de l'expressionnisme

---

12. *Expressionnistes allemands*, p. 5.

musical ne peut être conçu sans le contact direct avec les œuvres. Les principales d'entre elles, notamment les œuvres scéniques, seront ici commentées avec des guides d'écoute destinés à en faciliter l'approche.

En accordant plus d'importance au débat des idées et à leur évolution qu'à l'événementiel, nous essaierons de mesurer les critères permettant de mieux cerner cette notion d'expressionnisme dans la sphère de la musique. On abordera cependant la question par un paradoxe : l'«expressionnisme musical» n'existe pas en tant que tel, et si la musique peut prétendre à participer à un expressionnisme, ce ne sera certainement pas en terme d'école, ni d'auteurs qui s'y seraient principalement illustrés. Plutôt que de prendre le risque de figer les événements, on parlera, dans le meilleur des cas, de conjonction d'idées entre des artistes de milieux différents, dont la rencontre Schoenberg-Kandinsky constituera l'axe central. De même, on sera amené d'une part à considérer les musiciens qui ont incontestablement joué un rôle de précurseur – Strauss et Mahler en premier lieu –, et d'autre part à mesurer les influences sur la génération immédiatement suivante, en particulier celle d'Hindemith, le compositeur incontestablement le plus doué de l'après-guerre.

Afin d'éviter une énumération plus ou moins gratuite d'œuvres commodément récupérées sous le qualificatif d'«expressionnistes», cette étude sera articulée en deux grandes parties abordant successivement les principaux critères de l'expressionnisme et les faits susceptibles d'avoir marqué les musiciens (chap. I à III), puis les manifestations musicales répondant à cette appellation (chap. IV à VIII).

Cette étude ne prétend pas par ailleurs être une histoire de l'expressionnisme au travers de ses facettes multiples : les nombreux ouvrages de Lionel Richard, Jean-Michel Palmier, les essais de Carl Schorske ou de William M. Johnston pour ne citer qu'eux, ainsi que quelques remarquables catalogues d'exposition respectivement consacrés à l'expressionnisme, à Vienne et à

Berlin, ont déjà largement brassé ces notions ; notre but n'est pas plus d'aboutir à une synthèse conduisant à une définition de l'expressionnisme applicable à l'ensemble des phénomènes artistiques habituellement qualifiés comme tels. L'idée d'une synthèse est d'ailleurs utopique et serait hautement maladroite dans la mesure où les critères caractérisant telle ou telle attitude ne peuvent être transposés directement d'un domaine à l'autre sous peine de confusion. L'un des principaux écueils d'une telle approche serait de privilégier une démarche analogique qui, par définition, ne peut avoir valeur de méthode.

Il s'agit plus simplement d'inviter à l'exploration d'un univers dont les conséquences ont largement débordé les limites d'une époque circonscrite. On ne « raconte » pas l'expressionnisme comme on peut rapporter l'histoire d'un genre : on tente de le *cerner*.

PREMIÈRE PARTIE

L'expressionnisme et la musique

CHAPITRE PREMIER

Entre Vienne et Berlin

> On n'était pas un vrai Viennois sans cet amour de la culture, sans ce don de joindre le sens du plaisir à celui de l'examen critique devant ce plus sain des superflus que nous offre la vie.
>
> Stefan ZWEIG, *Le Monde d'hier.*

> Oui, malgré tout ce qui parle en sens contraire, la Cacanie était peut-être, après tout, un pays pour génies; et sans doute fut-ce aussi sa ruine.
>
> Robert MUSIL, *L'Homme sans qualités.*

La profonde amertume qui se lit dans les textes de Zweig, de Musil ou de bien d'autres encore est à l'image de ce qu'ont enduré les artistes, philosophes ou scientifiques dans cette Vienne dont le drame sera d'être constamment partagée entre la « fin de siècle » et le « début d'un siècle » selon les expressions consacrées. Berlin constitue l'autre terme de cette alternative. Du moins le Berlin de l'après-guerre qui prendra le relais sur le plan culturel après l'effondrement de la monarchie austro-hongroise. Il serait évidemment caricatural de mesurer les manifestations de l'expressionnisme en se limitant à ces deux centres, fussent-ils d'une importance essentielle, tant Munich, Dresde ou Francfort, pour ne citer que ces trois autres lieux, sont le théâtre d'intenses activités en ce domaine. Si l'axe Vienne-Berlin correspond aux centres où Arnold Schoenberg a effectué toute sa carrière européenne, c'est à partir de Francfort que Paul Hindemith amorcera sa rapide ascension. Mais ne voir en Berlin que la solution aux multiples problèmes que rencontreront les artistes déçus par les conditions qui leur sont imposées çà et là serait autrement réducteur tant l'Allemagne wilhelmnienne a pratiqué le rejet officiel de tout ce qui n'était pas conforme à sa conception : comme le note Lionel Richard, l'arrivée au pouvoir de Guillaume II en 1888 s'accompagne d'actes d'autorité à travers lesquels ses opinions accèdent publiquement à la qualité d'indiscutables jugements de valeur. Dresser le catalogue des victimes de cette absurde censure consisterait autant à entretenir la légende d'« artistes maudits » qu'il masquerait les véritables problématiques : Vienne et Berlin apparaissaient avant tout comme les centres de véritables bouillons de culture favorables à l'éclosion de nouvelles idées [1].

L'expressionnisme, qui s'est d'abord développé comme une révolte, tantôt contre un pouvoir d'un conservatisme savamment entretenu, tantôt contre les mentalités que ces mêmes pouvoirs avaient contribué à installer durablement, ne constitue qu'une des manifestations d'un malaise général : le futurisme italien ou le constructivisme russe, pour ne citer que ces deux exemples, participent largement aux mutations qui secoueront prochainement une Europe ankylosée.

Phénomène en majeure partie germanique, l'expressionnisme ne semble pas avoir trouvé beaucoup d'écho en dehors de ses frontières à la même époque, et en particulier en France. La littérature française est pourtant largement diffusée, précisément par les revues berlinoises d'avant-garde telles que *Der Sturm* ou

---

1. Sur Vienne : voir le collectif dans *Critique* n° 339-340 « Vienne, début d'un siècle » (août-sept. 1975), Carl E. Schorske, *Vienne, fin de siècle* (Seuil, 1983), W. M. Johnston, *L'Esprit viennois*, le catalogue de l'exposition *Vienne 1880-1938, l'apocalypse joyeuse*, K. Varnedoe, *Vienne 1900*, J. Le Rider, *Modernité viennoise et crises de l'identité* ; sur Berlin : voir *Paris-Berlin 1900-1933*, *Berlin 1910-1933* ainsi que les études de L. Richard et de J.-M. Palmier déjà signalées.

Die Aktion alors que les écrivains expressionnistes ne sont que peu représentés dans les revues françaises; de même, la peinture française bénéficie d'une diffusion importante dans les expositions berlinoises sans qu'il y ait une véritable réciprocité à Paris. Deux raisons à cela: les manifestations expressionnistes, dont nous tenterons de définir les principaux critères dans le chapitre suivant, étant d'abord quasiment contemporaines de la Première Guerre mondiale, ou la précédant de peu, on comprend que la germanophobie ambiante ne pouvait être favorable à de telles productions. Rares sont en effet les intellectuels français à garder un contact suivi avec l'Allemagne, et un Romain Rolland fait presque figure d'exception dans ce paysage dominé par les tensions politiques et les nationalismes partisans. Ensuite, et cette remarque est plus encore valable pour la musique, le décalage entre la production des œuvres et leur réception sera souvent important, tant en Allemagne qu'en France où André Breton avouera avoir compris trop tard ce que le surréalisme a perdu en passant à côté de cette nouvelle forme d'expression. De même, ce qu'Hindemith recevra de l'expressionnisme sera à l'opposé de l'attitude de Schoenberg: leurs œuvres respectives et susceptibles d'être qualifiées comme telles, sont d'une part clairement réparties avant et après la rupture de 1914-1918, et d'autre part se situent *en fonction* de la production littéraire et théâtrale pour Hindemith alors que celles de Schoenberg avaient largement *anticipé* les principaux thèmes expressionnistes.

Qu'en est-il alors d'un expressionnisme *musical*? Alors que nombre de manifestations caractéristiques de l'expressionnisme se situent à Berlin, en particulier grâce aux revues et aux cabarets engagés, l'essentiel de la musique se joue à Vienne avec Mahler, Schoenberg, Berg, Webern, et indirectement avec Richard Strauss qui oscillera entre Munich et Berlin. On prendra cependant garde à bien établir la distinction suivante: autant l'expressionnisme n'est pas limité à Vienne, autant les événements artistiques qui ont fait de Vienne le foyer d'une nouvelle culture ne sont pas nécessairement de nature expressionniste. Si les principales influences qui marqueront abondamment l'expressionnisme proviennent plutôt des artistes originaires de l'Europe du Nord avec le théâtre d'Ibsen et surtout celui de Strindberg, la peinture de Van Gogh et plus encore celle d'Edvard Munch, les conditions d'un renouveau de la pensée qui caractérise le contexte viennois n'en contiennent pas moins quelques uns des ferments les plus essentiels.

I. PARCOURS CROISÉS

Les personnalités et la vie musicale

Les allers et retours entre Vienne et Berlin qui rythment la carrière de Schoenberg forment un contrepoint particulier entre des milieux hostiles et d'autres plus ou moins favorables; c'est ainsi qu'il fuira effectivement Vienne à trois reprises, entre 1901 et 1903, de 1911 à 1917 et enfin de 1924 à 1933. Si l'occasion d'occuper un poste à Berlin implique ses fréquents déménagements, il profite effectivement des circonstances pour clamer son animosité envers une ville à laquelle il reste pourtant irrémédiablement attaché. Au travers de ce curieux sentiment mêlé d'amour et de haine, cette contradiction pourrait à elle seule définir les rapports de la plupart des artistes viennois prisonniers d'un lieu qu'ils rêvaient d'assimiler à leur entreprise. L'idée de « fuite » n'est pas une vaine image lorsqu'on prend connaissance des raisons pour lesquelles Schoenberg fait état de sa rancœur au printemps 1910 : « Aujourd'hui, je suis connu même à Vienne, et à l'étranger ma réputation commence à croître. Malgré cela, on ne m'a jusqu'à présent jamais accordé cette sphère d'influence qu'on ne m'aurait sûrement pas refusée en Allemagne si j'y avais connu le même succès, qu'on n'aurait d'ailleurs pas manqué de reconnaître. » À quoi il opposera le bien-être qu'il ressent à Berlin, tel qu'il le note dans son journal, jusqu'à un enthousiasme forcé qu'il confiera à Kandinsky avec un malin plaisir – « Je compte bien leur en faire voir de toutes les couleurs aux Berlinois, et j'y parviendrai sûrement ! » – ou à Hertzka, son éditeur viennois : « Vous ne croiriez pas comme je suis célèbre ici. Je suis presque gêné d'en parler. On connaît ma "biographie", mes particularités, on est au courant de mes "scandales", presque mieux que moi, qui oublie tout cela si vite » [sic !] (31 octobre 1911). Le contexte dans lequel Schoenberg se trouve ainsi plongé est celui d'un Berlin alors en pleine activité – *Der Sturm* paraît depuis mars 1910 –, et particulièrement dans le domaine de la peinture : alors que quelques-uns des peintres de *Die Brücke* s'y retrouveront après la dissolution du groupe, la célèbre galerie de Paul Cassirer se consacre, au lendemain de la « Nouvelle Sécession » de 1910, à la première grande exposition des œuvres de Kokoschka. Ce dernier dira à son tour les exigences qui l'ont poussé à quitter la capitale des Habsbourg : « Je concevais parfaitement que l'on ne m'ait pas compris à Vienne et que l'on m'y ait fait la vie si dure. Je n'avais une chance qu'à Berlin ; je voulais être indépendant. »

Quant à la vie musicale, il importe de comprendre pourquoi l'intérêt se déplace de Vienne vers Berlin, avec la Première Guerre mondiale. Sur quoi repose en fait la vie musicale à Vienne avant 1914 ? Avant tout sur un nom : Mahler. Sa carrière de chef d'orchestre, et de directeur de l'Opéra de Vienne, lui a permis d'accomplir un travail unique, tant dans la rénovation des spectacles en collaboration avec le décorateur Alfred Roller que par la qualité de l'exécution unanimement reconnue à cette époque[2]. Nommé en 1897, l'année même de l'éclosion de la « Sécession » en peinture[3], Mahler entreprendra une véritable réforme en

---

2. Cf. H.-L. de La Grange, *Mahler*, vol. 2 « L'âge d'or de Vienne 1900-1907 », et du même, *Vienne, histoire musicale 1848 à nos jours*. Quant à la participation de Mahler à la quatorzième exposition de la Sécession en 1902, voir J.-P. Bouillon in *Klimt : Beethoven*.

3. Association d'artistes viennois prônant l'ouverture sur la peinture étrangère. La première exposition de 1898 comprendra, outre les sécessionnistes autrichiens, des toiles de Böcklin, Khnopff et Whistler.

profondeur d'une des plus prestigieuses maisons d'opéra d'Europe qui est aussi l'une des plus conservatrices. Les représentations de *Tristan et Isolde* en 1903 laisseront des traces profondes dans l'histoire de la scène lyrique autant que dans l'appréciation individuelle de ceux qui y ont assisté : là où l'architecte Adolf Loos ne ménage pas ses critiques quant à la mise en scène dans son journal *Das Andere* (L'autre)[4], le jeune Kokoschka est fasciné par l'interprétation mahlérienne de cet « opéra de l'amour et de la mort », tandis que Schoenberg est attiré par la nouvelle technique d'éclairage conçue directement en relation avec le drame, annonçant précisément ce qu'il développera quelques années plus tard dans *Die glückliche Hand* (La Main heureuse). Les dix ans que Mahler passera à Vienne seront aussi marqués par son activité de compositeur, tantôt appréciée, tantôt sévèrement jugée par la critique viennoise. Parallèlement à ses relations difficiles avec l'orchestre, Mahler n'arrivera donc pas à s'imposer en tant que créateur auprès d'un public qui considérera que le principal compositeur viennois après 1910 était non pas Schoenberg, mais son exact contemporain Franz Schmidt. Les querelles de rivalité entre Mahler et Schmidt, alors violoncelliste à l'orchestre, ne constituent qu'un des nombreux facteurs qui ont contribué à la dégradation des rapports entre le chef et les musiciens et qui conduiront au départ forcé de Mahler en 1907. Le fait qu'il était juif, bien que converti au catholicisme, a en vérité autrement compté dans une ville dont le maire appartenant au parti chrétien-social, Karl Lueger, était un antisémite affiché. Pour les mêmes raisons, la position de Schoenberg ne sera plus tard guère plus enviable.

À partir de 1918, la république de Weimar favorisera un déploiement d'activités dans le domaine musical qui mériterait d'être longuement détaillé tant sa richesse est peu commune[5].

---

4. Des extraits en sont publiés in A. Loos, *Paroles dans le vide – Malgré tout*, p. 165.
5. Voir les précieuses études de W. Laqueur, *Weimar 1918-1933*, et de J. Willett, *L'Esprit de Weimar*.

Parcourue ici rapidement, la vie musicale à Berlin permet de constater d'une part l'opposition entre des personnalités conservatrices et des novateurs, et d'autre part le prodigieux développement des moyens mis en œuvre dans les domaines de la diffusion musicale. Qu'on en juge : l'enseignement de la composition est représenté par Engelbert Humperdinck – qui doit sa célébrité à son *Hansel und Gretel* – à l'Académie prussienne des arts à partir de 1910, Richard Strauss pendant la courte période de 1917 à 1920, et Hans Pfitzner qui incarnera la tradition passéiste de 1920 à 1929 ; parallèlement, Max von Schillings sera nommé intendant de l'Académie à partir de 1918 et du Staatsoper (Opéra d'État, de 1919 à 1925) : son engagement ultérieur en faveur du IIIe Reich lui vaudra tous les honneurs. Face à ces courants fortement réactionnaires, le rôle de Leo Kestenberg[6], conseiller musical du ministère prussien de la Culture, a été capital dans le sens d'une rénovation nécessaire, avec la nomination de Ferruccio Busoni, appelé à la succession de Richard Strauss, et celle de Franz Schreker, alors professeur de composition à Vienne, à la direction de la Hochschule dès 1920 (École supérieure de musique) ; célèbre compositeur d'opéras qui sont à cette époque plus joués que ceux de Strauss, ce qui n'est pas peu dire, Schreker incarne la modernité au lendemain de la guerre avant de tomber progressivement dans l'oubli dans les années vingt. Il sera démis en 1933 en raison de ses origines juives. Cette politique de contre-pouvoir sera encore confirmée en 1924, après la mort de Busoni, avec la nomination de Schoenberg auquel on demandera même d'amener avec lui quelques-uns de ses élèves viennois, dont Roberto Gerhard, Winifried Zillig et Hanns Eisler. Résumer cependant la situation à l'opposition entre traditionalistes et avant-gardistes serait une fois de plus réducteur si l'on ne tenait pas compte des mutations esthétiques des années vingt : un mouvement tel que *Die Neue Sachlichkeit*

---

6. Cf. D. Drew, « Contribution à une perspective musicale » in *Paris-Berlin 1900-1933*.

– « La Nouvelle objectivité » – séduira une grande partie de la jeune génération en prônant le refus de tout pathos, et s'affichera ainsi comme l'antithèse de l'expressionnisme. Schoenberg sera donc à nouveau contesté pour ces dernières raisons, dans un contexte où interviendront bientôt le jeune Kurt Weill puis Hanns Eisler, les futurs et proches collaborateurs de Bertolt Brecht.

La nouvelle génération est cependant dominée par un jeune compositeur, Paul Hindemith, devenu célèbre du jour au lendemain après l'exécution de son *Troisième Quatuor* lors de la première édition du festival de Donaueschingen en 1921, où seront également jouées les premières œuvres importantes d'Aloys Haba et d'Ernst Krenek. Il peut paraître singulier de voir Hindemith classé au rang des novateurs alors que l'ensemble de son œuvre nous apparaît aujourd'hui comme irréductiblement attachée à une tradition tonale, fût-elle élargie ou enrichie. Comme nous le verrons par la suite, des partitions telles que les Lieder pour voix et instruments – *Des Todes Tod* – ou les œuvres scéniques – *Mörder, Hoffnung der Frauen* et *Sancta Susanna* – ont largement contribué à présenter Hindemith comme le porte-parole de la nouvelle musique à cette époque. Hindemith sera également appelé par Schreker comme professeur de composition à l'Académie prussienne des arts à partir de 1927.

Si nous avons insisté sur l'importance de Mahler chef d'orchestre viennois, auquel a succédé Felix Weingartner, il est nécessaire de compléter ce rapide panorama de l'activité musicale à Berlin par l'évocation de quelques interprètes. La liste est en réalité impressionnante si l'on considère que Wilhelm Furtwängler succède à Arthur Nikisch en 1922 à la tête de la prestigieuse Philharmonie, qu'Erich Kleiber, le courageux créateur du *Wozzeck* de Berg, est nommé directeur général du Staatsoper à partir de 1923, ou que Bruno Walter est appelé à la direction musicale de l'Opéra de Charlottenburg dès 1925

(Deutsches Opernhaus). Berlin ne comptera donc pas moins de trois salles d'opéra subventionnées en tenant compte du fameux Kroll-Oper dont Otto Klemperer sera le directeur musical—s'adjoignant en particulier Zemlinsky—et Ernst Legal, le prodigieux organisateur de spectacles, qui s'imposeront par leur audace d'un point de vue musical et scénique : grâce à une politique progressiste, les œuvres de Schoenberg *(Erwartung, Die glückliche Hand)*, Hindemith *(Cardillac, Neues vom Tage)*, Krenek, Milhaud, Weill, Stravinsky *(Œdipus Rex)* et Janacek trouveront l'occasion d'être représentées dans des conditions de réalisation proches de l'idéal et annonçant les conceptions d'un Wieland Wagner [7].

L'arrivée au pouvoir de Hitler le 30 janvier 1933 coïncidera avec les premières poursuites officielles contre les juifs : Fritz Busch, accusé d'être antinazi, est relevé de son poste de chef d'orchestre à l'Opéra de Dresde, et Max Reinhardt, Otto Klemperer et Bruno Walter sont peu après démis de leur liberté artistique, Schoenberg et Schreker sont renvoyés de leurs postes de l'Académie des arts tandis que Kurt Weill et sa femme, Lotte Lenya, quittent l'Allemagne pour Paris. Ce sera la fin brutale de cette extraordinaire effervescence culturelle qui avait fait de Berlin un centre artistique unique en son genre.

La nécessité du regroupement

« Presque partout en Europe, et plus particulièrement dans les pays de langue allemande, on vit se rassembler dans les métropoles, aux alentours de 1910, presque en même temps et comme sous l'effet d'une conspiration, des groupes, de véritables troupes de choc, qui sans rien savoir les uns des autres au début entreprirent des recherches analogues en littérature, en poésie, en peinture et en musique : créer à partir de l'époque de

---

7. Voir en particulier O. Klemperer, *Écrits et entretiens*.

nouveaux contenus de conscience, de nouveaux moyens d'expression plus vigoureux, provoquer une réaction agressive contre la tradition, la société actuelle et le passé, et en même temps s'élever passionnément vers l'avenir, vers des expériences audacieuses [8]. » Ce commentaire au ton épique de Kurt Pinthus, l'un des témoins les plus précieux de cette époque, permet d'examiner les multiples manifestations de regroupement qui s'opèrent effectivement dans ce contexte, qu'il s'agisse de réunions d'artistes à partir d'une cause commune ou des moyens de diffusion des idées, du café au cabaret jusqu'aux très nombreuses revues qui apparaîtront après 1910.

Si la notion de groupe d'artistes n'est évidemment pas nouvelle, elle prend cependant une importance particulière, d'abord avec les différentes « Sécessions » luttant contre l'académisme ambiant, depuis la Sécession munichoise (1892), la berlinoise née du scandale que provoqua l'exposition Munch en 1892, jusqu'à celle viennoise que préside Klimt en 1897 et qui trace le chemin à l'Art nouveau (le *Jugendstil* en Autriche). Si ces différentes formes de contestation préparent indirectement à l'expressionnisme, surtout celles de Munich et de Berlin, les célèbres groupes *Die Brücke* et *Der Blaue Reiter* en constituent deux illustrations saillantes.

Fondé à Dresde en 1905, *Die Brücke* (Le Pont) rassemble des artistes aussi différents qu'Ernst Kirchner, Karl Schmidt-Rottluff, Erich Heckel et Fritz Bleyl, rejoints en 1906 par Emil Nolde, Max Pechstein puis par Otto Müller en 1910. L'idée principale pourrait être résumée dans l'appel de Kirchner en 1906 : « Nous acceptons avec nous tous ceux qui traduisent immédiatement, spontanément, sans altération ni sophistication, ce qui les pousse à créer. » Ce qui constitue plus une simple déclaration

---

8. K. Pinthus, « Souvenirs des débuts de l'expressionnisme » in *L'Expressionnisme et le théâtre européen*, p. 27. Kurt Pinthus est le maître d'œuvre de la précieuse anthologie poétique parue en 1920, *Menschheitsdämmerung* (Crépuscule de l'humanité) et consacrée aux vingt-trois poètes les plus représentatifs : cf. J.-M. Palmier, *L'Expressionnisme et les arts*, t. I, p. 305.

d'intention qu'un véritable manifeste est cependant caractéristique de quelques-uns des critères qui seront revendiqués par les expressionnistes : conscience d'une communauté, spontanéité et intuition, et création ressentie comme une nécessité. L'idée d'une communauté, avec des «membres actifs et passifs», n'est pas un vain mot puisque les artistes travaillaient en commun, à l'opposé d'un individualisme plus couramment répandu, et partageaient activement leurs expériences en s'intéressant autant à l'art primitif qu'à la production contemporaine étrangère, et ce, tout en respectant la personnalité de chacun.

Parmi les techniques favorites du groupe, la gravure sur bois tiendra une place prépondérante dans l'épuration des formes qui sera largement explorée dans les peintures qui privilégieront les portraits, les nus et les paysages : révélant l'impact de Van Gogh et de Gauguin comme dans *Portrait de la femme de l'artiste* de Pechstein (voire de Matisse dans *La Ronde de femmes* du même, 1911), les corps, largement cernés de noir, permettront une mise en avant de la couleur particulièrement chez Schmidt-Rottluff (*Portrait de Rosa Schapire*, 1911) et Nolde (*Dans une boîte de nuit*, 1911). Les nombreuses *Baigneuses* de Müller évolueront vers une stylisation du corps − avec la prédominance du faciès asiatique dans les toiles de 1911-1913 − qui sera plus encore explorée dans les *Scènes de rue* flamboyantes de Kirchner (1913-1914, voir cahier d'illustrations) dans lesquelles les couleurs participent activement aux corps étirés vers le haut, dans des projections verticales évoquant des feux d'artifice. Le refus de certaines toiles de Nolde à la Sécession berlinoise de 1910 − qui le conduira à fonder la «Nouvelle Sécession» −, est autant révélateur de l'affirmation de nouvelles tendances privilégiant l'interprétation intériorisée que de celle des diverses personnalités qui aboutira à la dissolution du groupe en 1913.

Le groupe du *Blaue Reiter* (Le Cavalier bleu), fondé à Munich en 1911, trouve son origine dans la «Nouvelle union des artistes de Munich» de deux ans antérieure et composée entre autres de Wassily Kandinsky, Alexeï von Jawlensky et Gabriele Münter.

Les relations entre les artistes sont cependant d'une nature totalement différente dans la mesure où le rapprochement tient essentiellement dans la valorisation d'une «vision intérieure» impulsée par Kandinsky. Si les ambitions européennes du propos, dont les deux expositions et surtout l'*Almanach du Blaue Reiter* seront les témoins, ne peuvent être réduites à un groupe de personnalités, aussi fortes soient-elles, elles renvoient plutôt à un mouvement qui consacre le croisement d'artistes d'origines diverses – russes et allemands – à un moment précis de leur réflexion.

Contrairement à la véritable communauté qui caractérisait la réunion des membres de *Die Brücke,* on se trouve ici face à une personnalité dominante, Kandinsky, imposant quasiment ses idées conductrices et édictées sur un ton volontairement prophétique : «Nous sommes à l'orée d'une des plus grandes époques que l'humanité ait vécues jusqu'ici, l'époque de la grande spiritualité [9].» La «dissolution» d'un groupe qui n'a pas réellement existé en tant que tel n'est donc que la conséquence logique de l'affirmation artistique de chacun de ses membres. De plus, les rapports largement entretenus par Kandinsky avec les mouvements d'avant-garde en Russie l'amèneront à rejoindre son pays natal à partir de 1914. Il n'en reste pas moins que la confrontation entre Kandinsky, Franz Marc, August Macke, ou même Klee, pour ne citer qu'eux, reste l'un des événements les plus fascinants de cette phase de l'expressionnisme, d'autant plus riche qu'elle coïncidera avec la rencontre fertile avec Schoenberg – on définira plus précisément la nature de leurs échanges dans la deuxième partie de cette étude.

C'est en 1904 que quelques jeunes compositeurs, groupés autour de Schoenberg et Alexandre von Zemlinsky, créent leur propre «Sécession» avec la *Vereinigung Schaffender Tonkünstler in Wien* (Association des créateurs de musique de Vienne). Sous la présidence d'honneur de Mahler, l'Association a bénéficié de

---

9. W. Kandinsky – F. Marc, Avant-propos à l'*Almanach du Blaue Reiter*, p. 61.

l'aide précieuse de Guido Adler, professeur de musicologie à l'Université de Vienne, ami de jeunesse de Mahler et l'un des rares défenseurs affichés de Schoenberg. Le but de l'Association, selon le manifeste publié par Adler dans la *Neue Freie Presse* du 1er avril, était « d'accorder à la musique contemporaine une place permanente à Vienne; de créer un contact direct entre elle et le public; de tenir celui-ci constamment informé de l'état actuel de la création musicale; de cultiver et d'encourager les œuvres musicales contemporaines et le libre développement de la personnalité artistique en organisant des exécutions publiques de nouvelles compositions importantes qui n'ont pas été appréciées à leur juste valeur; de soutenir l'intérêt professionnel de ses membres [10] ». Quels que soient les avantages que les membres aient pu tirer des différents concerts, il est d'une part certain que la participation de Mahler à cette entreprise a contribué à la fragilisation de sa propre situation, et d'autre part évident que la future « Société d'exécutions musicales privées » mise en place par Schoenberg en 1918 devra beaucoup à cette première Association.

La notion de regroupement doit enfin être abordée dans le contexte de ce qu'on appelle communément « l'École de Vienne » rassemblée autour de Schoenberg. Le propos est encore différent dans cet autre cas de figure puisqu'il implique le rapport de maître à élèves. L'appellation commode d'« école » s'est d'autant plus imposée qu'on pousse le détail jusqu'à parler de la « seconde École de Vienne » après celle de la première et glorieuse trinité (Haydn-Mozart-Beethoven) qui consistait moins en un rapprochement stylistique qu'en l'identification des trois personnalités les plus marquantes d'une époque. La première différence tient dans la conscience d'œuvrer au nom d'une musique nouvelle et d'en institutionnaliser les actes de création sous forme de concerts, voire d'une association. Ensuite, la notion d'« école », en tant que communauté d'idées sous la conduite d'un maître à penser incontesté à l'intérieur du groupe,

---

10. Cité par H.-L. de La Grange in *Mahler*, vol. 2, p. 429.

reste très naïve : le nombre très important d'élèves ayant étudié avec Schoenberg a donné lieu à l'éclosion de personnalités extrêmement différentes, depuis Berg et Webern jusqu'à Hanns Eisler, Roberto Gerhard ou Nikos Skalkottas pour ne citer que les compositeurs les plus illustres, ou Erwin Stein et Egon Wellesz qui seront connus par la suite pour leur activité de musicologue. Le « cercle » schoenbergien sera donc caractérisé par la manifestation d'affinités dans une relation univoque : les élèves resteront en rapport de dépendance face au maître dont le seul but est de révéler leur talent par le biais de solides acquisitions techniques.

Cette nécessité du groupe par laquelle nous avons commencé correspond donc à une vue de l'esprit si l'on se méprend sur le sens de ces rassemblements. Elle démontre cependant à quel point des artistes, dans les domaines de la peinture, de la musique ou encore de la littérature, ont travaillé dans un esprit de solidarité parce qu'avides d'échange et de communication. Il s'agit aussi, comme le présente Paul Hadermann, de la contradiction fondamentale sur laquelle reposait la *Weltanschauung* (vision du monde) expressionniste, « déchirée entre la conscience d'un "moi" créateur, isolé des autres par son acte même, et le besoin de se fondre en un "nous" par une communion humanitaire et cosmique d'inspiration judéo-chrétienne [11]. »

Quant à Oskar Kokoschka, qui a toujours revendiqué son indépendance d'esprit et son individualisme, il n'en est pas moins sensible au contact avec d'autres artistes en précisant cependant que ses relations ont toujours été plus directes avec les musiciens qu'avec les peintres ou les écrivains de son époque.

---

11. P. Hadermann, « Parallélismes de démarche et de structure dans l'expressionnisme artistique et littéraire », p. 32.

II. LES SUPPORTS ET LES MOYENS DE DIFFUSION DES IDÉES

Les revues

«En 1910, deux jeunes revues: *Die Aktion* et *Der Sturm* entraînaient une jeunesse fatiguée et lassée vers un nouvel Idéal. C'est là qu'une phalange de jeunes écrivains cherchèrent ce qu'il leur fallait: une nouvelle forme, un nouveau style, un nouvel idéal! Et ils le trouvèrent.» L'allusion que fait le poète et dramaturge Yvan Goll en 1920 [12] à la «jeunesse fatiguée» éclaire indirectement le rôle des deux revues citées – les deux principales – qui définissent, par le contenu et le ton, le clivage les opposant désormais aux revues existantes. La conséquence la plus directe de cette opposition tient dans l'incroyable floraison de revues se réclamant de l'expressionnisme et dont le nombre, selon Kurt Pinthus, était passé à quarante-quatre entre 1917 et 1919 avec la prédominance du mot *«neu»* dans leur titre [13]! Dans tous les cas, il n'est question que d'un ardent désir d'une nouvelle société, d'un nouvel homme, d'une nouvelle spiritualité, et pour cela il faut combattre, diffuser et éduquer.

Créés respectivement en mars 1910 et mars 1911, *Der Sturm* (la tempête) et *Die Aktion* s'imposeront effectivement comme les nouvelles références d'une génération qui y trouvera un lieu de réflexion et de confrontation des idées esthétiques et de la fonction sociale de l'art permettant de s'opposer à la culture officielle. Plus encore, dans le cas du *Sturm* – dont l'impact est comparable à celui d'un certain *Sturm und Drang* –, les responsables développeront, parallèlement à la publication, une véritable politique de diffusion en organisant des expositions de peinture à partir de 1912, des soirées de lectures publiques – les

---
12. Cité dans L. Richard, *Expressionnistes allemands*, p. 300.
13. K. Pinthus en donne une énumération édifiante dans *L'Expressionnisme dans le théâtre européen*, p. 32.

« Sturm-Abende » – en créant une « École d'Art » en 1916, jusqu'à l'ouverture d'une librairie et à la fondation de la « Sturm-Bühne » (représentations théâtrales de pièces expressionnistes) en 1917. L'ambition de toucher toutes les couches de l'art est due à l'insatiable curiosité de Herwarth Walden, fondateur et directeur du *Sturm* qui déploiera une activité stupéfiante jusqu'à ce que l'interdiction de la revue intervienne en 1932[14]. Décrit par Kokoschka comme « petit et maigre avec des yeux perçants derrière ses épaisses lunettes », Walden était, toujours selon le même, « une sorte de mahdi, prédicateur d'une doctrine exaltée indiquant la voie d'une existence spirituelle plus haute dans un monde meilleur et nouveau. Un fanatique de l'expressionnisme [...]. Représentant absolu de la modernité, il a obtenu pour la seule conception de l'art en quelques années que toutes les variantes des "ismes" soient prises au sérieux en Allemagne[15] ». Quant au rôle de guide artistique qu'entendait jouer le *Sturm* dans la culture de son époque, on peut en avoir une idée en extrayant l'un des conseils de Rudolf Blümner, l'un des acteurs les plus réputés de l'équipe de Walden, dans le manifeste « Comment se comporter dans une exposition » : « Ne te casse pas la tête pour savoir si un artiste exposé par *Der Sturm* a du talent. Ce problème, *Der Sturm* l'a déjà résolu avant toi[16] ! »

La participation des poètes, écrivains et peintres à la revue est considérable, et la liste que Walden publie en janvier 1911 concernant les personnalités « protégées » par le *Sturm* est déjà explicite : pour ne s'en tenir qu'aux principaux, on trouve les poètes et écrivains Peter Altenberg, Richard Dehmel, Else Lasker-Schüler (qui sera l'épouse de Walden jusqu'en 1912), Rainer Maria Rilke, Alfred Mombert, Heinrich Mann et Paul Scheebart ; les peintres Vincent Van Gogh, Edvard Munch et Oskar

---

14. Nous renvoyons à la remarquable étude de Maurice Godé, *Der Sturm de H. Walden ou l'utopie d'un art autonome*.
15. O. Kokoschka, *Ma vie*, p. 117 et 107.
16. « L'expressionnisme allemand », *Obliques*, p. 67.

Kokoschka ; le compositeur Gustav Mahler, ainsi que l'architecte Adolf Loos et Karl Kraus. La présence de ce dernier, polémiste viennois dont nous reparlerons plus loin, justifie en bonne partie certains de ces noms : lui-même rédacteur en chef de *Die Fackel* (Le flambeau) cautionne le *Sturm* dès son premier numéro, après y avoir introduit Kokoschka, et compte parmi ses amis Adolf Loos, Else Lasker-Schüler et Peter Altenberg. Le précieux soutien qu'il apporte à Walden, qui reprendra beaucoup de thèmes chers à Kraus, constitue l'une des lignes de force essentielles qui relient les milieux engagés de Vienne et ceux de Berlin.

« Expressionnisme humain » et *« Expressionnisme abstrait »*

L'engagement de Walden en faveur de la peinture contemporaine le conduira à publier dès 1910 les fameux portraits et dessins de Kokoschka (ainsi que sa pièce *Mörder, Hoffnung der Frauen*), et à soutenir en 1911 les peintres de *Die Brücke* et du *Blaue Reiter* par la reproduction de nombreuses œuvres. Walden inaugurera également la galerie du *Sturm* en 1912 en redonnant la première exposition du groupe munichois à Berlin à côté des toiles de Munch et de Kokoschka. Si la contribution de ce dernier est d'abord dominante – « On peut dire que j'ai fixé l'aspect de *Der Sturm* par mes contributions graphiques dans sa première année 1910 de manière exclusive, et partielle pour les années 1911 et 1912 » –, les textes de Kandinsky prennent de plus en plus d'importance dans les numéros suivants qui livreront notamment certains chapitres de *Du Spirituel dans l'art*. Walden accentuera son soutien actif en montant la première rétrospective intitulée *Kandinsky 1901-1913* et en publiant, sous ce même titre, un album contenant en particulier le texte fondamental des *Regards sur le passé* en octobre 1913. La conjonction des événements que sont la tendance de Kandinsky à s'orienter vers une forme d'abstraction et la place que Walden accordera désormais aux manifestes des futuristes italiens (Boccioni, Carrà, Russolo, Balla et Severini) aboutira, comme le formule Jean-Paul Bouillon, à la nette séparation dans le *Sturm* « entre l'expressionnisme "humain" de *Die Brücke* ou de Kokoschka et l'expressionnisme "abstrait" d'un Lothar Schreyer ou d'un August Stramm, que Kandinsky pouvait passer pour représenter [17] ». Coïncidant symboliquement avec la séparation entre Walden et Else Lasker-Schüler en 1912, cette coupure illustre plus encore les deux orientations de l'expressionnisme, désormais opposées : l'une en faveur d'un *message* délivré au monde par l'artiste – à l'époque où Franz Werfel écrit ses poèmes qui seront caractéristiques de la tendance dite « O Mensch » (« Ô Homme »), à partir de son recueil *Der Weltfreund* (« L'ami du monde », 1911) –, l'autre portant essentiellement sur les préoccupations de renouvellement du *langage* et des moyens d'expression.

L'engagement du *Sturm* dans la voie des futuristes – les premiers manifestes sont publiés dès mars 1912 et Alfred Döblin écrit un article sur « la technique verbale des futuristes » en mai – provoquera finalement la rupture de Karl Kraus avec Walden et son journal : de cette manière, Kraus le privera d'un soutien précieux, en particulier en convainquant ses amis d'éviter désormais toute collaboration avec le *Sturm*. Cet événement montre également à quel point les notions esthétiques relevant de l'expressionnisme, du mouvement futuriste ou même de Dada sont souvent plus étroitement mêlées dans les esprits qu'on ne le pense. Kandinsky lui-même sera gêné par les nouvelles orientations de Walden, comme il l'écrit à ce dernier en 1913 : « Si possible, ne "poussez" pas particulièrement les peintres futuristes. Vous connaissez mon point de vue à leur égard et leur dernier manifeste (peinture des sons, bruits et odeurs – sans gris ! sans brun ! etc.) est encore plus farfelu que les précédents. L'art est effectivement une chose sacrée que l'on ne peut pas traiter aussi

---

17. Dans l'excellente introduction à Kandinsky, *Regards sur le passé*, p. 14.

légèrement [18]. » Paul Klee, qui n'est pas dans la même posture que Kandinsky, maniera plus directement l'ironie : « Le délire dont les fougueux jeunes gens feraient preuve dans leurs manifestes de façon parfois effarante, mais aussi brillante et fière ne saurait prêter à malentendu. La Galerie moderne, alias Herr Thannhauser, a réservé sa grande salle aux futuristes "sans engager sa responsabilité". L'héroïque Walden du *Sturm* de Berlin en est le véritable instigateur. Pour combler la mesure, on représente même du Schoenberg, l'extravagant mélodrame : *Pierrot lunaire* ! Crève petit-bourgeois, ton heure a sonné [19] ! »

À l'inverse des nouvelles options de la revue, la position de Kokoschka consistera à assimiler l'abstraction à une « vision statique » correspondant à la domination de la dynamique des couleurs sur l'élément moteur qui est, selon lui, la lumière. Mouvement et lumière se rejoignent dans la fascination de Kokoschka pour l'art grec, fascination qu'il partagera avec Loos qui défendait l'idée que « l'optique d'un édifice grec est humaine et non abstraite, et que l'on avait toujours l'impression devant un temple grec qu'il était fait à la main et s'étendait dans l'espace, et ne ressemblait en rien à la façade décorative à deux dimensions classiques ». De plus, Kokoschka interprétera l'assimilation des peintres du *Blaue Reiter* à l'expressionnisme comme un malentendu, estimant que le groupe « se trouvait bien plus sous l'influence des Fauves français, d'un art pour l'art, mouvement d'un goût sensuel au sens décoratif ».

Par ailleurs, ce débat sur l'abstraction est largement alimenté par la réflexion de Wilhelm Worringer avec la publication en 1908 de son étude *Abstraktion und Einfühlung* dont l'idée majeure tient dans le renversement de l'attitude esthétique traditionnelle : « Au lieu d'aller vers l'objet en analysant sa forme, il faut au contraire, partir du comportement du sujet, et, de là,

---

18. Lettre du 12 novembre 1913 citée par J. Pierre, *Le Futurisme et le Dadaïsme*, p. 108.
19. *Journal*, p. 264.

aborder la forme : l'aborder, c'est-à-dire de l'intérieur, comme une intention, au lieu de la regarder comme un résultat [20]. » L'intuition que l'homme peut avoir du monde, définie par l'*Einfühlung,* consiste en « un trait d'union entre le dedans et le dehors, active fusion d'affinités, qui oriente le moi vers une forme extérieure qui le reflète » (Dora Vallier). Worringer en vient à poser le débat typiquement occidental entre sensible et intelligible, pour conclure que l'abstraction est révélatrice du malaise que l'homme ressent face aux manifestations extérieures, une inquiétude « qui correspond, dans le domaine de la religion, à une coloration fortement transcendantale de toute l'imagination ». Le détournement du réel correspond ainsi, selon la formulation de Dora Vallier, à des moments où « la sensibilité étant retenue par ce qui est hors d'atteinte, l'art tend vers l'abstraction car seule la forme abstraite peut transcender le réel ». En tant que collaborateur du *Sturm,* Worringer reprendra ses théories en insistant sur la justification des périodes d'abstraction en tant que donnée fondamentale de l'histoire de l'art : que Kandinsky ait eu connaissance ou non de ces théories, la convergence n'en est pas moins remarquable. L'opposition que souligne Paul Fechter dans son étude de 1914 *(Der Expressionismus)* entre l'expressionnisme « extensif » des peintres de *Die Brücke* et celui « intensif » de Kandinsky renvoie surtout, et au-delà des techniques mêmes, à des conceptions du monde radicalement différentes.

La musique dans Der Sturm

Si le *Sturm* constitue le lieu de rencontre privilégié entre la peinture et la littérature, la musique y est aussi représentée d'un côté sous la forme de critiques, et de l'autre par la contribution d'Alfred Döblin, l'auteur de *L'Assassinat d'une renoncule,* qui

---

20. Dora Vallier, *L'Art abstrait,* p. 19.

livre en 1910 ses réflexions dans un feuilleton en dix-huit épisodes intitulé *Conversations avec Calypso*[21] et dont le propos consiste à définir le pouvoir de la musique : le rapport de l'art à la réalité, et de la musique en particulier tient dans le fait que « la musique ne désigne pas quelque chose de nettement déterminé, ne donne pas de nom à la profusion des objets particuliers, ne veut ni ne peut leur en donner, étant par nature généralité, abstraction, détournement ». Si « le son montre ce qui est derrière le visible », l'auditeur agira de façon subjective car, dit Calypso s'adressant à son interlocuteur, le musicien, « l'œuvre d'art est quelque chose entre toi et moi, si je ne suis pas, elle n'est pas non plus ». L'artiste créateur sera alors celui qui saura transmettre l'intensité d'une vie intérieure en sachant renoncer à la fois à l'imitation et au sentiment. La confrontation entre les idées de Döblin et celles que Kandinsky et Schoenberg développent à la même époque dans *Du Spirituel dans l'art* et dans le *Traité d'Harmonie* aurait été d'un intérêt incontestable si le compositeur n'avait connu quelques difficultés avec les rédacteurs du *Sturm*.

Le parti de la critique dans la revue est, selon Maurice Godé, de suspecter *a priori* tout auteur, musicien ou metteur en scène plaisant au public et à la presse : « Les modèles répulsifs sont alors Richard Strauss et Max Reinhardt. » Strauss sera effectivement une cible privilégiée du même Döblin qui, dans ce cas précis, prend modèle sur le style de Kraus : « *Le Chevalier à la rose* de Monsieur le docteur Strauss vient d'être présenté ; à présent, tous les habitants des territoires de la terre atteignables par le télégraphe, le câble et la presse sont au courant. En ce moment, la peste sévit en Asie orientale, chez nous c'est *Le Chevalier à la rose.* » De même, alors qu'il rend hommage à Mahler qui vient de disparaître et qui reste le seul compositeur contemporain trouvant grâce aux yeux des rédacteurs – « une musique où tout est *vécu* » –, il l'opposera à nouveau à Strauss chez qui « tout n'est

---

21. A. Döblin, *Sur la musique. Conversations avec Calypso.*

que bluff » : on n'oubliera pas que les jugements de Calypso avaient posé les conditions d'une musique « vraie ». Par conséquent, on pourrait supposer que les représentants de l'avant-garde musicale seront logés à meilleure enseigne. Walden, lui-même musicien et compositeur à ses heures, écrira pourtant à propos de Schoenberg en 1910 : « De Vienne, il ne vient pas que des "génies". Là-bas, Arnold Schoenberg est surestimé à outrance. C'est un bon musicien, pas un artiste (il lui manque la capacité de donner forme ; il n'est pas une personnalité, mais plutôt un homoncule, bâtard de Wagner, Mahler et Debussy. On peut prouver chacune des paternités. Sa symphonie n'a rien à voir avec *Pelléas et Mélisande*. Musique sans structure, bricolage de baroque mahlérien) ! » On comprend d'autant mieux que les relations entre Schoenberg et le *Sturm* tournent court rapidement et ne donnent pas lieu au débat qu'on aurait pu attendre...

La politique dans Die Aktion

L'ambition de Franz Pfemfert pour sa revue *Die Aktion* est comparable à celle de Walden dans le propos polémique mais avec une orientation politique nettement prononcée, au point que la revue s'engagera en faveur du communisme après la guerre. Si un certain nombre de collaborateurs ont été communs au *Sturm* et à *Die Aktion* au début de leur activité, accentuant ainsi la concurrence entre les deux revues, les années de guerre délimiteront plus précisément les auteurs, d'autant plus que Pfemfert dénonce le conflit avec une rare virulence, comme Kraus à la même époque dans *Die Fackel,* alors que Walden n'aborde que des thèmes esthétiques. Un numéro de 1916 n'en sera pas moins consacré à la peinture de Schiele. Le combat féroce que mène Pfemfert contre toute forme de nationalisme l'amène à poursuivre la publication d'articles sur des écrivains étrangers pendant la guerre. De même, et parallèlement à des articles consacrés à Marx, il recourra à des paraboles empruntant à des motifs religieux clairement identifiables dans leur intention politique dans des numéros spéciaux consacrés à Hérode en 1917 (dont l'ordre de tuer tous les enfants renvoyait évidemment au Kaiser), ou à la prochaine résurrection du Christ en 1918 : « La folie qui avait conduit à sa mort était rapprochée de celle de l'époque actuelle, écrit Jean-Michel Palmier ; à côté du tombeau du Christ, il y avait la boue des tranchées comme linceul, et de nombreux poèmes évoquaient la vie du front [22]. »

De nombreuses autres revues mériteraient encore d'être citées, comme *Die Weissen Blätter* de René Schickelé proche de *Die Aktion*, *Das Neue Pathos* ou *Die Neue Kunst*. La revue fondée en 1910 par Ludwig Ficker à Innsbruck, *Der Brenner*, a publié Däubler, Altenberg, Ehrenstein, Lasker-Schüler, Trakl, proposé des traductions de Kierkegaard, et bénéficiait de l'assentiment de Karl Kraus qui voyait en elle « le seul périodique autrichien honnête ». De même, l'engagement de certains éditeurs contribuent grandement à une large diffusion de ces textes tels Piper à Munich (qui publiera les écrits de Kandinsky) et surtout Kurt Wolff à Leipzig qui éditera les œuvres théâtrales de Kokoschka et nombre de pièces et recueils de poésies expressionnistes dans la fameuse collection *Der jüngste Tag* (« Le dernier jour »).

C'est le même engagement courageux qui caractérise Emil Hertzka, à la tête de Universal Edition à partir de 1907, qui, déjà éditeur de Mahler, soutiendra activement la nouvelle musique en publiant celle de Schoenberg et de ses élèves.

Les cabarets

Parallèlement au rôle essentiel des revues apparaît l'autre moyen de diffusion des idées, tout aussi important : les cafés et les cabarets. Ainsi que l'écrit avec beaucoup d'esprit Zweig dans

---

22. *L'Expressionnisme et les arts (op. cit.)*, vol. 1, p. 344 sq. Voir également les commentaires d'Erwin Piscator, « L'importance politique de *Die Aktion* », *Obliques*, « L'expressionnisme allemand », p. 71.

Le Monde d'hier, les cafés viennois « sont en quelque sorte des clubs démocratiques accessibles à tous pour le prix modique d'une tasse de café et où chaque hôte, en échange de cette petite obole, peut rester assis pendant des heures, discuter, écrire, jouer aux cartes, recevoir sa correspondance et surtout consommer un nombre illimité de journaux et de revues ». Comme de nombreux artistes en tous genres, Peter Altenberg y avait élu domicile pour écrire ses chroniques aphoristiques, et Karl Kraus, baptisé par Else Lasker-Schüler le « Dalaï-Lama », entendait tous les gens présents après la parution de chaque numéro de *Die Fackel* dont ils devaient, « comme lors d'un examen scolaire particulièrement sévère, dire ce qu'ils en pensaient » (Kokoschka). Les cafés berlinois, comme le célèbre Café des Westerns, connaîtront la même affluence et rempliront le même rôle de rencontre entre personnalités de tous horizons.

D'abord en tant que lieu de divertissement, le cabaret constitue un autre pôle important de la vie culturelle parallèle à celle proposée par les concerts et les théâtres officiels. Un cabaret tel que *Das Überbrettl* fondé par Wolzogen à Berlin en 1901 brassait un public de bourgeois, amateurs d'un divertissement à peine teinté de satire alors que le but de son initiateur était de proposer un spectacle original à base de chansons d'une qualité supérieure à la moyenne. Le recueil de chansons de cabaret publié par Bierbaum en 1900 — rassemblant des textes de Dehmel, Liliencron, Falke ou Wedekind — et les *Brettl-Lieder* que le jeune Schoenberg a écrits pour Wolzogen peuvent en donner une bonne illustration. Une dizaine d'années plus tard, l'univers du cabaret marquera profondément *Pierrot lunaire,* l'une des œuvres emblématiques autant de l'expressionnisme que de la musique du xxe siècle.

Cependant, le cabaret évoluera d'une façon autrement radicale en devenant le lieu d'expression d'une génération en conflit ouvert avec la société comme il s'est développé à partir du célèbre cabaret des *Onze bourreaux* à Munich où un Frank Wedekind attisera la révolte par ses chansons et ses pièces satiriques [23]. À Berlin, les tentatives du *Nouveau Club* (*Der Neue Klub,* 1908) et du *Cabaret néopathétique* (1910) de Kurt Hiller et de Ernst Lœwenson, où l'on récite les poèmes de Jakob van Hoddis, de Georg Heym ou les drames de Wedekind, sont d'une importance capitale dans la diffusion des idées qui seront regroupées ensuite sous l'appellation générique d'expressionnisme. Le *Sturm* de Walden se fera l'écho de ces soirées qui attireront la bohème intellectuelle berlinoise, au premier rang de laquelle se trouve Else Lasker-Schüler. L'éphémère cabaret *Gnou* (1911), du même Hiller, poursuivra le même but en offrant, à l'opposé du cabaret de divertissement, un véritable lieu de débat, voire un «organe de combat» (Richard), comme le deviendront plus tard le *Cabaret Voltaire* dadaïste de Hugo Ball à Zurich et ses successeurs à Berlin après 1918. Plus modestes dans leurs intentions mais non moins engagés dans la critique sociale, les cabarets connaîtront un succès considérable dans les années vingt à Berlin, de nombreux artistes venus du théâtre participant à ce genre d'entreprise: Max Reinhardt crée le *Schall und Rausch* en 1919 en prolongement de ses conceptions théâtrales, et Josef von Sternberg n'hésitera pas à employer deux habitués du cabaret, Marlène Dietrich et Kurt Gerron, dans son film le plus célèbre, *L'Ange bleu,* en 1930: une grande partie du cinéma allemand de cette époque ne peut être compris sans cette dimension essentielle de la vie culturelle.

Au travers de l'esprit insufflé par Wedekind, dont Brecht s'inspirera également, le cabaret véhiculera la satire et la parodie jusque dans les années qui précèdent l'arrivée au pouvoir d'Hitler. Bien qu'alors disparu en tant que mouvement, l'expressionnisme trouvera son dernier écho dans les spectacles des cabarets que le nouveau pouvoir s'empressera d'éradiquer.

---

23. Voir les études consacrées à ce sujet par J.-M. Palmier dans *L'Expressionnisme et les arts*, vol. 1, p. 120 sq., L. Richard dans *Cabaret Cabarets* ainsi que celle de M. Godé concernant les relations entre les cabarets de Hiller et *Der Sturm*.

CHAPITRE II

Les conditions d'un expressionnisme

> Dans l'impressionnisme, le monde et le moi, dedans et dehors, s'étaient harmonisés. *Dans l'expressionnisme, le monde est submergé par le moi.*
>
> Paul HATVANI [1].
>
> L'expressionnisme n'est ni une mode, ni une tendance, mais une *conception du monde*.
>
> Herwarth WALDEN (1919).

L'approche de l'expressionnisme relève, dans un sens, de la gageure, en particulier pour les raisons suivantes, exposées par Kurt Pinthus : « Il n'est ni souhaitable, ni possible d'avancer une définition générale non équivoque de l'expressionnisme. Les différences qui vont plus d'une fois jusqu'à l'opposition totale entre les courants et les styles, et ceci même à l'intérieur d'une seule et même œuvre, sont justement une caractéristique de l'expressionnisme, dont le trait commun serait une intensité qui devait exaspérer l'expression de telle sorte qu'en naquirent formes et exigences naturelles [2]. » Plutôt que d'entreprendre un essai de définition qui serait donc illusoire, il semblerait plus

---

1. « Versuch über den Expressionismus » (*Die Aktion*, 1917), in *Theorie des Expressionismus*, traduit par L. Richard, *Expressionnistes allemands*, p. 9.
2. *L'Expressionnisme dans le théâtre européen*, p. 19.

approprié de repartir de l'histoire des idées dont l'entreprise dépasse de beaucoup cette étude, mais dont le parcours général permettra de poser les conditions d'un « expressionnisme musical ».

Fait significatif d'un mouvement de pensée aussi vaste, les premières manifestations qui se réclameront de l'expressionnisme se définissent d'abord *a contrario*. En même temps que se développe une réaction contre les diverses attitudes esthétiques qui ont marqué le passage d'un siècle à l'autre, un sentiment affirmé de révolte agite une génération avide d'un monde nouveau. Toutefois, cette propension à la rébellion est moins caractéristique de l'expressionnisme, du moins à ses débuts, que le refus manifeste de l'impressionnisme ou du naturalisme, tant du point de vue pictural que littéraire : « Indifféremment, écrit Lionel Richard, tous ceux qui réagissent contre l'esthétique impressionniste vont être appelés des expressionnistes[3]. » Plus généralement encore, cette appellation sera utilisée dans un sens dépréciatif pour toute une jeunesse qui se proclame en rupture avec ce qui précède.

La référence à l'impressionnisme renvoie d'abord à ce que cette appellation recouvrait pour les peintres de cette époque, alors que les organisateurs de la vingt-deuxième Sécession berlinoise en 1911 présentaient comme « expressionnistes » les artistes français exposés, parmi lesquels Braque, Dufy, Derain, Vlaminck ou encore Picasso. On a dit en effet combien les galeries du *Sturm* ou de Paul Cassirer à Berlin suivaient de près la production étrangère. La confusion n'est pas moins présente jusque dans les écrits de Hermann Bahr qui, dans son étude intitulée *Expressionismus* et publiée en 1920, englobe Matisse, Braque, Picasso et les futuristes sous la même catégorie que Kokoschka ou les peintres de *Die Brücke*, du *Blaue Reiter*, tout en proposant une distinction : il oppose la soumission de l'impressionniste à

---

3. *Encyclopédie de l'expressionnisme*, p. 9.

l'objet, et donc la prééminence de la reproduction qu'il qualifie de «passive», à l'importance du sujet chez l'expressionniste qui introduira ainsi une expression de sa propre intériorité. Paul Klee affinera cette position en ajoutant un autre facteur essentiel qui est le temps de la perception : « Pour parler de l'expressionnisme, il faut d'abord remonter à l'impressionnisme. Ce sont là en effet les "ismes" majeurs de l'époque, répondant l'un et l'autre à des positions fondamentales envers les formes (et l'art est d'abord fait de questions de forme). L'un et l'autre évoquent un point décisif dans la genèse de l'œuvre : pour l'*impressionnisme,* c'est l'instant récepteur de l'impression de nature ; pour l'*expressionnisme,* celui, ultérieur, et dont il n'est parfois plus possible de démontrer l'homogénéité terme à terme avec le premier, où l'impression reçue est rendue. Dans l'expressionnisme, il peut s'écouler des années entre réception et restitution productive, des fragments d'impressions diverses peuvent être redonnées dans une combinaison nouvelle, ou bien encore des impressions anciennes réactivées après des années de latence par des impressions plus récentes[4]. » Klee poursuit en relevant une caractéristique de la « construction active » de la forme : « Une conséquence majeure de l'attitude expressionniste est en effet d'élever la construction au rang d'un moyen d'expression, son insistance opératoire. » Ce que Lotte H. Eisner formule encore dans sa célèbre étude consacrée au cinéma expressionniste : « L'artiste expressionniste, non pas réceptif, mais véritablement créateur, cherche, au lieu d'un effet momentané, la signification éternelle des faits et des objets[5]. »

Plus généralement, Yvan Goll voyait dans l'expressionnisme la manifestation d'un *Zeitgeist*, d'un air du temps, comme l'ont été à ses yeux romantisme et impressionnisme, mais à la différence que l'expressionnisme « nie ces genres artistiques se

---

4. « Approches de l'art moderne » (1912) dans *Théorie de l'art moderne,* p. 9.
5. *L'Écran démoniaque,* p. 15.

réclamant de l'art pour l'art, car il est moins une forme d'art qu'une forme d'expérience vécue [6] ». Comme Paul Hatvani, cité en exergue, et d'autres témoins précieux de cette époque, Goll insiste sur le rapport entre l'exacerbation du moi et le fait de l'exprimer dans le cadre d'une collectivité. Cette affirmation prendra, plus encore avec le recul, une tournure parfois virulente ou du moins sévère lorsque Goll entend, en 1921, distinguer les attitudes selon les générations : « Les vrais poètes, avant 1910, vivaient dans leur tour d'ivoire et, au milieu du journal, lisaient l'éternité dans les étoiles. C'était une occupation qui pouvait convenir à Rilke et Hofmannsthal. Mais les nouveaux arrivants ne pouvaient s'en satisfaire. Face à la contemplation impressionniste, au culte esthétique du moi d'un Stefan George, les jeunes découvraient en eux des sentiments d'universalité, d'humanité et de responsabilité. Ce sont les titres des recueils de Franz Werfel qui caractérisent le mieux ces sentiments : *L'Ami du monde, Nous sommes, Les Uns les autres* [7]. »

La confusion, ou plus précisément l'amalgame, existe encore à un autre niveau lorsque Klee considère le cubisme comme une « branche particulière de l'expressionnisme » pour l'opposer ensuite à une autre forme d'abstraction représentée par Kandinsky, et plus encore, lorsque Gottfried Benn analyse rétrospectivement les divers mouvements esthétiques qui sont apparus en Europe : « Le futurisme comme style, également appelé cubisme, désigné de préférence en Allemagne sous le nom d'expressionnisme, multiple dans ses modifications empiriques, un dans sa démarche intérieure fondamentale : destruction de la réalité, pénétration brutale jusqu'à la racine des choses, jusqu'au point où elles ne peuvent plus, nuancées, faussées, amollies de valeurs individuelles et sensuelles, être détournées au profit réaliste d'un processus psychologique, mais attendent, dans le silence

---

6. « Expressionnisme » (1914) traduit dans L. Richard, *Expressionnistes allemands*, p. 282.
7. *Ibid.*, p. 302.

prolongé du moi absolu, en dehors de toute causalité, l'appel d'élection de l'esprit créateur [8].»

Qu'il s'agisse d'établir une relation entre les catégories esthétiques antérieures ou contemporaines, ou de réfuter l'opposition sommaire entre impressionnisme et expressionnisme comme le fera un Musil, il n'en reste pas moins que les nombreux écrits sur le sujet révèlent la nécessité d'une prise de position dont se sentent investis la plupart des intellectuels de cette époque. Si l'on a vu par ailleurs le rôle que *Der Sturm* a pu jouer dans la diffusion des courants esthétiques en Europe, le fait que certains artistes se soient exprimés sous diverses «étiquettes» − comme un Hermann Bahr par exemple − ne simplifie en rien la tâche.

Quant aux compositeurs, ils en viennent parfois à s'exprimer par rapport à un «impressionnisme musical», tel Schoenberg analysant «l'organe sensoriel de l'impressionniste qui est un mécanisme d'une telle subtilité d'accord qu'il est en mesure − à la manière d'un sismographe − d'enregistrer la plus imperceptible des fluctuations [...]. Ainsi le désir de révéler l'inouï à celui qui le cherche n'a-t-il d'égal que le désir du chercheur de rencontrer l'inouï. Et, dans ce sens, tout véritable grand artiste est impressionniste et par une réaction subtile de son être aux plus infimes stimuli lui sont tout à la fois révélés l'inouï et la modernité [9]». L'approche serait elle-même subtilement vague si Schoenberg ne prenait soin de distinguer son attitude personnelle de celle d'un Debussy en montrant combien les éléments qui pourraient être communs entre leurs langages respectifs (incidemment la gamme par tons ou les intervalles de quarte) ne répondaient à des mises en œuvre et à des intentions fondamentalement différentes.

---

8. «Expressionnisme» (1933) dans *Un poète et le monde*, p. 179.
9. *Traité d'Harmonie*, p. 494.

Pluralité des activités

« Il y a sûrement, entre les meilleurs de ceux qui cherchent aujourd'hui, telle relation inconnue, tel point commun, qui ne sont certes pas le fait du hasard.» Ce que formule ainsi Schoenberg dans la première lettre qu'il adressera à Kandinsky en 1911, est non seulement la mise en évidence de ce qui rapproche les deux artistes, mais plus encore la reconnaissance d'une ouverture d'esprit chez des artistes qui élargissent leur champ d'action. Il s'agit là en effet d'une caractéristique fréquente qui mérite d'être commentée. Si, tout d'abord, le fait de multiplier les activités peut apparaître comme la volonté légitime de s'inspirer d'autres expériences, il peut être également révélateur d'une crise dont l'artiste espère se sortir en se nourrissant de tentatives dans d'autres domaines; on verra plus loin à quel point Kandinsky pensait trouver certaines réponses à ses propres questions dans la musique de Schoenberg. Ensuite, il importe de mesurer à leur juste valeur ces manifestations qui offrent un panorama allant de l'essentiel jusqu'à l'anecdotique; mais quelle que soit la qualité artistique de ces activités, elles apparaissent dans la plupart des cas comme précieuses en apportant un éclairage particulier sur l'œuvre principale ou sur l'attitude esthétique de l'artiste. À ce double titre, elles restent plus importantes qu'accessoires. À un autre degré, elles témoignent de la multiplicité des supports pouvant être rattachés, directement ou non, à l'expressionnisme.

C'est probablement Kandinsky qui aura le mieux cerné cette forme de pluralité en parlant d'un « changement d'instrument » à propos de ses poèmes (*Klänge*) : « Je dis "instrument" parce que la force qui me pousse à mon travail reste toujours la même, c'est-à-dire une "pression intérieure". Et c'est elle qui me demande de changer souvent d'instrument[10] », ajoutant qu'il savait qu'il

---

10. « Mes gravures sur bois » (1938) dans *XXe siècle*, numéro spécial consacré à Kandinsky.

deviendrait « suspect » comme peintre dès lors qu'il s'afficherait également comme poète. L'activité débordante de Kandinsky – peinture, théorie, pièces de théâtre et poésie –, comme celle de Schoenberg à la même époque – musique, théorie, peinture, livrets pour son propre théâtre, jusqu'à la pratique des aphorismes littéraires – seront suffisamment commentées dans la deuxième partie de cette étude pour qu'on ne s'y arrête pas ici.

Parmi les autres artistes s'étant illustrés dans des domaines périphériques à leur activité principale, Oskar Kokoschka occupe une place essentielle, en tant que peintre, auteur de pièces de théâtre et de poèmes. L'une des premières œuvres significatives de Kokoschka était, dans le projet initial, moins une œuvre de création que d'illustration au travers d'une série de lithographies pour *Les Garçons rêveurs* (*Die träumenden Knaben,* 1908), le peintre s'inspirant de l'art primitif, dans ce conte de fées dont il était aussi l'auteur : « La commande primitive précisait ce que devait être un livre pour les enfants, des lithographies en couleurs. Je ne m'y suis tenu que dans le premier dessin. Ceux qui suivirent naquirent avec mes vers comme un libre poème en images. J'ai donné ce titre au livre parce que c'était un compte rendu, en paroles et en images, de ce qu'était alors mon état d'âme. » Cette volontaire distance guidée par une subjectivité chargée d'un érotisme suggestif constitue un premier pas vers l'élargissement des moyens propres à l'artiste, vers le changement d'instrument dont parlera Kandinsky. En analysant le rapport entre texte et images, et constatant la correspondance incomplète entre les deux dimensions, Carl Schorske souligne à quel point Kokoschka les a traitées non pas dans la tradition d'un illustrateur, mais « à la manière d'un compositeur de Lieder, dont l'évocation vient autant de la parole que de la musique, plus que de subordination de l'une à l'autre [11] ». Cette

---

11. *Vienne fin de siècle,* p. 307. *Die Träumenden Knaben* a été mis en musique par Gottfried von Einem en 1973.

première expérience, publiée sous les auspices de la *Wiener Werkstätte* (L'atelier viennois), révèle déjà un éloignement vis-à-vis de Klimt et amène Kokoschka à poursuivre cette exploration de «l'expression d'une rêverie érotique quasi hallucinatoire» (Schorske) dans diverses pièces [12], toutes marquées par le thème de la lutte des sexes, dont *Mörder, Hoffnung der Frauen* (Assassin, espoir des femmes, commencé en 1907). Souvent qualifiée de «pochade», la pièce met en jeu le conflit entre amour et mort – «Éros et Thanatos, cette matière dont sont faits nos rêves» ajoute l'auteur – dans un «théâtre de la cruauté» annonçant presque celui d'Antonin Artaud avant la lettre, avec un argument d'une rare agressivité : une tour se détache sur un ciel nocturne ; menant ses troupes de guerriers, l'«Homme» rencontre la «Femme» à la tête d'une horde d'amazones, entre rapidement en conflit avec elle, la marque au fer rouge alors qu'elle le blesse violemment d'un coup de couteau au flanc. Enfermé dans la tour, l'Homme meurtri recouvre soudain toutes ses forces au contact de la Femme, la tue et extermine tous les personnages présents !

On peut y reconnaître autant l'influence de la *Penthésilée* de Kleist que celle des thèmes chers à Wedekind ou à Strindberg revus par Weininger (dépersonnalisation, lutte des sexes, domination de l'homme sur la femme), parallèlement à la surcharge de symboles bibliques associés à la régénérescence (Jésus blessé au flanc et la résurrection). L'affiche en couleurs réalisée par l'auteur pour la première représentation, évoquant ou parodiant une descente de croix – le peintre lui donnera par la suite le titre de *Pieta* –, renvoie directement au contenu de la pièce dans le commentaire qu'en a fait l'auteur : «L'homme est rouge sang, c'est la couleur de la vie, mais gît mort dans le sein d'une femme qui, elle, est blanche, la couleur de la mort. Si le mot-choc

---

12. Voir O. Kokoschka, *Schriftlichen Werke* vol. 1 (1973), qui contient entre autres *Sphinx und Strohmann* («Le Sphinx et l'homme de paille», 1907), *Der brennende Dornbusch* («Le buisson ardent», 1911), *Hiob* («Job», 1917) et *Orpheus und Eurydike* (1918). Ernst Krenek tirera un opéra de cette dernière en 1923.

Les conditions d'un expressionnisme 55

Umfang acht Seiten   Einzelbezug: 10 Pfennig

DER STURM
WOCHENSCHRIFT FÜR KULTUR UND DIE KÜNSTE

Redaktion und Verlag: Berlin-Halensee, Katharinenstraße 5
Fernsprecher Amt Wilmersdorf 3524 · Anzeigen-Annahme und
Geschäftsstelle: Berlin W 35, Potsdamerstr. 111 / Amt VI 3441

Herausgeber und Schriftleiter:
HERWARTH WALDEN

Vierteljahresbezug 1,25 Mark / Halbjahresbezug 2,50 Mark /
Jahresbezug 5,00 Mark, bei freier Zustellung / Insertions-
preis für die fünfgespaltene Nonpareillezeile 60 Pfennig

JAHRGANG 1910   BERLIN/DONNERSTAG DEN 14. JULI 1910/WIEN   NUMMER 20

Zeichnung von Oskar Kokoschka zu dem Drama
Mörder, Hoffnung der Frauen

INHALT: OSKAR KOKOSCHKA: Mörder, Hoffnung
der Frauen / PAUL LEPPIN: Daniel Jesus ; Roman /
ALFRED DÖBLIN: Gespräche mit Kalypso über die
Musik / SIEGFRIED PFANKUCH: Liegt der Friede in
der Luft / PAUL SCHEERBART: Gegenerklärung /
KARL VOGT: Nissen als Theaterdirektor / MINIMAX:
Kriegsberichte   Karikaturen

Mörder, Hoffnung der Frauen
Von Oskar Kokoschka

Personen:
Mann
Frau
Chor: Männer und Weiber.

Nachthimmel, Turm mit großer roter eiserner Käfig-
tür; Fackeln das einzige Licht, schwarzer Boden,
so zum Turm aufsteigend, daß alle Figuren relief-
artig zu sehen sind.

Der Mann
Weißes Gesicht, blaugepanzert, Stirntuch, das eine
Wunde bedeckt, mit der Schar der Männer
(wilde Köpfe, graue und rote Kopftücher, weiße,
schwarze und braune Kleider, Zeichen auf den
Kleidern, nackte Beine, hohe Fackelstangen,
Schellen, Getöse), kriechen herauf mit vor-
gestreckten Stangen und Lichtern, versuchen müde
und unwillig den Abenteurer zurückzuhalten, reißen
sein Pferd nieder, er geht vor, sie lösen den Kreis
um ihn, während sie mit langsamer Steigerung auf-
schreien.

Männer
Wir waren das flammende Rad um ihn,
Wir waren das flammende Rad um dich, Bestürmer
verschlossener Festungen!
gehen zögernd wieder als Kette nach, er mit dem
Fackelträger vor sich, geht voran.

Männer
Führ' uns Blasser!
Während sie das Pferd niederreißen wollen, steigen
Weiber mit der Führerin die linke Stiege herauf.
Frau rote Kleider, offene gelbe Haare, groß.

Frau laut
Mit meinem Atem erflackert die blonde Scheibe
der Sonne, mein Auge sammelt der Männer Froh-
locken, ihre stammelnde Lust kriecht wie eine
Bestie um mich.

Weiber
lösen sich von ihr los, sehen jetzt erst den Fremden.

Erstes Weib lüstern
Sein Atem saugt sich grüßend der Jungfrau an!

155

"expressionnisme" a un sens, cette affiche est l'une des premières manifestations artistiques allant dans cette direction. Et l'affiche mit les Viennois en rage, but que je poursuivais [13].» La dimension expressionniste apparaît également dans les attitudes des personnages, tant dans l'affiche avec ses corps contorsionnés (thématique que l'on retrouve chez Egon Schiele) que dans une trame que Kokoschka avait, selon ses propres termes, «improvisée» un soir avec des amis : «J'esquissai le déroulement de l'action des héros et de leurs comparses, je leur donnai le contenu de leurs rôles en brèves phrases notées sur de petites feuilles de papier et je leur mimai les mots clefs par des gestes, diverses hauteurs de voix, le rythme, des changements d'expression.» De plus, l'auteur avait prévu des interventions de tambours «tantôt sourds, tantôt crépitants, et des flûtes perçantes», avec un éclairage changeant sur des couleurs crues pour accentuer une atmosphère déjà surchargée.

Si Kokoschka a minimisé la portée de son œuvre dans ses écrits, surtout quant à un prétendu contenu exprimant le refus de la société, la pièce a pris valeur d'événement fondateur d'un théâtre fait de bribes de texte et reposant sur une expression directe : la marque de Kokoschka sur le Schoenberg de *Die glückliche Hand* (*La Main heureuse*) n'est évidemment pas à exclure. Donnée en 1909 à Vienne, sans toutefois le scandale que l'auteur se plaît à décrire dans ses mémoires, la représentation lui a valu à la fois la suppression de sa bourse d'études, à la suite de l'accueil évidemment très défavorable, et le soutien et l'amitié de Loos et de Kraus. Publiée par Walden dans *Der Sturm* dès 1910, et accompagnée en couverture par un dessin à la plume et au pinceau représentant les deux personnages principaux aux corps lacérés, la pièce contribuera à la réputation de Kokoschka qui verra en August Stramm le seul successeur «qui lui fût sympathique». Ce dernier, dont les pièces seront régulièrement publiées et données par *Der Sturm,* étant devenu l'un des auteurs

---

13. O. Kokoschka, *Ma vie,* p. 65 (voir cahier d'illustrations).

favoris de Walden, on comprend d'autant mieux les sources du jeune Hindemith qui empruntera ses textes à Kokoschka *(Mörder, Hoffnung der Frauen)*, à Stramm *(Sancta Susanna)*, ou ceux de ses Lieder à Else Lasker-Schüler et à Georg Trakl au lendemain de la Première Guerre mondiale : autrement dit, et même traités dans un esprit différent, les auteurs que soutient *Der Sturm* à ses débuts – qui tirait à 30 000 exemplaires ! – conserveront encore un puissant impact dix ans après leur publication.

La poésie a également été l'une des activités de Kokoschka, en particulier au moment de sa rupture avec Alma Mahler en 1914 avec le poème *Autrement est heureux* (combinant Alma et Oskar en « Allos »). C'est à cette même époque que Trakl aurait créé son poème *Nachts* (La nuit) en voyant le peintre travailler à son tableau autobiographique *La Fiancée du vent* (voir cahier d'illustrations). C'est à ce poème que Kokoschka a emprunté le titre de son tableau marquant la fin d'une liaison aussi intense que violente :

> Par-dessus les récifs noirs
> se précipite ivre de mort
> la fiancée du vent embrasée.

Lié un temps au groupe du *Blaue Reiter*, le peintre et graveur Alfred Kubin a d'abord pratiqué la photographie et s'est tourné également vers la littérature avec *Die andere Seite* (L'autre côté), roman publié en 1909 et qu'il a lui-même illustré [14]. Admirée par Kandinsky qui la citera dans *Du Spirituel dans l'art*, l'œuvre de Kubin décrit, au travers d'un lointain « empire du rêve » situé en Asie, les thèmes de la solitude, de l'inconscient et de la mort : thèmes qui avaient déjà habité ses nombreux dessins à l'encre, au fusain ou à la mine de plomb, ainsi que ceux destinés à accompagner entre autres les œuvres de Dostoïevski, Strindberg, Kleist, Wedekind, Trakl ou encore de Kafka. Le sculpteur Ernst

---

14. Une adaptation cinématographique, *Die Traumstadt*, sera réalisée en 1973 par Johannes Schaaf.

Barlach abordera aussi le théâtre pour lequel il écrira abondamment depuis *Der tote Tag* (Le jour mort, 1912) dont il accompagne la publication par des lithographies, jusqu'à *Die Sündflut* (Le déluge, 1924), de même que Ludwig Meidner, le peintre fascinant des villes hallucinées, s'essaiera à la prose (*Le Chant du croissant de lune*, 1919). À l'inverse, et comme Schoenberg se tournera un temps vers la peinture, on citera encore le compositeur russe Arthur Lourié qui fera preuve d'un réel talent dans les toiles qu'il réalisera parallèlement à ses compositions tout au long de sa vie.

Comme pour Hans Arp et Kurt Schwitters plus tard et dans d'autres contextes – tel que le dadaïsme –, la multiplication des activités caractérise d'abord des artistes qui ont rempli consciemment des fonctions qui sont non seulement complémentaires à leurs yeux, mais plus encore les expressions multiples d'une seule et même idée : mettre en scène les conflits qui agitent l'auteur en recourant à des procédés d'expressivité maximale. Ensuite, et si le théâtre attire en majorité les peintres et les sculpteurs, c'est aussi parce que ces derniers font preuve d'une capacité à transposer l'espace et la couleur dans le cadre d'une dimension scénique, proposant ainsi une autre solution que celle du clair-obscur des fameuses mises en scène impressionnistes de Max Reinhardt ou celles encore tributaires de l'idée d'art total wagnérien.

PLURALITÉ DES ORIENTATIONS

On pourrait croire que la quête et l'espoir de l'émergence d'un homme nouveau qui animent ces générations les réunit dans une même conception de la société. Non seulement aucun « programme esthétique » susceptible de rassembler des créateurs de pratiques et de milieux différents n'existe en tant que tel, mais aucune unité politique ne peut être identifiée. Plus encore, le fait d'avoir manifesté un attachement à certaines idées expressionnistes avant 1914 mène parfois à des directions opposées, voire contradictoires après la révolution d'octobre 1917 en Russie ou l'action des spartakistes en Allemagne à la même époque : des écrivains et poètes tels que Gottfried Benn et Johannes Becher, comparables dans leurs premières œuvres, s'orienteront respectivement vers le national-socialisme (comme Hanns Johst et Arnolt Bronnen) et vers le communisme, comme Ludwig Rubiner qui fondera le premier théâtre prolétarien en 1919. Le cas de Benn est particulier en ce sens que ses sympathies pour le nazisme, dont il s'éloignera par la suite, l'amènent à écrire en 1933 l'article déjà cité, et interprété par Pinthus comme une « tentative de convaincre les nationaux-socialistes de la valeur artistique et de l'importance internationale de l'expressionnisme », afin de répondre aux attaques virulentes d'Alfred Rosenberg [15]. C'est dans cet esprit que Benn parle de l'expressionnisme qu'on ne peut pas seulement expliquer « comme une révolte contre des styles précédents, naturalisme ou impressionnisme : il s'agit tout simplement d'un nouvel être historique [16] ». On notera également que Goebbels, qui admirait la peinture de Munch, de Van Gogh et de Nolde, y voyait une manifestation profonde de l'art germanique : il n'en cédera pas moins vite aux arguments contraires de Rosenberg et de Hitler.

Si l'on peut dresser le catalogue des prises de position en faveur de l'une ou de l'autre de ces orientations [17], il est important d'admettre que, par l'étendue des thèmes pris en charge, les options expressionnistes étaient susceptibles de mener aussi bien à l'engagement en faveur de la révolution prolétarienne qu'à celui qui conduira au national-socialisme. On rappellera également combien certaines revues, et *Die Aktion* en premier lieu,

---

15. Proche de Hitler dès le début des années 1920 et auteur du *Mythe du XXe siècle* (1930) dans lequel il développait ouvertement des théories racistes. Voir J.-M. Palmier, *L'Expressionnisme comme révolte*, p. 161 sq.
16. « Expressionnisme » dans *Un poète et le monde*, p. 178.
17. Voir les études de J.-M. Palmier, *L'Expressionnisme comme révolte* et *L'Art dégénéré*.

ont joué un rôle politique essentiel alors que d'autres auteurs tels que Georg Kaiser ou Walter Hasenclever se tiendront plus nettement en marge des débats politiques.

L'engagement politique n'est cependant pas la seule voie pour les artistes expressionnistes qui prônent une orientation spirituelle, comme l'exprime le dramaturge Kurt Heynicke qui écrit en 1917 : « L'art de l'âme vit, car l'âme est la mère créatrice du nouvel art [18]. » Il s'agit donc de concevoir un art qui développera une forme spirituelle visant à élever l'humanité au-dessus du matérialisme en métamorphosant l'homme moderne. Rejoignant ainsi le messianisme qui habite les pièces de Barlach ou de Hasenclever, ou les poèmes de Georg Trakl dont l'*Ecce homo* constitue en soi une thématique, cette option se manifeste autant au travers du monologue que de la fréquente allusion à l'aspect sacral de la messe dans certaines pièces expressionnistes : on verra qu'il s'agit là de la solution qu'adoptera Schoenberg dans ses œuvres à partir de *Die glückliche Hand* et qui le mènera à l'expression directe de sa foi dans *L'Échelle de Jacob*.

Seuls Kokoschka et Barlach ont réussi à s'imposer de leur vivant en tant que dramaturges parallèlement à leur activité principale, et les images bibliques qui parcourent leurs pièces participent à cette orientation particulière. De même, la poésie attachante d'Else Lasker-Schüler mêle cet appel intérieur et le thème de la solitude au travers d'une sensualité révélant sa fascination pour l'Orient :

> Le roc s'effrite
> D'où j'ai surgi
> Et chante mes cantiques...
> Brutalement, je trébuche du chemin
> Et ruisselle toute en moi
> Et pars très loin, seule sur des pierres de lamentation
> En direction de la mer.

---

18. « Seele zur Kunst » dans *Theorie des Expressionismus*, p. 104.

Ainsi j'ai vidé le fleuve
Du moût amer
De mon sang.
Et toujours, toujours l'écho
Est en moi,
Quand vers l'Est affreusement,
L'ossement de roc effrité,
Mon peuple,
Crie vers Dieu [19].

Plus encore, et tout en tenant compte de l'importance des écrits de Theodor Hertzl en faveur d'un État juif, et ce, dès 1896, Becher a écrit en 1919 une vision prophétique de glorification du peuple juif et de l'aspiration à sa renaissance en Palestine dans son hymne *Zion*, dans le même esprit que son grand poème intitulé *Homme, lève-toi* [20] :

Sur les hauts-fonds sanglants des écoulements des batailles
Poudroie infiniment immuable l'étoile magique de Dieu...

Cette étonnante diversification des engagements pourrait enfin trouver son origine dans un passé germanique qui porte encore lourdement l'empreinte du règne de trente ans de Guillaume II : « Seul celui qui connaît cet Empire de Guillaume le Charlatan et la société élevée à son image, déclare encore Kurt Pinthus, peut comprendre la rage qui fait éclater la syntaxe, le pressentiment désespéré de la chute, le cri excitant, le nihilisme destructeur, l'aspiration messianique et l'union des styles si opposés au sein de l'expressionnisme. Cette diversité que l'on

---

19. *Mein Volk* (Mon peuple) dans l'*Anthologie bilingue de la poésie allemande*, p. 905.
20. Voir les commentaires de K. Pinthus, « Souvenirs des débuts de l'expressionnisme » dans *L'Expressionnisme dans le théâtre européen*, p. 24. Le poème « Homme, lève-toi » a été publié par Pinthus dans son anthologie *Crépuscule de l'humanité*. Un fragment du poème est traduit dans l'*Anthologie bilingue de la poésie allemande*, p. 943.

prend si souvent comme contre-argument est justement une marque caractéristique de l'expressionnisme. Et ainsi s'explique le fait que ce mouvement devait déboucher dans l'éthique, quelquefois le religieux, finalement surtout dans le politique[21]. »

Les moyens d'expression : du cri à la révision du langage

> Brûle en hurlant dans l'eau et la douleur du feu !
> Fonce, fonce, fonce contre le temps, le vieux temps misérable[22] !

La principale thématique de l'expressionnisme concerne la primauté de la subjectivité, régulièrement présentée comme une *vision* dont l'aboutissement est le résultat d'un double choc : celui de la révélation auquel correspond celui de la fièvre créatrice. En tant que critère dominant dans la façon de recevoir le monde et d'en donner sa propre interprétation, la vision de l'artiste propose un renouvellement du rapport à la réalité tel que Kasimir Edschmid l'a remarquablement formulé : « Le sens de l'objet est à rechercher au-delà de l'apparence. On n'a pas le droit de se contenter de croire à un fait, de se l'imaginer, de l'enregistrer, il faut lui donner un reflet pur, inaltéré, de l'image du monde. Et celle-ci ne se trouve qu'en nous. Ainsi apparaît le grand rêve de la vision expressionniste de l'artiste. Il ne voit pas, il regarde. Il ne décrit pas, il vit une expérience. Il ne reproduit pas, il donne forme[23]. » La vision du monde fondamentalement subjective que propose l'œuvre sera donc proportionnelle à l'angoisse, à l'extase, ou à l'agressivité de la psychologie de l'artiste. Il s'agit là du sujet d'une conférence que Kokoschka publiera en 1920 : « La conscience des visions est la vie

---

21. K. Pinthus, *ibid.*, p. 23.
22. Franz Werfel, « Appel à la révolution » dans l'*Anthologie bilingue de la poésie allemande,* p. 991.
23. « Über den dichterrischen Expressionismus » (1918) dans *Theorie des Expressionismus,* trad. de L. Richard.

elle-même qui choisit parmi les images affluant vers elle et qui peut aussi écarter celles qui ne lui plaisent pas. Une vie qui s'attribue à elle-même le pouvoir dirige la conscience des visions. » Lorsque Strindberg, l'un des plus importants précurseurs de l'expressionnisme, confesse qu'il lui semble, en écrivant *Père*, « vivre comme un somnambule, et que l'imaginaire et le vécu se mêlent », il préfigure un geste typiquement expressionniste qui pourrait être celui de Schoenberg quand il composera *Erwartung* en deux semaines.

« Si l'on me demandait aujourd'hui de citer la première mise en scène expressionniste, écrit Denis Bablet, ce n'est point un spectacle que je désignerais, mais le célèbre tableau d'un des plus grands précurseurs de l'expressionnisme : *Le Cri* d'Edvard Munch [...]. Au centre, un personnage, regard hagard, lance un cri d'épouvante qui déforme le visage émacié qu'il tient convulsivement entre ses mains, et tout son corps. Le cri paraît se répercuter dans tout le paysage qu'il anime d'ondes concentriques, tandis que disparaissent au loin les deux personnages apparemment indifférents à la terreur de cet être abstrait dont on ne sait ni qui il est, ni d'où il vient, ni où il va. Dépasse-t-on cette première et subjective impression et lit-on les explications que Munch a fournies de sa toile qu'on découvre qu'elle contient un véritable *Ichdrama*. En ce tableau semblent se résumer et se condenser la dramaturgie expressionniste et certains aspects majeurs de ses modes de représentation [24]. » Ce célèbre exemple qui déborde le cadre de la toile en évoquant à la fois le monde sonore et le théâtre est rapproché ici du monde strindbergien au travers de l'accumulation des thèmes rendus par la crudité des couleurs au service d'une intensité littéralement visualisée : la dépersonnalisation, la solitude, l'angoisse et l'hallucination. La *vision* dépasse la *représentation* pour se traduire en mouvement sonore visualisé par les ondes concentriques qui dépeignent la

---

24. « L'expressionnisme à la scène » dans *L'Expressionnisme dans le théâtre européen*, p. 194.

propagation de l'angoisse. Denis Bablet renvoie également au commentaire du peintre lui-même qui donne une dimension autobiographique au tableau, celle-ci prenant une valeur obsessionnelle quand on rappelle que Munch en a réalisé plus de cinquante variantes : « Je longeais le chemin avec deux amis – c'est alors que le soleil se coucha – le ciel devint tout à coup rouge couleur de sang – je m'arrêtai, m'adossai épuisé à mort contre une barrière – le fjord d'un noir bleuté et la ville étaient inondés de sang et ravagés par des langues de feu – mes amis poursuivirent leur chemin, tandis que je tremblais encore d'angoisse – et je sentis que la nature était traversée par un long cri infini [25]. »

Parallèlement à l'impact de la peinture de Munch sur les artistes allemands, le cri, impliquant paroxysme et distorsion constitue l'incontestable point de convergence entre différentes œuvres expressionnistes qui peuvent elles-mêmes relever d'esthétiques très diverses : le sens et l'intensité du cri varieront selon qu'il s'agit d'une révolte contre la famille, la société ou la guerre. Le théâtre et la poésie transposeront à leur tour ce moyen d'expression tant au travers des thèmes du conflit avec le père, et en particulier du parricide dans *Le Fils (Der Sohn)* de Hasenclever et *Le Mendiant (Der Bettler)* de Sorge, celui de la ville oppressante dans *De l'aube à minuit (Von Morgens bis Mitternacht)* de Kaiser, ou encore celui de l'opposition entre le pacifisme et la guerre dans *La Conversion (Die Wandlung)* de Toller, que dans les poèmes de Ernst Stadler ou de Johannes Becher déjà cités. Le poème le plus célèbre de cette époque est le *Weltende* (Fin du monde) de Jakob van Hoddis, paru en 1911, et consacré par ses contemporains, selon les termes de Becher, pour son pouvoir magique : « Ces huit lignes semblaient avoir fait de nous d'autres hommes, nous avoir élevés au-dessus d'un autre monde de bourgeoisie stupide que nous méprisions et que nous ne savions comment abandonner [26] » :

---

25. Cité par U. Bischoff, *Munch*, p. 53.
26. Cité dans *L'Expressionnisme dans le théâtre européen*, p. 35.

Le chapeau du bourgeois choit de son chef pointu,
Des espèces de cris résonnent dans les airs.
Des couvreurs font la chute et se cassent en deux,
Et les marées — lit-on — vont submerger les côtes.
L'orage est là, les mers à cloche-pieds féroces
Entrent dans le pays broyer de fortes digues.
Les gens pour la plupart ont attrapé un rhume.
Et les chemins de fer dégringolent des ponts [27].

Encore loin des visions d'apocalypse des poèmes de Trakl, celui de Hoddis n'en constitue pas moins une première étape dans cette succession de cris qui précède et accompagne la première guerre mondiale. De même, ceux d'August Stramm dont la concision lapidaire n'a d'équivalent que son horreur de la guerre où il mourra en 1915 démontrent à quel point cette boucherie sera ressentie comme un traumatisme des deux côtés du Rhin. Nul n'a traduit plus intensément ce tragique que Georg Trakl chez qui la dimension religieuse et celle du vide implacable se combinent dans une poésie qui « transperce plus qu'elle ne ravit » selon le mot de Robert Rovini [28], comme dans cet extrait de l'un de ses derniers poèmes écrit après la bataille de Grodek (1914) :

> Au calme creux des prés cependant s'amasse,
> Rouge nuée où siège un Dieu de colère,
> Tout le sang versé, son froid de lune ;
> Les chemins mènent tous en noire pourriture.

La guerre sera donc ressentie par les expressionnistes comme l'échec d'un monde et d'un homme nouveaux : les engagements politiques après 1918, dont on a parlé plus haut, ne seront qu'une autre forme de réaction.

---

27. *Anthologie bilingue de la poésie allemande*, p. 911.
28. R. Rovini, *Trakl*. Quant à l'interprétation du « Christianisme et expressionnisme » chez le poète, voir J.-M. Palmier, *Trakl*. Les œuvres complètes de Trakl ont été traduites en 1972.

Soutenu par Walden et publié dans *Der Sturm*, Stramm développe ses *Schrei-dramen* (drames du cri) dans les différentes pièces qui seront pour la plupart montées après sa mort : *Rudimentär* ou *Kräfte* (Forces, 1914-1915) représentent l'option d'un « expressionnisme abstrait », opposé à celui de Kokoschka ou de Lasker-Schüler, et qui constitue, comme on l'a vu, la nouvelle orientation du *Sturm* après 1912. La poésie de Stramm avait déjà évolué dans le sens d'une concentration des mots bouleversant une syntaxe limitée à des substantifs brutalement accolés à des verbes comme dans *Patrouille* [29] :

> Les pierres ennemient
> Lucarne ricane trahison
> Branches étranglent
> Montagnes broussailles exfolient vitement
> Hurlent
> Mort.

La plus extrême concision à laquelle Stramm parvient dans ses derniers poèmes comme *Urtod* (Mort originelle [30]) limité à un enchaînement brut de substantifs et de verbes à l'infinitif, sera également transposé dans son théâtre.

Le cas de *Sancta Susanna*, publiée en 1914, aborde le cri sous l'angle de la sexualité refoulée et révélée dans le contexte religieux d'un monastère : l'essentiel de l'argument tient dans le récit que fait la vieille nonne Klementia à sa cadette Susanna, au sujet d'une autre religieuse qui, dans un moment d'extase, s'était jetée nue sur le crucifix avant d'être emmurée vivante. Le passé et le présent se rejoignent lorsque Susanna, participant à la même extase croissante, reproduit le même geste sacrilège devant l'ensemble des sœurs affolées qui n'y voient qu'une manifestation de Satan. L'extase, en tant que corollaire de la

---

29. L. Richard, *Expressionnistes allemands*, p. 185.
30. *Paris-Berlin*, p. 701.

vision, donne lieu ici à un traitement en marge de la réalité, chacun des personnages n'étant plus que l'incarnation d'une pulsion, dans le sillage, une fois de plus, de Strindberg : « L'espace évoqué par le drame n'est plus celui d'un environnement, mais la projection du moi des personnages. Quant à ces personnages, ils ne sont plus des individus au sens traditionnel, mais des forces psychiques en action [31]. » Le « Ichdrama » strindbergien − pièce construite sur le moi d'un individu opposé au monde qui l'environne −, de même que le « Wanderdrama » − drame-itinéraire dans lequel l'intrigue traduit l'évolution de la psychologie d'un personnage −, ou le « Stationendrama » − drame à stations comparable au chemin de croix − alimenteront abondamment la conception de nombre de pièces expressionnistes. Le cinéma saura tirer une grande partie de ses effets de cette dimension théâtrale, tant dans la mise en scène que dans les attitudes qui prendront valeur de stéréotypes, depuis les personnages diaboliques du *Cabinet du docteur Caligari* de Robert Wiene (1919) incarnés par Werner Kraus (le Docteur) et Conrad Veidt (Césare), jusqu'au défilé mécanique des ouvriers anonymes et écrasés par la société industrielle dans le *Metropolis* de Fritz Lang (1926).

Le rêve ou le délire, l'angoisse ou l'extase composent ainsi quelques-uns des thèmes récurrents de l'expressionnisme, poussés à l'excès en tant que hautement révélateurs d'un cri d'impuissance et surtout d'une crise d'identité. La langue, qui sera parfois violentée par un nouvel usage de la condensation, subira en quelque sorte les conséquences de cette recherche d'une nouvelle expressivité, en conflit avec la convention, comme le souligne encore Yvan Goll : « Avant tout : économie des mots. Plus de phrases sentimentalement belles et inutiles. On ne dit que ce qu'il faut, aussi concisément que possible. Les mots sont fondus l'un dans l'autre. Le mot n'est pas là pour lui-même, mais pour l'idée dont il est le porteur, le serviteur. Donc le mot doit

---

31. W. Steffens dans l'*Encyclopédie de l'expressionnisme*, p. 159.

s'effacer devant elle et se réduire tant qu'il pourra. L'expressionnisme préférait pouvoir s'"exprimer" sans mots [32]. »

Le principe d'économie des moyens, qui se manifeste autant en poésie qu'en prose, renvoie également à la concentration du temps : nombre de pièces expressionnistes de Döblin, Werfel, Hasenclever, Benn ou Kaiser ont en commun le même cadre temporel, dans un « argument » qui se déroule en moins de vingt-quatre heures, et sont souvent limitées à un acte unique [33]. Les pièces de Kokoschka et de Kandinsky d'une part, et les œuvres scéniques de Schoenberg *(Erwartung, Die glückliche Hand)* de l'autre, répondront également à cette condition.

L'une des conséquences les plus remarquables de cette concentration dans le temps, l'idée de *simultanéité*, développée en particulier par le futuriste Boccioni dès 1913, est identifiée par Theodor Däubler comme une des caractéristiques essentielles de l'expressionnisme [34]. Plus encore, cette notion prend toute sa valeur dans la musique de cette époque : non seulement la superposition d'éléments différents y est rendue possible par l'écriture polyphonique – dont un Klee s'inspirera magistralement dans sa peinture –, mais la succession rapide d'images renvoyant à un passé peut être prise en charge par la juxtaposition de brefs rappels thématiques : Berg saura l'exploiter en ce sens dans certains interludes entre deux scènes de *Wozzeck*, dans le glissement d'un temps à un autre, entre souvenir et prémonition. L'exemple le plus spectaculaire se trouve au troisième acte quand, lors du meurtre de Marie et donc de son cri de mort, des parcelles de son propre passé se pressent dans l'orchestre sous forme de motifs en l'espace de quelques mesures : le tambour-major, la marche militaire ou la berceuse ne sont plus des bribes désordonnées de sa vie qui se dissout en quelques instants.

---

32. Y. Goll (1920) traduit dans L. Richard, *Expressionnistes allemands*, p. 301.
33. Voir l'anthologie *Einakter und kleine Dramen des Expressionismus*.
34. « Simultanität » (1916) dans *Theorie des Expressionismus*, p. 53.

Les conditions d'un expressionnisme 69

Berg : *Wozzeck*, III, 2.

De plus, et en tant que conscience d'une vision personnelle, le temps *interprété*, en dehors de toute réalité objective, sera tantôt comprimé à l'extrême, tantôt considérablement étiré. Là encore, le « cri musical » que propose Berg à la suite de ce même passage, représente l'antithèse du précédent par un long *crescendo* d'orchestre sur une seule note, entretenu jusqu'aux limites du supportable acoustiquement (cf. page 69).

Le cri de mort de Lulu comme celui de la femme d'*Erwartung* constituent les archétypes musicaux du genre : directement crié ou chanté, ils renvoient à un *tutti* orchestral dont le volume sonore égale la densité harmonique répartie sur tout le registre, au même titre que celui que Mahler avait échafaudé par blocs de tierces progressivement superposées dans l'Adagio initial de sa *Dixième Symphonie* :

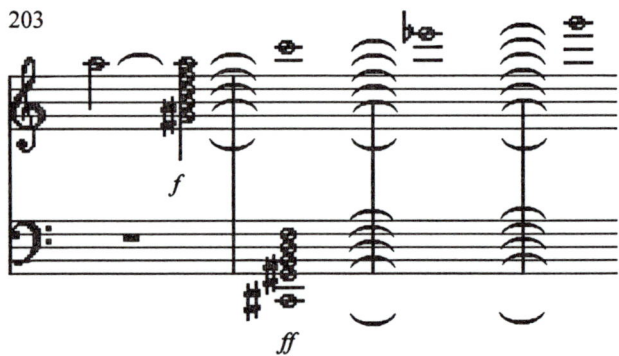

« Au plus profond de l'être s'éveille un cri. » L'image poétique que Schoenberg emprunte à Stefan George dans le final chanté de son *Deuxième Quatuor* pourrait à elle seule rassembler les étonnantes réussites orchestrales des compositeurs viennois, depuis l'introduction proche du bruit indifférencié à laquelle succède un magistral rugissement de cuivres dans la première des *Trois Pièces* op. 6 de Berg jusqu'au *Flatterzunge* rageur de trombone qui parcourt et ponctue la première des *Cinq Pièces*

op. 16 de Schoenberg. C'est cependant Webern qui donnera les exemples les plus accomplis avec celui, très étale, qui culmine à la fin de la «Marche funèbre» de ses *Six Pièces pour orchestre* op. 6 [35], à la fois le pendant musical du tableau de Munch et le précurseur du cri orchestral de *Wozzeck*, ou, comme cas inverse de concentration maximale (trente secondes!), au sommet de la deuxième de ses *Cinq Pièces pour orchestre* op. 10.

Enfin, si les formes aphoristiques élaborées par les trois compositeurs viennois entre 1910 et 1913 s'inscrivent totalement dans ce contexte expressionniste, on verra combien celles-ci apparaissent comme une manifestation expressive liée à la révision d'un langage musical d'autant plus nécessaire qu'il était plus que jamais chargé de subjectivité : c'est en ce sens que Schoenberg parlera d'une «émancipation de la dissonance», fidèle en cela de Karl Kraus qui voyait dans le langage «la mère, et non la servante de la pensée [36]».

---

35. De façon caractéristique, l'appellation «Marche funèbre» dans la version de 1909 a disparu dans la révision réalisée par Webern en 1928.
36. *Pro Domo et Mundo*, p. 70.

CHAPITRE III

L'expressionnisme et les musiciens

> Seule l'expression concrètement vécue n'est pas vaine.
>
> Oskar KOKOSCHKA

Aborder la question de l'expressionnisme dans le domaine musical est déjà ambigu dans la mesure où aucun compositeur ne peut être qualifié d'«expressionniste», si ce n'est que provisoirement, pour une production circonscrite à quelques années. Tant par la convergence des thèmes dont traite son œuvre que par la nature de son engagement, Schoenberg est bien le principal compositeur susceptible d'incarner l'expressionnisme musical dans la période qui précède 1914. Bien qu'il soit plus âgé que la génération des expressionnistes nés vers 1890 – pour lesquels révolte et guerre mondiale se manifesteront parallèlement –, Schoenberg s'affirme dans cette voie mais avec la distance que lui donnent son âge et son expérience : les œuvres de sa période expressionniste à partir de 1909 sont bien le résultat d'une évolution et non celui d'une brutale prise de conscience de la part d'un jeune compositeur s'engouffrant dans de nouvelles idées. L'orientation expressionniste de Hindemith après la Première Guerre s'inscrira au contraire pleinement dans le sillage des idées de l'époque immédiatement précédente. Il s'agira donc d'examiner successivement les contextes de deux générations qui n'ont pas exactement les mêmes aspirations.

Si le débat opposant Brahms et Wagner bat encore son plein à la fin du XIXᵉ siècle, après les polémiques soulevées par Eduard Hanslick partisan de la musique «pure» et farouche opposant à Wagner [1], il n'est pas d'une nature comparable à ceux développés dans la peinture (impressionnisme/expressionnisme) ou dans la littérature (naturalisme/expressionnisme) au début du XXᵉ siècle. Par ailleurs, il concerne essentiellement les musiciens des années 1870, exacerbant l'aspect naturellement combatif du jeune Mahler, musiciens qui se devaient de prendre position, alors que la génération de Schoenberg ne sera concernée que de loin : au moment de la mort de Brahms (1897), et donc plus de dix ans après celle de Wagner, le sujet se posait moins en termes de choix qu'en termes de renouvellement des moyens d'expression et du langage. L'opposition caricaturale entre l'entretien de formes classiques chez le premier et la rénovation complète du discours chez le second, ou celle plus réductrice encore entre les dimensions réactionnaire et révolutionnaire des deux œuvres, était déjà émoussée. La nouvelle génération de la fin du siècle avait dépassionné le débat pour n'en garder que l'essentiel, à savoir les innovations d'écriture qui, loin d'être incompatibles, étaient riches de possibilités. Schoenberg dira à quel point *Verklärte Nacht* (La nuit transfigurée) était redevable à ses deux grands devanciers [2], et l'on sait combien l'enseignement de Zemlinsky a été important et précieux dans ce domaine.

Coïncidant avec les premières œuvres importantes de Debussy, Strauss, Mahler, ou Scriabine, l'approche du tournant du siècle exige plus que tout autre le recours à l'interprétation : avancer que *Tristan* prépare la prochaine fin du monde tonal n'est pas prendre beaucoup de risques et trahit une vision réduite et figée de la modernité ; de même, ne voir en l'œuvre schoenbergienne

---

1. Voir *Le Beau dans la musique* (1854).
2. Voir «Comment j'ai évolué» et «Brahms le progressiste» (1947) dans *Le Style et l'Idée*.

qu'un prolongement logique du tonal consiste à masquer les véritables innovations et relève du même besoin de sécurisation. Les années 1909-1914, d'une richesse exceptionnelle qui voient éclore parallèlement *Le Sacre du printemps* de Stravinsky, *Prométhée* de Scriabine, *Jeux* de Debussy ou *Erwartung* de Schoenberg, ne sont pas nécessairement condamnées à osciller éternellement entre Les *Derniers Jours de l'humanité* (Karl Kraus) et l'*Apocalypse joyeuse* (Hermann Broch)...

L'ENVIRONNEMENT CULTUREL DES MUSICIENS VIENNOIS

Les relations entre les musiciens, les peintres, les littérateurs, sont évidemment capitales si l'on tient compte des moyens de diffusion des idées que représentent les revues, les cafés ou les clubs divers. Mais tenter de définir ce que les musiciens connaissaient de l'expressionnisme est d'une certaine manière voué à l'échec en raison de l'aspect presque simultané des manifestations : les premiers exemples d'expressionnisme dans le domaine musical précèdent de peu les œuvres caractéristiques en littérature ou dans le théâtre. La peinture a, en revanche, développé les fondements de l'expressionnisme, soit peu avant la musique, soit parallèlement. Mais, seconde distinction, au contraire de certaines manifestations en peinture où les groupes de la *Brücke* et du *Blaue Reiter* sont composés d'artistes de nationalités et d'horizons différents, l'« École de Vienne » rassemble dès le départ des personnalités en majeure partie viennoises, et fortement tributaires du contexte.

« Dans la dernière période de la Vienne des Habsbourg, n'importe lequel des leaders culturels de la cité pouvait faire la connaissance de n'importe quel autre sans la moindre difficulté, et beaucoup parmi eux ont été en fait des amis intimes, en dépit du fait qu'ils travaillaient dans des secteurs tout à fait distincts de l'art, de la pensée et des affaires publiques [3]. » Cette remarque au sujet du croisement des intellectuels à cette époque est séduisante, mais l'évaluation des interactions et des influences entre les intellectuels de cette Vienne foisonnante est à la fois une entreprise passionnante et une gageure. Mis à part les relations entre musiciens eux-mêmes, ou les rencontres avec les peintres — privilégiée dans le cas Schoenberg-Kandinsky —, la démonstration devient délicate dans le cas de deux personnalités qui n'ont aucune activité commune. L'exemple le plus représentatif pourrait être celui de Freud qui, âgé de dix-huit ans de plus que Schoenberg, aurait presque pu en être le «père». Il est en effet tentant de rapprocher les deux personnages, tous deux juifs installés à Vienne prenant autant conscience *a contrario* du rejet de leur judaïsme par une ville à laquelle ils rendront la monnaie de cette haine, explorant chacun à leur manière les tourments de l'inconscient, tout en ouvrant des portes qui conduiront le siècle à une suite de reconsidérations fondamentales. On se surprend à penser au rendez-vous manqué entre ces deux hommes qui s'expriment abondamment par l'écrit — les articles «auto-analyse», ou «comment je me juge» de Schoenberg en disent long —, et qui portent, chacun avec ses moyens, un même intérêt aux questions de la répétition ou de la condensation. Alors que Freud publie *L'Interprétation des rêves* en 1899 qui sort dans la plus totale indifférence, Schoenberg achève *Verklärte Nacht* qui déclenchera les foudres de la critique et du public, événement que le compositeur posera désormais comme caractéristique de sa propre identité musicale («depuis, le scandale n'a jamais cessé»). Dans le même ordre d'idées, on peut s'interroger sur ce que la femme d'*Erwartung* doit à Freud qui sonde le rêve pour en trouver l'explication codée. C'est la critique de Wittgenstein quant à la pratique d'élucidation freudienne qui fournirait alors les arguments contredisant un quelconque rapprochement:

---

3. A. Janik et S. Toulmin, *Wittgenstein's Vienna*, cité par J. Bouveresse dans *Critique* «Vienne, début d'un siècle», p. 782.

« Lorsqu'un rêve est analysé, il est inséré dans un contexte où il cesse d'être gênant. Dans un sens, le rêveur revit son rêve dans des circonstances qui en changent l'aspect[4] », soit au profit d'une attitude scientifique et aux dépens de la subjectivité, à l'inverse de la femme d'*Erwartung* dont le délire en soi constitue le cadre de l'œuvre ne nécessitant pas d'autre explicitation. Les éventuels rapports entre le compositeur et ce chercheur insensible à la musique sont donc plus subtils et les parallèles, certes troublants, ne peuvent qu'entretenir des analogies si l'on s'en tient là[5]. C'est en cela que se situe toute la difficulté de l'entreprise quant aux *véritables* relations entre les personnalités qui ont vécu à Vienne.

L'arrière-plan culturel ne peut d'abord être envisagé sans que soient d'abord cités les noms de Nietzsche et de Schopenhauer dont les idées infiltrent toutes les couches de l'intelligentsia viennoise : « À vrai dire, écrit Benn, tout ce que ma génération a discuté, analysé au-dedans d'elle-même, on peut dire : souffert, on peut dire aussi : piétiné, tout cela s'était déjà exprimé chez Nietzsche jusqu'au bout, avait en lui trouvé sa formule définitive, tout le reste ne fut qu'exégèse[6]. » Au-delà de cette formule, il est incontestable que le discours nietzschéen au sujet d'un monde en quête de ses valeurs disparues et relié à celui de la nécessité d'un homme nouveau aura trouvé un écho particulier dans cette génération. De même, la mission du compositeur qui, selon Schopenhauer, « révèle l'essence du monde et exprime la plus profonde sagesse en un langage que sa raison ne comprend pas[7] », sera

---

4. « Entretiens sur Freud » dans *Freud, jugements et témoignages* présentés par R. Jaccard, p. 259.
5. Voir à ce sujet l'étude de J.-P. Arnaud, *Freud, Wittgenstein et la musique*. Sur l'entrevue entre Freud et Mahler, voir H.-L. de La Grange, *Mahler*, vol. 3, p. 770.
6. « Nietzsche, cinquante ans après » dans *Un poète et le monde*, p. 329.
7. « De la même façon, continue Schopenhauer, qu'une somnambule révèle des choses dont elle n'a aucune idée quand elle se réveille » dans *Le Monde comme volonté et comme représentation*.

largement représentée tant dans les œuvres que dans les écrits de Schoenberg, qui reprendra cette citation dans son article «Les relations [de la musique] avec le texte» en 1912 : l'idée d'une musique possédant sa propre logique et capable de transmettre une expression, même sans le secours d'un texte, ne peut être totalement comprise sans cette référence privilégiée qui concerne tout autant les membres de l'École de Vienne que Mahler. Si Alma a rapporté le caractère passionné des débats philosophiques entre Schoenberg et Mahler, leurs goûts littéraires sont aussi révélateurs de ce qui les distingue. Ainsi, lorsqu'à l'occasion d'une rencontre avec les élèves de Schoenberg, Mahler s'étonne que ceux-ci méconnaissent Dostoïevski qui «est plus important que le contrepoint», Webern lui répondra timidement qu'«ils ont tout de même Strindberg[8]». Ce remarquable changement de références, qui correspond au passage d'une génération à l'autre, est aussi caractéristique de l'ascendant de Schoenberg sur ses élèves dont les orientations, en particulier chez Webern, seront souvent le fidèle reflet de ses propres idées. Outre les choix littéraires de Schoenberg pour ses œuvres vocales, on peut avoir une idée précise de sa culture en examinant le catalogue des livres de sa bibliothèque, qu'il a dressé lui-même en 1913 : on y trouve, par ordre croissant d'importance en nombre de volumes, des ouvrages de Balzac, Dehmel, Rilke, Kraus, Ibsen, George, Hauptmann, Maeterlinck, Strindberg et Swedenborg (la philosophie est représentée par Kant, Schopenhauer, Bergson, Nietzsche, Platon et Aristote)[9]. Stuckenschmidt ajoutera que le relevé datant de 1918 mentionne l'intégralité des écrits d'Altenberg, Kandinsky, Kokoschka, Weininger et Kraus. Si certains de ces noms se retrouvent aisément dans l'œuvre musicale de Schoenberg (Maeterlinck, Dehmel et George), on

---

8. Cité par H.-L. de La Grange dans *Mahler*, vol. 3, p. 509. Cet échange, rapporté par de nombreux auteurs et à chaque fois différemment, semble dater, selon H.-L. de La Grange, de juin 1909.

9. Rapporté par H. H. Stuckenschmidt dans *Schoenberg*.

constate l'intérêt qu'il portait au théâtre symboliste et naturaliste [10]. À l'inverse, la présence de Balzac pourrait surprendre chez un compositeur qui a toujours privilégié les références germaniques, si l'on ne tenait compte de *Séraphîta* qui jouera un rôle important dans la conception de *L'Échelle de Jacob* (on ajoutera que Balzac était l'un des auteurs souvent cités par les rédacteurs de *Der Sturm* pour alimenter leurs attaques contre la bourgeoisie).

Parmi les personnalités qui ont marqué de façon prépondérante la pensée de Schoenberg, on se doit de citer en premier lieu les noms de Adolf Loos, Karl Kraus et de Mahler, puis, dans un second temps, ceux de Kandinsky et, dans une certaine mesure, de Wittgenstein. On peut cependant avancer qu'une bonne part des auteurs qui constitueront les références de Schoenberg ont été compris de ce dernier à travers Loos et Kraus, bien qu'il soit difficile de démêler l'écheveau des influences chez le jeune musicien confronté à ces deux personnalités, non seulement cultivées, mais ayant en commun un sens critique aigu vis-à-vis de la société viennoise et autrichienne.

Adolf Loos et Karl Kraus ou les nouvelles tables de la loi

Figure centrale dans le paysage intellectuel viennois, l'architecte Adolf Loos est un personnage capital à plusieurs égards : d'abord en tant qu'ami commun d'Altenberg, de Schoenberg, de Wedekind et de Trakl, ainsi que de Kokoschka qu'il recommandera en particulier à Walden et à Kraus ; ensuite, par la communauté d'idées qui le rapproche de ce dernier quant à l'analyse de la décadence de la culture en Autriche. Par dessus tout, Loos a su véritablement soutenir activement un artiste dès lors qu'il croyait en son talent. Racontant avec malice ses premières

---

10. Schoenberg avait projeté de tirer un opéra de *Und Pippa tanzt* de Hauptmann (1906-1907) dont il existe quelques esquisses.

entrevues avec lui, Kokoschka insistera sur la particularité de ses conseils que l'on retrouvera presque mot pour mot sous la plume de Schoenberg : « Je comprenais à peine que Loos vît des œuvres d'art dans mes tableaux et je concevais cela comme une flatterie. Il me persuada pourtant de persévérer dans mon intention de ne suivre ni routine, ni théorie et de trouver au contraire avec ma peinture une base pour comprendre le rôle que je jouais dans mon environnement, pour me connaître moi-même. Pour l'essentiel, je voudrais dire au sujet de l'expressionnisme qu'il a été compris de cette manière par tous les jeunes créateurs de cette époque [11]. »

Le combat furieux qu'a mené Loos contre le goût pour l'ornement, tel l'« embellissement » dans le *Jugendstil* – qui explorait le détail dans le but d'accéder à la beauté –, constitue le leitmotif qui parcourt ses conférences et ses écrits, « l'existence de toute œuvre d'art étant réglée par une nécessité interne si impérieuse qu'elle ne peut supporter l'intrusion des formes d'un art étranger ». Établissant une relation directe entre la disparition de l'ornement des objets usuels et l'évolution de la culture, Loos ne peut que constater la dégénérescence de cette dernière avec un sens de la formule dont l'ironie n'est égalée à cette époque que par Kraus : « J'appelle culture cet équilibre de l'homme intérieur et de l'homme extérieur qui est la condition de toute pensée et de toute activité raisonnable. J'ai l'intention d'exposer prochainement dans une conférence, pourquoi les Papous ont une culture, tandis que les Allemands n'en ont pas [12]. » Cette expression de mépris ainsi affichée – que Loos avait pratiquée dès 1903 dans son éphémère revue *Das Andere* (L'autre) dont le sous-titre était

---

11. *Ma vie*, p. 78.
12. « Ornement et crime » (1908) et « Architecture » (1910), dont des extraits seront publiés dans *Der Sturm* cette même année, constituent les principaux articles de Loos. Ils seront repris dans le recueil *Malgré tout* publié conjointement avec *Paroles dans le vide*. Voir également l'étude de H. Damisch, « L'autre "Ich" ou le désir du vide : pour un tombeau d'Adolf Loos » dans *Critique* « Vienne, début d'un siècle ».

« Journal pour l'introduction de la culture occidentale en Autriche » ! – annonce d'abord la notion du « vide de valeurs de l'art allemand » qu'Hermann Broch développera plus tard [13] ; elle est, par ailleurs, autant caractéristique de son attitude vis-à-vis de ses compatriotes que de sa volonté d'éveiller les consciences et de faire œuvre pédagogique. On y reconnaîtra sans peine quelques-uns des thèmes favoris de Schoenberg. De même, Loos, bientôt relayé par Kraus, déclarera que l'homme moderne, et tout particulièrement l'artiste, devra utiliser « son vêtement comme un masque. Sa personnalité est si puissante qu'elle n'a pas besoin de s'exprimer dans ses habits. L'absence d'ornement est un indice de force spirituelle ». Plus encore, Loos a parfois recours à des métaphores bibliques qui ajoutent une dimension supplémentaire à son pressant appel en faveur de la suppression de l'ornemental dans l'architecture moderne : « Voyez, le temps de l'accomplissement est proche. Bientôt les rues des villes brilleront comme des murs blancs. Comme Sion, la ville sainte, la capitale du Ciel. Alors les temps seront accomplis. »

Deux autres points fondamentaux méritent encore d'être abordés. La distinction qu'il opère entre l'architecture qui doit autant « répondre à un besoin, et qui doit plaire à tout le monde » et l'art qui reste « l'affaire privée de l'artiste » tient dans la célèbre formule : « L'œuvre d'art est, par essence, révolutionnaire, la maison est conservatrice. » Le résultat de la confusion entre art et artisanat est alors catastrophique aux yeux de Loos dans la mesure où, selon lui, « l'œuvre d'art pense à l'avenir » et « la maison au présent » : « Nous détestons celui qui nous arrache à notre commodité et vient troubler notre bien-être. C'est pourquoi nous aimons notre maison et détestons l'art. » Ce que Schoenberg traduira par le « confort » *(Gemütlichkeit)* dans son *Traité d'Harmonie* : « Il est assez facile d'avoir une "conception du monde" lorsque nos regards n'y perçoivent que l'agréable et

---

13. « Hofmannsthal et son temps » repris dans *Création littéraire et connaissance*.

le facile au mépris de tout le reste, c'est-à-dire l'essentiel. » Deuxièmement, l'habitation n'étant pas une œuvre d'art en raison de son aspect d'abord fonctionnel, Loos met en pratique son rejet total de l'ornement pour la maison de la Michaelerplatz qu'il construit à Vienne : « Je ne sais comment remercier l'Office viennois de la construction pour la publicité qu'il m'a faite en me frappant d'une mesure d'interdiction. Je reçus un papier qui me signifiait que la construction d'un tel édifice était interdite à cause de sa simplicité, et par conséquent de sa laideur. Je retournai chez moi, plein de joie et de bonheur. Car quel architecte, sur toute la surface du globe, s'est-il vu signifier noir sur blanc qu'il est un artiste ? [...] J'étais interdit, interdit par la police, comme Frank Wedekind ou Arnold Schoenberg. Ou mieux comme Arnold Schoenberg serait interdit si la police savait lire les pensées qui s'expriment à travers ses notes [14]. » Le même Schoenberg qui rejoint Loos en apprenant à puiser sa force dans les scandales que provoqueront ses propres œuvres, jusqu'à y trouver, comme on l'a déjà souligné, la *justification* de sa démarche, autant que de sa solitude, face à un monde hostile.

Schoenberg reprendra donc beaucoup d'idées de Loos à son compte, ne serait-ce que dans la distinction entre artiste et artisan – « L'artisan *peut,* l'artiste *doit* » – dans l'un de ses premiers et importants articles, « Problèmes de pédagogie » (1911). De même, la notion d'« ornement » trouve son équivalent dans le domaine de la composition quand il déclare que la technique empruntée à d'autres, et donc utilisée sans imagination, n'est que « du vernis brillant adroitement appliqué ». Jusque dans son attitude pédagogique, Schoenberg restera tributaire de la pensée de Loos en prônant une musique authentique et vraie : « Il est un exercice en usage dans presque tous les manuels d'enseignement

---

14. « Sur la maison de la Michaelerplatz » (1910) dans *Paroles dans le vide. Malgré tout. Die Fackel* et *Der Sturm* réagiront violemment en prenant la défense de Loos.

qui consiste à orner après coup une phrase primitivement conçue en blanches ou rondes, de retards et de notes de passage. Je renonce à une telle pratique qui me semble, au plus haut degré, aussi ridicule que dépourvue de valeur artistique [15]. »

L'aversion profonde de Loos pour l'ornemental, qu'il traquait jusque dans les domaines de la vie quotidienne – l'une de ses conférences était intitulée « À propos de la marche, de la station debout, assise, couchée, du sommeil, de la nourriture et de la boisson » –, allait également jusqu'à dénoncer la calligraphie de la langue allemande, qui, comme on sait, attribue une majuscule à tous les substantifs : « Je ne doute pas pour ma part, du lien qui existe entre l'écriture déformée nommée gothique et l'accumulation sans but de majuscules ; on a cherché à introduire un ornement dans l'écriture et *on s'est complu dans la multiplicité des fioritures*. » Par cette prise de position, Loos se rapproche plus encore de Kraus en interprétant le maintien de la majuscule comme une « conséquence de la dépravation de la langue. Cette dépravation vient de ce que l'Allemand sépare par un profond fossé le mot écrit de la langue parlée [16] ».

Karl Kraus était incontestablement le gardien de l'art de la langue, tant dans ses chroniques assassines de *Die Fackel* [17] (Le flambeau) que par les quelque sept cents conférences qu'il a tenues au long de sa vie. Le récit qu'a donné Elias Canetti de la fascination que Kraus exerçait sur l'auditoire peut donner une idée de la puissance de son ascendant sur tous ceux qui l'approchaient : « J'étais désarçonné par les crescendos dont cette voix était capable ; la salle était très grande, mais il y avait dans cette voix une vibration qui se transmettait à la salle tout entière. Les

---

15. *Traité d'Harmonie*, p. 425 (les références suivantes seront indiquées par *TH*).
16. Avant-propos à *Paroles dans le vide*. *Malgré tout*. Le poète symboliste Stefan George procédait de même, mais évidemment pour d'autres raisons.
17. Journal édité de 1899 à 1936, et rédigé entièrement par Kraus à partir de 1912.

chaises comme les gens semblaient céder sous cette vibration, je n'aurais pas été étonné de voir les chaises se plier. Une telle salle, remplie jusqu'à la dernière place, possédait sous l'effet de cette voix une dynamique qui ne disparaissait pas, même lorsque la voix se taisait [...]. Qu'on se représente cette Horde installée dans une salle enfermée par celui qui l'y a attirée et sans cesse rappelée à sa vraie nature [18]. » Personnage aussi contesté qu'adulé, Kraus était l'homme des extrêmes : incarnant sciemment une forme de marginalité institutionnalisée, il aura d'un côté soutenu son ami Peter Altenberg, et avec un rare dévouement les poètes Georg Trakl et Else Lasker-Schüler – notamment en les publiant –, tout comme il défendra farouchement la critique sociale du théâtre de Wedekind; de l'autre, il attaquera aussi violemment les œuvres de Tolstoï, de Schnitzler ou de Hofmannsthal [19], de même qu'il ignorera les poèmes de Rilke ou le roman *Les Désarrois de l'élève Törless* (1906) de Musil. Ce dernier le lui rendra bien en notant dans son Journal : « Il y a deux choses contre lesquelles on ne peut pas lutter, parce qu'elles sont trop longues, trop épaisses, n'ont ni tête ni pied : Karl Kraus et la psychanalyse [20]. » Si Freud était effectivement considéré par Musil – avec Kraus et George –, comme l'un des « dictateurs de l'esprit », Kraus n'aura lui-même pas de mots assez durs pour s'opposer aux théories de la psychanalyse : « La différence entre

---

18. *Le Flambeau dans l'oreille, Histoire d'une vie*, p. 77 sq. Voir également, du même, l'essai « Karl Kraus, école de la résistance » publié en introduction à Kraus, *La Littérature démolie*.

19. Les membres du groupe « Jeune Vienne » (dont Hermann Bahr, Schnitzler et Hofmannsthal), habitués du café Griensteidl, ont été la cible de Kraus dès 1896 dans son article intitulé ironiquement « La littérature démolie ». On citera aussi cet aphorisme féroce : « Miracle de la nature ! Les fleurs artificielles de monsieur von Hofmannsthal, qui, vers 1895, avaient de la rosée, sont maintenant fanées », dans *Pro Domo et Mundo*, p. 90.

20. *Journaux* II, p. 421. On trouvera aussi cet autre jugement : « Kraus est le personnage du rédempteur ; dès lors qu'il existe et fulmine, tout s'arrange. La mauvaise conscience objectivée », à quoi il ajoute : « Bien entendu, ce mécanisme est fâcheux » (*ibid.*, p. 129). Voir aussi J. Bouveresse, *L'Homme probable, Robert Musil*.

l'ancienne et la nouvelle science de l'âme tient en ceci, que l'ancienne était moralement indignée de toute déviation de la norme, cependant que la nouvelle a permis à l'infériorité d'accéder à un sentiment de classe[21].» Bien que Freud et Kraus s'emploient chacun de leur côté à fustiger l'hypocrisie morale et sexuelle de leur époque, le second n'a jamais pardonné au premier ses incursions hors du domaine strictement scientifique en appliquant ses analyses à l'art et à la littérature, ainsi qu'aux auteurs eux-mêmes. Un tel élargissement du champ d'action de la psychanalyse, que le rédacteur de *Die Fackel* traquait aussi bien chez Freud que chez Schnitzler, a d'autant plus déclenché les foudres de Kraus qu'il a été lui-même l'objet des attentions du clan freudien ! Comme on l'a vu, le moralisme de Kraus, comme celui de Wedekind, s'exprime au travers d'un cynisme qui réjouira autant ses admirateurs qu'il irritera ses victimes.

Kraus poursuit donc le même combat que Loos dans son constat de la décadence de la culture dont les conséquences se retrouvaient tant dans la langue bâtarde des quotidiens – « Ne pas avoir de pensée et pouvoir l'exprimer – voilà qui fait le journaliste[22] » – que dans la littérature ou la poésie, en particulier en prenant régulièrement Heine pour cible : « Heine a créé ce qu'on peut de plus haut avec le langage. Plus haut se trouve ce qui est créé à partir du langage[23]. » En soutenant le *Sturm* de Walden, Kraus entendait aussi lutter contre Berlin qui représentait pour lui le « bourbier de la perversion journalistique ».

Au-delà de ses formules au vitriol, la pensée de Kraus consistait surtout à établir une identité entre langage et éthique, si bien que l'écriture devenait un acte moral ainsi que le présente Paul Hatvani, l'un des témoins et acteurs de cette époque : « Kraus place le monde devant un tribunal qu'il représente lui-même par

---

21. *Pro Domo et Mundo*, p. 57.
22. *Ibid.*, p. 44.
23. *Dits et Contredits*, p. 137.

trois fois : en tant que poète, juge et moraliste. Son jugement sera sans appel [24]. »

Cette position singulière justifie le soutien qu'il apporte à Wedekind en qui il reconnaît une lutte commune contre la corruption morale. La conférence que Kraus consacre en 1905 à *La Boîte de Pandore* de Wedekind — à laquelle assiste déjà le jeune Berg — montre à quel point le polémiste attachait une importance particulière à la vision de la femme présentée dans la pièce : « Il aura fallu attendre Wedekind pour que table rase soit faite de toutes les pleurnicheries dramatiques sur la baisse de la valeur marchande de la femme [25]. » La thématique de *L'Esprit de la Terre* et de *La Boîte de Pandore* — qui constitueront le propos de *Lulu* trente ans plus tard — prend ainsi une nouvelle dimension en dépit d'une allure apparemment naturaliste. Ce que Kraus appréciait particulièrement dans les opérettes d'Offenbach, au travers du savoureux mélange entre bouffonnerie et satire de la société bourgeoise, se retrouvera indirectement dans le prologue de *Lulu* où les personnages du drame défilent, telles des curiosités, pendant qu'un dompteur incite le public par ses boniments à venir voir le spectacle [26].

Kraus savait donc rendre hommage aux personnalités qu'il admirait et soutenait ardemment. Au poète Trakl qui voyait en Kraus un véritable prophète et qui lui a dédié son remarquable *Psaume* (1912) :

La place de l'église est sombre et taciturne, comme aux jours de
                                                [l'enfance.
Sur leurs semelles d'argent passent des vies antérieures

---

24. P. Hatvani, « Kraus et la satire sociale » dans *Les Cahiers de l'Herne* (1975) consacré à Kraus, p. 114. Voir également F. Jenaczek, « Le langage chez Kraus » *(ibid.)* et N. Wagner dans *Critique* « Vienne, début d'un siècle ».
25. *La Boîte de Pandore*, p. 14.
26. Voir J. Jacquot, « De Wedekind et Kraus à Alban Berg » dans *L'Expressionnisme dans le théâtre européen,* p. 260.

Et les ombres des damnés descendent aux eaux soupirantes.
Dans sa tombe le mage blanc joue avec les serpents.
Muets au-dessus du Calvaire, s'ouvrent les yeux d'or de Dieu.

Kraus répondra en remerciement par une image exprimant la relation entre le prématuré (Trakl) et l'épigone (Kraus lui-même) : « Ce sont les accomplis, qui furent achevés alors qu'il était trop tard. Ils sont venus avec le cri de la honte dans un monde qui les maintient seulement dans ce sentiment premier, ultime : Retourner dans ton ventre, ô mère, où c'était bien [27] ! »

Fidèle lecteur de *Die Fackel*, tout comme Berg et Webern, Schoenberg ne manquera jamais une occasion de dire publiquement sa dette envers Kraus qu'il cite dans son *Traité d'Harmonie* et dont il reprend à son compte l'un des aphorismes essentiels dans son article sur la relation entre le texte et la musique qu'il écrira pour *L'Almanach du Blaue Reiter* : « Lorsque Karl Kraus dit que la parole est mère de la pensée [28], lorsque W. Kandinsky et Oskar Kokoschka peignent des tableaux dont l'objet matériel extérieur n'est plus qu'un prétexte pour livrer leur imagination au jeu des couleurs et des formes, et s'exprimer comme seul le musicien s'exprimait jusqu'ici, ce sont là des symptômes qui prouvent que la reconnaissance de la véritable essence de l'art gagne du terrain. » L'autre intérêt de Schoenberg pour Kraus tient dans la croisade menée contre la critique journalistique dans *Die Fackel* qui désigne les vrais créateurs en prenant publiquement leur défense. Autrement dit, le fait d'être soutenu par Kraus implique l'appartenance à une élite intellectuelle et artistique – Loos, Kokoschka, Trakl,

---

27. Le « Psaume » de Trakl est traduit dans l'*Anthologie bilingue de la poésie allemande*, p. 953. La réponse de Kraus est publiée dans *La Nuit venue*, p. 172.
28. « *Die Sprache ist die Mutter, nicht die Magd des Gedenkens* » (la langue est la mère, non la servante de la pensée) in *Pro Domo et Mundo*, p. 70.

Schoenberg, etc. –, et constitue par là même la légitimité d'une « opposition » aux manifestations officielles ou bourgeoises. Si Kraus a effectivement défendu les causes des compositeurs viennois parce qu'ils étaient attaqués dans la presse – Mahler, Schoenberg et ses élèves –, les relations entre les deux hommes ne sont pas aussi simples qu'elles pourraient le paraître : d'abord par le manque d'intérêt avoué de Kraus pour la musique de son temps, et pour celle de Schoenberg en particulier, qu'il soutiendra par principe quand celui-ci sera injustement attaqué par une presse de mauvaise foi alors qu'il multipliera ses interventions enthousiastes en faveur de l'art de Kokoschka ; ensuite par le fait que, lors de l'épisode qui oppose Schoenberg au critique musical Ludwig Karpath en 1909, le musicien se montre virulent dans un texte enflammé[29] qu'il propose à Kraus et que celui-ci refusera pour une question de méthode : là où Schoenberg entendait engager une polémique, Kraus, plus subtilement, n'agissait que par la satire ; enfin, lorsque Schoenberg adresse à Kraus quelques aphorismes, celui-ci les lui refuse à nouveau sous prétexte qu'ils ne peuvent constituer une rubrique dans *Die Fackel*, « sauf en cas de nécessité[30] ». Le rejet poli de Kraus ne cache pas son agacement vis-à-vis de ce compositeur qui tentait déjà de s'affirmer parallèlement comme peintre, et maintenant en tant qu'aphoriste, y voyant probablement une manifestation d'expansionnisme déplacé comparable à celui de Freud. On ajoutera que les envois de Schoenberg ne pouvaient en aucun cas rivaliser avec l'incontestable talent de Kraus en ce domaine, ce qui a probablement ajouté au malaise de celui qui luttait en faveur de la perfection de la langue. On jugera rapidement du peu de valeur, sinon de la lourdeur, des essais schoenbergiens : « Je l'aime

---

29. « Eine Rechtsfrage » (Une question de droit, 16 janvier 1909), repris dans *Style and Idea* (Faber, 1975). La traduction française a ignoré ce texte.
30. Les aphorismes paraîtront finalement dans la revue *Der Ruf* en 1912. La correspondance Kraus-Schoenberg a été partiellement publiée et remarquablement commentée par F. Pfäfflin dans le numéro des *Cahiers de l'Herne* consacré à Kraus.

beaucoup, mais je ne peux la maîtriser. – Je ne parle pas ici d'une femme mais de la discipline, qui est aussi une femme, visiblement. » Schoenberg, qui ne possédait ni l'à-propos caustique de Kraus ni l'humour acide de Loos, ne sera jamais qu'un piètre écrivain !

Si l'influence de Kraus sur Schoenberg reste difficile à évaluer précisément, elle ne doit cependant pas être sous-estimée par le fait qu'elle s'exerce incontestablement sous la forme d'un *arrière-plan*, à la fois culturel et moral.

Kraus et Weininger

Kraus aura donc été le guide de cette génération, tant du point de vue des idées – «La mort de Kraus mit fin à la pensée indépendante en Autriche», dira Kokoschka – que pour ses choix littéraires. Outre les poètes déjà cités qu'il protège, Kraus a largement ouvert ses colonnes à August Strindberg, dont il admire «la technique de la haine», et avec lequel il partage la même admiration pour un jeune homme brillant qui se suicidera à vingt-trois ans après avoir écrit *Sexe et caractère* : Otto Weininger.

Publié en 1903 [31], l'ouvrage aborde la question de la bisexualité dans une étude dont l'ambition était d'examiner le principe des proportions entre les caractères masculin et féminin : « La gradation infinie qu'il suppose devrait permettre d'explorer un champ jusqu'ici réservé aux écrivains et aux artistes. » En dépit de l'audace de ses jugements, et à la suite des articles de Kraus, *Sexe et caractère* sera lu et commenté par la plupart des personnalités de cette époque telles que Loos, Altenberg, Kokoschka, Trakl, Schoenberg ou Berg (dont *Lulu* en révélera l'influence) pour ne citer qu'eux. Les raisons pour lesquelles Kraus prendra la défense de Weininger ont été approfondies par Jacques

---

31. *Sexe et caractère* dont la première traduction en français date de 1975.

Le Rider[32] : apparaissant à ses yeux comme un martyr du journalisme, Weininger développe autant le thème de l'hypocrisie des mœurs que l'idée selon laquelle l'homme de génie «ne critique pas la langue, mais la fait». C'est au nom de cet «ordre moral» prôné par Weininger que les lecteurs tels que Kraus, Loos ou Schoenberg, et en général tous ceux en quête de l'homme nouveau, diront leur admiration : c'est aussi en ce sens que Le Rider parle de *Sexe et caractère* comme de l'un des premiers manifestes de l'expressionnisme. L'image de la femme, telle qu'elle est ici présentée, entre la prostitution et la manifestation d'un puritanisme, sera aussi reconnue et approuvée par Strindberg, jusque dans son hommage à Weininger qui sera publié dans *Die Fackel* et dans lequel il salue celui qui a découvert «l'être et la nature de la femme» : développant l'idée du *génie*, dont les œuvres sont éternelles – «seuls les artistes, les philosophes, les fondateurs de religion méritent ce titre» –, Weininger tente de démontrer que la femme ne peut parvenir à l'émancipation qu'en abandonnant sa part de féminité, et donc de sexualité.

Là où Klimt recherchait l'essence de la féminité au travers de symboles grecs revisités – «un médium métaphorique pour ses fouilles de l'instinct et particulièrement de l'érotisme» selon Schorske –, là où Altenberg se complaisait dans l'exploration de la femme-enfant, les expressionnistes seront marqués et torturés par l'image de la femme qu'a donnée Weininger, cherchant moins à rendre un érotisme latent qu'à en atteindre directement la *psyché*. Mise en relation avec l'affranchissement de la sexualité qu'a développé Wedekind, cette interprétation est susceptible de justifier tous les thèmes tournant autour de la lutte des sexes, tels qu'on les trouvera mis en œuvre explicitement dans *Mörder, Hoffnung der Frauen* (Assassin, espoir des femmes) de Kokoschka, et implicitement dans *La Main heureuse* : «Le penseur, écrit Schoenberg en 1911, qui est en perpétuelle recherche,

---

32. *Le cas Otto Weininger.*

montre qu'il y a des problèmes et que ceux-ci attendent des solutions. Comme un Strindberg pour qui "la vie rend toute chose hideuse", ou un Maeterlinck pour qui "les trois quarts de nos frères sont condamnés à la misère", un Weininger et bien d'autres dont la pensée grave compte encore pour nous» (*TH,* 17).

Parallèlement au thème de la féminité, celui du judaïsme est tout aussi présent dans le discours de ces juifs convertis que sont Loos, Kraus, Schoenberg ou Weininger. Conversion en tant qu'acte d'assimilation, et plus encore d'opposition dans le cas de Schoenberg et Weininger qui opteront pour le protestantisme dans une Vienne catholique, privilégiant symboliquement leur attachement à la culture *germanique* au sens large du terme et non pas seulement viennoise [33]. À la dualité homme / femme – le masculin susceptible de parvenir au génie, le féminin inhibé par sa sexualité –, Weininger adjoint celle entre forme et matière – «d'un côté les contenus articulés, de l'autre un flot de représentations vagues», ou, si l'on veut, comment l'homme maîtrisera la matière pour lui donner forme : on comprend combien l'ascendant de Weininger s'était manifesté, à un tout autre degré, dans l'aphorisme de Schoenberg cité plus haut. Mais si le juif, toujours selon Weininger, n'a pas de personnalité propre, il peut trouver son salut dans l'incarnation du fondateur de religion qui «après avoir vécu dans le plus radical éloignement de Dieu, a franchi le pas qui conduit à la foi la plus haute» : ce que Schoenberg citera presque mot pour mot en 1912 en demandant à Dehmel un livret pour un oratorio dont l'ambition était de décrire le parcours de l'homme d'aujourd'hui, «qui a passé par le matérialisme, le socialisme, l'anarchie, qui a été athée mais qui garde cependant un reste de foi (sous forme de superstition), comment cet homme moderne se bat avec Dieu et réussit à trouver Dieu et la religion».

---

33. Voir S. Beller, *Vienne et les juifs 1867-1938*, notamment au sujet de sa discussion de certaines thèses avancées par Carl E. Schorske dans *Vienne fin de siècle*.

La confrontation entre judaïsme et sexualité apparaît également dans le commentaire de Kraus au sujet d'une représentation de *Salome* de Strauss et de la critique d'un journaliste qui attaquait violemment l'antisémitisme du texte original de Wilde. « En réalité, l'article de Friedrich Schütz, écrit Jacques Le Rider, décelait avec lucidité une des caractéristiques de la fortune de la *Salome* en Allemagne et en Autriche, bientôt confirmée par son adaptation pour l'opéra chez Richard Strauss. Comme l'a montré Sander L. Gilman, le succès des représentations de *Salome* dans le monde allemand allait de pair avec l'accentuation de certains stéréotypes juifs, souvent proches de l'antisémitisme pur et simple. Gilman rappelle que les "perversions" sexuelles qui se déchaînent à la cour d'Hérode (tendances homosexuelles, inceste, hystérie) récapitulent le catalogue des anomalies considérées, dans la psychiatrie de la fin du XIXe siècle, comme plus fréquentes chez les juifs que dans d'autres groupes ethniques [34]. »

C'est aussi au travers de ces thèmes que Loos et Kraus, tels des héros bibliques modernes, auront impitoyablement stigmatisé les abus et les travers d'une société fondée sur un matérialisme indéfendable. Leurs mises en gardes et autres réquisitoires auraient voulu constituer les tables de la loi d'une nouvelle société au service de l'homme moderne. C'est en ce sens qu'ils jouent un rôle dans la mentalité expressionniste qu'ils ont largement contribué à alimenter sans y participer directement.

Quant au philosophe Ludwig Wittgenstein, il a lui-même désigné Kraus, Loos et Weininger parmi ceux qui ont exercé une influence décisive sur sa pensée (1931), prenant modèle sur la façon de procéder propre à Kraus : « Prendre son adversaire au mot et retracer toute son attitude morale à partir de l'analyse critique d'une seule phrase [35]. » On peut s'interroger à juste titre sur l'éventualité d'une influence de l'auteur du

---

34. J. Le Rider, *Modernité viennoise et crises de l'identité*, p. 314.
35. B. McGuinness, *Wittgenstein*, vol. 1, p. 60.

Tractatus logico-philosophicus sur les conceptions artistiques de cette époque. Il semble infiniment probable que Loos, Schoenberg, et Wittgenstein lui-même – ne serait-ce qu'en raison de la *référence* privilégiée qu'incarne Kraus pour cette génération –, se retrouvent dans l'effet de mise en résonance des questions tournant autour du *langage* et formulées au travers des préoccupations de chacun : « En un certain sens, commente Jacques Bouveresse, tous les trois ont été hantés par un même problème, qui occupe une place centrale dans le *Tractatus* : celui de la délimitation correcte et de l'utilisation pertinente de la part de nécessité et de la part d'arbitraire qu'un moyen d'expression quelconque comporte *nécessairement*[36]. » En second lieu, et en l'absence d'une véritable démonstration en ce sens, la relation, directe ou indirecte, Schoenberg-Wittgenstein n'est avant tout qu'un indice supplémentaire d'une collusion dont les fondements sont à rechercher dans un paradoxe qui ne résiste pas à l'examen : une pensée qui reste dans les deux cas dépendante d'une tradition revendiquée en étant apparemment contredite par leur œuvre dans laquelle tout semblait entériner la rupture avec cette même tradition.

Parenthèse : la pédagogie

« L'imitation précède parfois l'original. Sont-ils deux à avoir une pensée, elle appartient non au premier qui l'a eue mais au meilleur qui l'a[37]. » Cet aphorisme de Kraus pourrait en un sens définir l'attitude pédagogique de Schoenberg dont nombre de témoignages d'élèves confirment l'exigence et la sûreté du jugement. Si l'abondance de ses écrits en ce domaine démontre

---

36. *Critique* « Vienne, début d'un siècle », p. 785. Par ailleurs, J. Bouveresse a remarquablement exposé les débats d'idées à Vienne dans *Philosophie, mythologie et pseudo-science : Wittgenstein lecteur de Freud*.
37. *Pro Domo et Mundo*, p. 72.

l'intérêt qu'il porte à la pédagogie, Schoenberg est conscient, comme on le voit, de ses propres qualités alors que son métier d'enseignant n'est guidé que par sa propre expérience. En tant qu'autodidacte en majeure partie, Schoenberg répond par l'abondance à une frustration de n'avoir pu bénéficier lui-même d'un véritable enseignement et établit une pédagogie « idéale ».

À la solitude de son apprentissage correspond une volonté de diffuser et un talent peu commun de formateur : « Ce n'est pas un art de laisser un beau talent se développer, écrira-t-il en 1910 ; le reconnaître, le cerner et – enfin et surtout – arriver à un certain succès : voilà ce qui fait un bon professeur. »

Là encore, l'importance et les enjeux des conférences de Kraus aiguisent un désir que l'on trouvera fréquemment sous la plume d'écrivains tel Yvan Goll. L'artiste expressionniste concevra donc comme une véritable mission le fait de transmettre un savoir et de provoquer des prises de conscience, l'attitude pédagogique s'affichant comme une façon supplémentaire d'établir un dialogue avec la société. Précisément, la position de Schoenberg consiste à prendre en charge l'ensemble des problèmes, de la composition (texte et musique) à la mise en œuvre (indications de mise en scène, activité de chef pour sa musique), jusqu'à la diffusion et l'éducation du public. On y ajoutera les questions pratiques de notation auxquelles il consacre plusieurs articles en 1923 qui entrent en compte dans la conscience de sa responsabilité. Lorsqu'il écrit à Kandinsky en novembre 1911 qu'il a commencé un cycle de conférences sur le thème « Esthétique et enseignement de la composition », il souligne autant l'importance qu'il accorde à ce type d'activités qu'il renforce les liens qui le rapprochent du peintre également attaché à cette idée.

L'autre modèle est à nouveau Loos ainsi que le montre cette réflexion de Schoenberg examinant la mélodie présentée par l'un de ses élèves telle que l'a rapportée Wellesz : « Soyons francs. L'avez-vous conçue spontanément aussi pleine de complications ? votre idée première exigeait-elle vraiment un accompagnement si complexe dans sa forme ? N'auriez-vous pas ultérieurement ajouté cette figure-ci, pour draper un squelette harmonique trop pauvre, de même que l'on pare une maison de façades[38]?» Comme Loos qui pratiquait une pédagogie à dimension sociale, Schoenberg a enseigné à l'école ouverte par Eugénie Schwarzwald et souhaitera par la suite «éduquer le public»—toutefois sélectionné—en présentant des concerts dont les programmes étaient exclusivement consacrés à la production musicale de son temps. La «Société d'exécutions musicales privées» qui s'est tenue à Vienne de 1918 à 1921 constitue ainsi l'exemple le plus remarquable de l'extension de l'enseignement de Schoenberg[39]. La politique de cette association, détaillée dans le prospectus rédigé par Berg, mentionne entre autres les conditions suivantes: «1) la préparation soignée, la fidélité absolue des exécutions, 2) l'audition répétée des mêmes œuvres, et 3) la soustraction des concerts à l'influence corruptrice de la vie musicale officielle, le refus de la compétition commerciale, l'indifférence envers toute forme d'échec ou de succès[40].» Les œuvres symphoniques ne pouvant, pour des raisons financières, être jouées que sous forme de transcriptions et d'arrangements, Berg ajoute que «cette restriction offre des avantages inattendus. Il s'est notamment révélé possible d'entendre et de juger mainte œuvre moderne pour orchestre dépouillée des multiples effets sonores qu'elle doit à son orchestration, privée de ses artifices les plus sensibles». On pourrait s'étonner à juste titre de cette prise de position singulière pour des compositeurs si attachés à la couleur ou la *Klangfarbenmelodie*, si l'on ne tenait pas compte une fois de plus du combat de Loos contre l'ornement et de l'exigence éthique de Kraus. En définitive, ce que Schoenberg doit à ses deux modèles pourrait être synthétisé dans cette

---

38. E. Wellesz, *Schoenberg*. Plusieurs fragments ont été traduits et publiés en français dans *La Revue musicale* de 1920 à 1926.
39. Cf. le dossier que lui a consacré la revue *Musik Konzepte* n°36 (mars 1984).
40. A. Berg, *Écrits*, p. 40 sq.

judicieuse réflexion de Wittgenstein : « Mon originalité (si c'est le mot exact) est, je crois, une originalité de terrain, et non de la semence. Jetez une semence sur mon terrain, et elle croîtra autrement que sur n'importe quel autre terrain. L'originalité de Freud, elle aussi, était, me semble-t-il, de cette sorte [41]. » L'originalité de Schoenberg, compositeur et pédagogue, était incontestablement de même nature.

Schoenberg et la peinture de son temps

Les liens entre Schoenberg et les peintres semblent être dominés par deux personnalités, Richard Gerstl et Kandinsky, dont on examinera les données dans la seconde partie (chap. IV). Les compositeurs de l'École de Vienne étaient régulièrement en contact avec les peintres de cette époque : Schoenberg connaissait et appréciait Klimt, fréquentait Schiele, Kokoschka ou Emil Stumpp alors que Webern entretenait une amitié suivie avec Max Oppenheimer. De nombreux portraits témoignent de ces rencontres dont ceux de Webern par Kokoschka (1912 et 1914) et Schiele (1917 et 1918). Cette génération qui s'est caractérisée par l'intensité de l'expression, tant dans les corps distordus et contournés de Schiele que dans la série de visages – les *Menschenköpfe* – que Kokoschka inaugurera pour le *Sturm* de Walden sur la recommandation de Kraus qui écrira avec malice : « Kokoschka a fait un portrait de moi. Bien possible que ne me reconnaîtront pas ceux qui me connaissent. Mais sûrement me reconnaîtront ceux qui ne me connaissent pas. » Exécutés à la plume et au pinceau, ces portraits, dont ceux de Kraus ou Walden sont les plus célèbres, parviennent à traduire la personnalité du modèle par l'aspect anguleux du trait dépouillé de la

---

[41]. *Culture and Value*, cité par J. Bouveresse dans *Philosophie, mythologie et pseudo-science : Wittgenstein lecteur de Freud*, p. 14.

séduction que pourrait offrir la couleur[42]. En opposition totale avec le *Jugendstil* qui l'avait délaissé au profit de l'ornement végétal, l'art du portrait est effectivement le support qui caractérise le mieux cette nouvelle expressivité au service de l'intériorité où l'on doit, comme le dit encore Kraus, «reconnaître quel peintre il représente». On verra plus loin à quel point les autoportraits de Schoenberg vont dans ce sens.

Par ses relations avec le groupe du *Blaue Reiter*, Schoenberg aura l'occasion de croiser Nolde, l'un des membres de *Die Brücke*, auquel il restera insensible, et Franz Marc en lequel il voit tantôt une «douceur particulière» quand il en fait l'éloge à Kandinsky, tantôt «un type tout à fait sympathique, un peu imprécis, insignifiant» quand il note ses impressions dans son Journal! Quant aux relations avec Kokoschka, elles se limitent à des citations aimables pour le peintre et semblent faussées dès le départ par l'enthousiasme des commentaires de Loos et de Kraus: Schoenberg fera des allusions çà et là à celui qui peindra son portrait en 1924, alors que Kokoschka voyait dans le compositeur le «dernier lien avec la musique classique», tout en le considérant généralement moins doué que son élève Webern...

Kokoschka avait pourtant de quoi retenir l'attention d'un Schoenberg qui prendra sa défense à plusieurs reprises, notamment en 1934 quand il intercédera en sa faveur auprès d'amateurs de peinture pour que l'on sauve ses toiles alors menacées par les nouvelles mesures diffamatoires proclamées par les nazis.

---

42. Voir le principe de «non-ressemblance» *(Unähnlichkeit)* commenté par L.A. Lensing, «Gesichter und Gesichte: Kokoschka, Kraus und der Expressionismus», *Kokoschka Symposion,* p. 127 sq.

L'ENVIRONNEMENT CULTUREL DES MUSICIENS APRÈS 1918

Dans la mesure où la majeure partie de la production musicale s'est déplacée géographiquement en Allemagne, et en particulier à Berlin, la vie musicale foisonnante est celle de cet après-guerre brossée plus haut. Le contexte viennois d'avant la guerre était illustré par la conscience d'une modernité et surtout par celle d'un combat à mener en faveur des nouvelles idées, d'où le sentiment d'une relative communauté dans laquelle se reconnaissaient plus ou moins les peintres, musiciens et écrivains. La situation à Berlin à partir de 1918 est fondamentalement différente en ce sens que, à l'égal de l'effondrement des sociétés autrichienne et germanique, les esthétiques antérieures ne répondent plus aux nouvelles aspirations. Le bilan musical dressé à la fin de la guerre est en effet en grande partie négatif : Mahler et Reger étaient morts, et le jeune Rudi Stephan envers qui on nourrissait de grands espoirs avait été tué en 1915 ; Strauss n'incarnait plus la musique nouvelle depuis son orientation esthétique illustrée par *Le Chevalier à la rose* et Pfitzner apparaissait à juste titre comme le représentant du conservatisme ; quant à Schoenberg, qui n'avait rien livré au public depuis *Pierrot lunaire*, il passait pour improductif et plus encore inactuel ; seul Franz Schreker, qui connaît le succès depuis la création de *Der ferne Klang* (Le son lointain) en 1912, succès renouvelé avec ses opéras *Die Gezeichneten* (Les stigmatisés, 1918) et *Der Schatzgräber* (Le chercheur de trésors, 1920), semblait capable d'assurer la relève. C'est dans ce contexte qu'apparaît donc la nouvelle génération principalement représentée par Paul Hindemith, Ernst Krenek, Kurt Weill et Hanns Eisler.

Par ailleurs, une réaction de plus en plus marquée contre un expressionnisme encombré de pathos et de psychologisme prenait une nouvelle ampleur sous la plume des observateurs, dont Hermann Scherchen et le judicieux Paul Bekker dans ses chroniques du *Frankfurter Zeitung*, qui en appelaient à un retour à la simplicité et à la clarté de l'expression. *Die Neue Sachlichkeit*,

« La Nouvelle objectivité », qui est le titre d'une exposition présentant en particulier des toiles de Max Beckmann en 1925, favorisera un net retour à un style figuratif qui se voulait sobre, et volontairement distancié par rapport au sujet jusqu'à traduire une certaine froideur : une nouvelle forme d'art qui se voulait objectif en s'opposant autant au « flou impressionniste » qu'aux « excès de l'expressionnisme ». Les thèmes de la vie quotidienne et l'érotisme cru composent les nouveaux sujets, des scènes de rue aux représentations de prostituées dénuées de toute sensualité chez Christian Schad ou Otto Dix, ou les bourgeois grotesques et répugnants des aquarelles de Georg Grosz. La critique sociale et le document brut voisinent aussi bien dans la musique (le recueil *Coupures de journaux* pour voix et piano d'Eisler date de 1926) que dans la peinture de cette époque qui se veut le témoignage d'une société : si la ville est encore un thème fréquent, comme dans le triptyque *La Grande Ville* de Dix, c'est pour en dévoiler à quel point la misère des bas quartiers est proche du divertissement insouciant d'un dancing à la mode. De même, le portrait prend une nouvelle importance, tantôt pour cristalliser l'image d'une personnalité sans expression, tantôt pour en faire le symbole d'une époque : le célèbre *Portrait de la journaliste Sylvia von Harden*, toujours de Dix, déborde du sujet pour incarner l'image d'une société.

La nouvelle mode pour les revues et pour le jazz fraîchement importé n'est pas un mince argument dans cette mutation progressive des sensibilités : Krenek intégrera le jazz dans son plus célèbre opéra *Jonny spielt auf* (Jonny mène la danse) dès 1926 après avoir assisté à une « revue nègre » sur une musique de Duke Ellington. Les rencontres et les échanges se réaliseront abondamment dans le domaine théâtral où l'engagement anti-bourgeois d'un Erwin Piscator contribuera à renouveler le spectacle des années vingt, et notamment le spectacle musical auquel travailleront divers compositeurs par leur collaboration avec Bertolt Brecht : Weill abordera la composition du *Mahagonny Songspiel* en 1927, Hindemith participera au *Lehrstück* deux ans plus tard et

Eisler écrira la musique pour la pièce didactique *La Décision* en 1930. Le nouveau goût pour le réalisme se traduira ainsi par les sujets d'opéra consacrés désormais à la vie quotidienne au travers du genre du « Zeitoper », à l'inverse des thèmes expressionnistes : *Neues vom Tage* (Nouvelles du jour, 1929) d'Hindemith et même le *Von Heute auf Morgen* (D'aujourd'hui à demain, 1930) de Schoenberg participeront de cet esprit parallèlement aux ouvrages de Krenek ou de Weill : l'automobile, le train ou le téléphone apparaissaient alors sur la scène des opéras, ce dont Berg se souviendra dans *Lulu* en signalant musicalement l'arrivée d'un visiteur qui sonne à la porte. Enfin, la volonté de toucher un public plus large conduira à la fameuse *Gebrauchsmusik* – musique « utilitaire » ou « fonctionnelle » destinée en priorité aux amateurs – qu'écrivent Weill ou Hindemith dans le même but de s'opposer à toute forme de subjectivité.

Quels que soient les courants esthétiques qui se croisent ou s'opposent entre 1919 et 1933, pendant la République de Weimar, Hitler et son gouvernement y mettront une fin brutale : répondant à l'accusation de « bolchevisme culturel », les œuvres de Hindemith seront aussi interdites en 1933, au même titre que celles des compositeurs juifs.

Pour en revenir à la période de l'immédiat après-guerre, au moment où les publications expressionnistes étaient encore très actives, on notera combien la culture littéraire d'Hindemith était remarquable en ce domaine. Celui qui apparaîtra rapidement comme le compositeur le plus important de cette époque était en effet un grand lecteur de poésie et de théâtre dont il s'inspirera largement dans les œuvres écrites entre 1917 et 1922. Comme on le verra dans la deuxième partie de cette étude, et pour les raisons déclinées plus haut, sa production abordera les thèmes expressionnistes avec une distance qui se voudra infiniment plus « objective » que le traitement proposé par les compositeurs viennois, et qui constituera la troisième manière de l'expressionnisme musical.

LA MUSIQUE ET L'EXPRESSIONNISME LITTÉRAIRE

Si l'examen des auteurs mis en musique dans le cadre de Lieder ou d'opéras permet de définir les options esthétiques des compositeurs, il appelle d'abord diverses remarques dans le cas des compositeurs de l'école de Vienne : on ne peut d'abord établir aucun lien entre Schoenberg et ses élèves avec les principaux dramaturges expressionnistes (Hasenclever, Kaiser ou Sorge) dont les principales pièces datent en réalité de la période de la guerre. À cette époque, Schoenberg a déjà écrit *Erwartung* et *Die glückliche Hand*, Berg s'apprête à mettre en musique *Wozzeck*, et Webern n'a fait qu'effleurer le théâtre lyrique avec deux tentatives inabouties pour *Alladine et Palomidès* (1908) et *Les Sept Princesses* (1910) d'après Maeterlinck. Ensuite, on ne relève que peu de poètes expressionnistes mis en musique dans des Lieder sauf Trakl par Webern (6 *Lieder* op. 14). Les compositeurs viennois, et tout particulièrement Berg, ont donc tendance à emprunter leurs textes aux précurseurs plus ou moins lointains : Mombert (*Lieder* op. 2), Altenberg (*Lieder* op. 4), Büchner *(Wozzeck)*, ou Wedekind *(Lulu)* à côté de la référence tardive à Baudelaire dans l'air de concert *Der Wein* (Le vin).

Quant à Schoenberg, il est profondément marqué par Loos et Kraus qui restent ses références, et lorsqu'il est à Berlin, il est trop engagé dans sa voie pour subir d'autres influences, d'autant qu'il n'a plus recours à des textes de valeur littéraire entre ses *Lieder* op. 15 d'après Stefan George (1909) et les *Lieder* op. 22 (1914) d'après Rilke : à l'exception du bref *Herzgewächse* (Maeterlinck) écrit pour l'*Almanach du Blaue Reiter*, il se cantonnera durant cette période dans des textes de valeur secondaire (Pappenheim pour *Erwartung*, Giraud pour *Pierrot lunaire*, ou lui-même pour *Die glückliche Hand*). Les idées et les goûts de Schoenberg sont donc véritablement établis, fixés, et même quasiment cristallisés en 1909-1910, au moment où ses principaux élèves ont atteint leur relative autonomie : c'est bien l'attitude *musicale* de Schoenberg qui l'amène à établir le premier une forme d'expressionnisme qu'il a grandement contribué à fonder et qu'il a transmise à ses proches. Si Strindberg a été un auteur cher à Schoenberg, au point d'envisager en 1912 de tirer un opéra de l'une des «Pièces de chambre», seul Webern empruntera à la *Sonate des Spectres* pour l'un des *Lieder* op. 12 (le recueil suivant contenant également un poème de Karl Kraus). En revanche, la génération qui donne ses premières œuvres après 1918 a été plus largement inspirée par les auteurs expressionnistes. Pour ne s'en tenir qu'aux compositeurs les plus remarquables: Hindemith s'inspire de Kokoschka *(Mörder, Hoffnung der Frauen)* et de Stramm *(Sancta Susanna)* pour ses deux premiers opéras, des poèmes de Trakl *(Die junge Magd)* et de Lasker-Schüler dans ses Lieder (op. 9 et 18) jusqu'aux textes de Benn pour des chœurs *a cappella* ou pour *Das Unaufhörliche,* un oratorio quelque peu alambiqué (1931). Kurt Weill empruntera à Kaiser les livrets de ses opéras *Der Protagonist* (1924-1925) et *Der Zar lässt sich photographieren* (1927), à Yvan Goll celui de *Royal Palace* (1925-1926) avant sa célèbre collaboration avec Brecht. Ernst Krenek mettra en musique Werfel dans sa cantate scénique *Zwinsburg* (1922), Kokoschka dans son opéra *Orpheus und Eurydike* (1923), ainsi que des poèmes de Karl Kraus, avec lequel il a été lié au début des années trente, pour le cycle de Lieder op. 67 et l'air de concert op. 68 (1931). Enfin, Eisler, l'un des élèves berlinois de Schoenberg, utilisera à trois reprises des poèmes de Trakl dans des Lieder antérieurs à 1923.

De ce rapide panorama ressort que Webern et Hindemith ont probablement le mieux servi la poésie, toutefois de façon radicalement différente, et que les deux opéras de Berg dominent de très haut une production lyrique aussi abondante qu'inégale et dont nombre d'ouvrages connaissent un succès répondant d'abord aux modes passagères: comme l'histoire de l'opéra nous l'enseigne, la musique a ceci de particulier qu'elle est capable de parvenir à une nouvelle expressivité indépendamment de la qualité littéraire.

UNE MUSIQUE EXPRESSIONNISTE

Parvenus au point de cette étude, il est capital de faire ici deux remarques : on notera tout d'abord que le terme « expressionniste » a été réfuté par la plupart des artistes que nous considérons comme tels aujourd'hui. À côté de ceux qui comme le peintre Kirchner et le dramaturge Paul Kornfeld prendront leurs distances avec l'expressionnisme jusqu'à le critiquer sévèrement, un Kokoschka et un Schoenberg discutaient l'étiquette qui leur était accolée trop facilement : « Rien ne s'immobilise plus vite que ces mouvements que tant de gens font naître. Du reste tous ces gens vendent tout simplement notre peau – la vôtre et la mienne », écrit en 1922 Schoenberg à Kandinsky, irrité par la floraison de mouvements en « ismes ». Il écrit à Berg à la même époque que l'expressionnisme est un terme comparable à « une marque commerciale pour des articles manufacturés » ! Plus sérieusement, il explicitera sa conception dans la conférence sur l'analyse de ses *Lieder* op. 22 qu'il donne en 1932 : « J'étais contraint en premier lieu à renoncer à la construction de grandes formes, mais en même temps à éviter l'emploi de grandes mélodies, et de tous les éléments formels de la musique qui dépendaient de la répétition fréquente de motifs. Au départ, il semblait impossible de leur trouver un équivalent pertinent par des moyens musicaux. Involontairement, et donc justement, j'ai trouvé un secours là où la musique le trouve toujours lorsqu'elle a atteint un point crucial de son développement. *Ceci, et ceci seulement*, est à l'origine de ce qu'on appelle expressionnisme. Une œuvre musicale ne crée pas son apparence formelle à partir de la logique de son *propre* matériau ; mais, guidée par le sens des processus internes et externes, et *en amenant ceux-ci à l'expression,* elle prend appui sur leur logique et se construit là-dessus[43]. » Un seul compositeur, influencé par Schoenberg

---

[43]. Conférence publiée dans la plaquette accompagnant l'enregistrement de R. Craft et disponible en français dans *Musique en jeu* n°16.

sans jamais toutefois avoir été son élève, Wladimir Vogel, utilisera le terme dans son recueil pour piano intitulé *Nature vivante, six pièces expressionnistes* (1917-1921).

Ensuite, on rappellera combien c'est la recherche d'une nouvelle expressivité qui a conduit Schoenberg, et bien d'autres, à élargir le champ de leurs moyens techniques et non l'inverse : la nouvelle technique musicale sera bien la *conséquence* d'un choix esthétique. C'est bien là ce que Schoenberg entendait quand il rédigea les lignes suivantes à propos de ses *Lieder* op. 15 lors de la création en janvier 1910 : « Avec ces Lieder, j'ai réussi pour la première fois à approcher de l'idéal d'expression et de forme dont je rêvais depuis des années. Pour le réaliser, je n'avais jusque-là ni la force ni les certitudes suffisantes. Maintenant que je me suis définitivement engagé dans cette voie, j'ai conscience d'avoir enfoncé toutes les barrières esthétiques du passé[44]. » La résultante de cette nouvelle voie tiendra en bonne part dans la notion d'« émancipation de la dissonance » dont il parlera abondamment à partir de cette époque (cf. chap. v).

Les trois phases de l'expressionnisme musical

Pour la période qui nous occupe — les années encadrant la Première Guerre mondiale —, et que nous avons volontairement délimitée entre 1909 et 1925, nous distinguerons essentiellement trois phases, chacune caractérisée par une attitude esthétique et un renouvellement des moyens musicaux. La répartition donnée ci-dessous entend plutôt donner des repères que figer des attitudes qui ne peuvent être facilement réduites à des datations précises.

---

44. Cité par Webern dans « La musique de Schoenberg » (1912), in *L'année 1913*, vol. 3 p. 244.

La première phase, concernant les œuvres des années 1909-1913, est illustrée par le triomphe de l'*intuition*. La nouvelle expressivité, désormais guidée par l'instinct, implique une *distanciation* avec le passé immédiat : outre un contexte harmonique dit « atonal », apparaît une orientation athématique parallèlement à l'éloignement vis-à-vis des schémas et des paramètres conventionnels. L'expression sera d'autant plus renforcée qu'elle sera concentrée au travers des œuvres qualifiées d'« aphoristiques » ; ce que la musique gagnera en efficacité expressive, elle le perdra par la révélation d'une crise dans le rapport entre langage et forme. Webern qui atteint l'« essence » de la musique dans ses *Bagatelles* op. 9 pour quatuor à cordes sera le plus touché par cet aspect.

L'essentiel de la production du Schoenberg de cette époque, entre les *Lieder* op. 15 sur « Les jardins suspendus » de George et les *Six Petites Pièces* op. 19 pour piano, incluant notamment les *Cinq Pièces pour orchestre* op. 16 et *Erwartung*, les œuvres de Webern (op. 5 à 11) et les *Altenberg-Lieder* jusqu'aux *Trois Pièces pour orchestre* op. 6 de Berg, se rattachent à cette démarche.

La deuxième phase, qui se superpose parfois à la précédente, constitue une réponse à la crise mentionnée par l'orientation vers un *expressionnisme formel*. Caractérisée par une *réintégration* progressive des paramètres traditionnels de la perception – notamment thématique –, et surtout par une attention particulière à la construction formelle, cette deuxième manière propose une fusion entre forme et expression tantôt symbolique, tantôt en rapport étroit avec le sujet quand il s'agit d'une œuvre dramatique. On assistera donc à la réapparition d'œuvres plus longues dans lesquelles l'architecture formelle mise au service de l'expression permet à la fois de canaliser et de renforcer l'expressivité.

Die glückliche Hand, *Pierrot lunaire* de Schoenberg et le *Wozzeck* de Berg constituent les points les plus saillants d'une période plus large, entre 1912 et 1921, date de l'achèvement de *Wozzeck*.

La troisième et dernière phase est enfin celle d'une tentative d'un « expressionnisme abstrait » se traduisant par la *stylisation*. Il s'agira d'une nouvelle forme de distanciation, non avec les conventions cette fois-ci, mais, comme on le verra, entre le créateur et son sujet.

Celle-ci concerne en majeure partie les œuvres de Hindemith composées entre 1919 et 1922, avec en particulier *Mörder, Hoffnung der Frauen* et *Sancta Susanna*, et accessoirement certaines partitions de Krenek.

La deuxième partie de cette étude s'emploiera à détailler ces différentes phases au travers des œuvres les plus marquantes.

DEUXIÈME PARTIE

La musique et l'expressionnisme

CHAPITRE IV

La conjonction Schoenberg-Kandinsky

> La musique est pour moi comme une bien-aimée ensorcelée. Gloire en tant que peintre ? Écrivain, poète lyrique moderne ? Mauvaise plaisanterie.
>
> Paul KLEE [1].

On a dit dans la première partie à quel point l'expressionnisme caractérisait en premier lieu la peinture. Pour des raisons de déploiement des activités et des centres d'intérêt chez les artistes aux alentours de 1910, les rencontres, croisements, et éventuellement confrontations, entre peintres et musiciens se manifestent en termes d'affinités et de sensibilité à d'autres formes artistiques : « J'ai rencontré, dit Schoenberg, parmi les profanes des hommes dont les organes réceptifs étaient plus sensibles que ceux de la plupart des gens de métier. Et je sais de source sûre qu'il est des musiciens plus sensibles à la peinture que de nombreux peintres, et des peintres plus réceptifs à la musique que la plupart des musiciens » (*Traité d'Harmonie*, 508). Cette forme particulière de *réceptivité*, que Schoenberg identifie « de source sûre » — lui-même et Kandinsky — est cependant infiniment plus avouée par les peintres que par les musiciens. Les jugements musicaux d'un Klee, lui-même musicien

---

1. 1898, dans son *Journal*, p. 29.

(fils de musiciens et violoniste dans l'orchestre municipal de Berne), parcourent son journal sous la forme de remarques pertinentes et de métaphores empruntées à la musique : un emprunt au vocabulaire musical qui dépasse la simple analogie, tant les notions de composition, de rythme, de sonorités, ou de polyphonie forment le paysage familier de ses toiles. Pierre Boulez a lui-même plus récemment commenté les relations de Klee avec la musique [2].

Quant à la rencontre entre Schoenberg et Kandinsky, il importera, au-delà du constat, de définir la véritable nature de cette conjonction fertile.

ÉTAPES D'UNE RENCONTRE : PARALLÈLES

S'il est difficile de résister à la tentation de mettre en regard des événements qui marquent la vie créatrice des deux artistes, on prendra garde à ne pas baser toute la réflexion sur ces données sans prendre une distance nécessaire avec les faits : comme on le verra, les relations s'expriment en effet plus en termes de parallèle que d'influence. Repartons d'abord des activités de Schoenberg et de Kandinsky, ici limitées aux années 1909-1913, soit avant le retour du peintre dans sa Russie natale (fin 1914) [3] *(voir le tableau ci-contre).*

Hormis l'*Almanach du Blaue Reiter* qui constitue le point de convergence le plus évident entre les deux artistes, on remarquera que les coïncidences les plus marquantes concernent autant leurs activités respectives (musique/peinture) que leurs incursions dans des domaines théoriques ou en marge de leur art (la peinture pour Schoenberg, les compositions scéniques pour

---

2. Dans *Paul Klee, le pays fertile.*
3. Voir la chronologie comparée publiée dans *Contrechamps* n°2 et celle dressée par J.-P. Bouillon pour Kandinsky dans *Regards sur le passé,* p. 75 sq.

La conjonction Schoenberg-Kandinsky 111

	SCHOENBERG	KANDINSKY
1908	• Prend progressivement ses distances avec le système tonal (*Quatuor* op. 10, *Lieder* op. 15). • Premières peintures datées.	• Premières compositions scéniques *(Sonorité blanche)*.
1909	• Compose les *Pièces pour orchestre* op. 16 et *Erwartung*.	• Peint les premières *Improvisations* (1-4). • Compositions scéniques *(Sonorité jaune, Résonance verte, Noir et blanc)*.
1910	• **Entreprend la rédaction du *Traité d'Harmonie*.** • Rédige le «livret» de *Die glückliche Hand* (La Main heureuse). • Première exposition de ses peintures à Vienne.	• **Rédige *Du Spirituel dans l'art*.** • Peint les *Improvisations* (IV-XIV). • Peint les premières *Compositions* (I-III)
1911	Début de la correspondance (18 janvier)	
	• **Parution du *Traité d'Harmonie*** en décembre (Universal Ed., Vienne).	• Fonde le groupe *Der Blaue Reiter* (première exposition en décembre) • **Parution de *Du Spirituel dans l'art*** en décembre (Piper, Munich).
1912	**Parution de l'*Almanach du Blaue Reiter* en mai** (Piper, Munich):	
	• *Herzgewächse* op. 20 (Lied). • Article «La relation avec le texte». • Peintures *(Vision, Autoportrait de dos)*.	• Texte de *Sonorité jaune*. • Articles «Sur la question de la forme» et «De la composition scénique». • Gravure sur bois et peintures (dont *Composition V*).
1913	• **Achève la composition de *Die glückliche Hand*** (La Main heureuse): musique, texte, décors, lumières (novembre).	• Publication de *Klänge* (poèmes) accompagnés de bois gravés. • Publication de *Regards sur le passé* («Album Kandinsky», *Der Sturm*).

Kandinsky). Cependant, si les avancées de Schoenberg dans la distanciation avec l'univers tonal sont le résultat de l'été 1909, Kandinsky ne parviendra à élaborer sa nouvelle conception qu'après 1910 : ne s'agissant évidemment pas d'établir une quelconque priorité, ces faits révèlent de façon très évidente l'initiative prise par les deux artistes, chacun de leur côté, de rompre avec les principaux critères artistiques immédiatement antérieurs. Il s'agit là de la *seule* véritable comparaison que l'on puisse établir. Outre le fait que l'un et l'autre participent également à des associations pour défendre leur esthétique (le groupe *Phalanx* de 1902 avant celui du *Blaue Reiter* et l'«Association de musiciens créateurs» de 1904 avec Zemlinsky), leurs démarches respectives restent fondamentalement distinctes sur un point essentiel : si Kandinsky est attentif à l'art européen, depuis les Fauves français jusqu'aux mouvements d'avant-garde russes avec lesquels il reste en contact étroit [4], Schoenberg ne se nourrit, musicalement, que du passé germanique, comme il le revendiquera plus tard dans un curieux texte en forme de «curriculum vitae» («Du nationalisme en musique») dont on ne peut comprendre l'intention qu'en le situant dans l'époque troublée où il a été écrit (1931) [5].

D'autre part, la nature des *parallèles* a été clairement mise en évidence par Dora Vallier qui a méthodiquement recensé les conséquences de leurs nouvelles positions dans les domaines respectifs : disparition du thème / disparition de l'objet ; révision de la hiérarchie entre les voix et les plans (thème et son «accompagnement» / fond du tableau et premier plan) ; juxtapositions chromatiques – sons/couleurs – désormais très marquées ; nouvelle importance donnée au silence/au blanc, ainsi

---

4. Voir l'attachement de Kandinsky à la Russie dans *Regards sur le passé*.
5. On peut en voir l'une des manifestations lorsque Schoenberg, abordant la gamme par tons dans son *Traité d'Harmonie,* la justifie comme une conséquence d'accords de quinte augmentée avec notes de passage et non comme une échelle à part entière comme c'est le cas chez Debussy dont il se démarque par là même.

qu'au rythme dans la forme/aux taches de couleurs dans l'espace de la toile[6].

De même, et toujours conçus parallèlement, les écrits qui paraissent simultanément, *Du Spirituel dans l'art (SA)* et le *Traité d'Harmonie (TH)* renforcent encore les similitudes, au-delà des hommages de l'un à l'autre visiblement glissés au cours de la rédaction et indépendamment du véritable contenu qui ne doit rien pour l'essentiel à la rencontre entre les deux artistes : Kandinsky a présenté son étude comme le résultat de notes antérieures, et déjà anciennes au moment de sa parution – la majeure partie de la rédaction remonte, semble-t-il, au mois d'août 1909 –, et Schoenberg a écrit son Traité pour des raisons autant esthétiques que pédagogiques, ainsi qu'on le pressent dans sa demande de poste de professeur de théorie à l'Académie viennoise au printemps 1910, soit peu avant d'entreprendre la rédaction de son ouvrage : « Étant donné la particularité de mon évolution artistique, qui partant des maîtres classiques, m'a conduit, d'une manière que je tiens pour logique, aux premiers rangs des modernes, et, étant donné mon penchant marqué pour les choses théoriques, je me crois à même de communiquer aux jeunes ce dont ils n'auraient sinon pas connaissance. »

Un rapide parcours des deux ouvrages permet de constater l'effet de résonance qui existe de l'un à l'autre avec des formulations qui traduisent les orientations de chacun et qui ont été largement commentés[7] : on retrouvera, jalonnant les propos des deux hommes, nombre de thèmes communs tels que art et métier, art et nature, forme et construction, théorie artistique ou inconscient et intuition. Contrairement à certains manifestes d'avant-garde, les deux ouvrages ont pour particularité ni d'être polémiques dans leur intention, ni de se situer en opposition

---

6. « La rencontre Schoenberg-Kandinsky : musique-peinture » dans *Contrechamps* n° 2.
7. Voir à ce sujet les études détaillées de J. Hahl-Koch, C. Dahlhaus et de Dora Vallier dans *Contrechamps* n° 2.

à la tradition. Le discours de Kandinsky a donné lieu à de nombreuses interprétations qui s'en sont souvent tenues à des aspects généraux : d'une part à la dimension «mystique» et à l'influence des idées issues des ouvrages de Mme Blavatsky ou dérivées de l'anthroposophie de Rudolf Steiner qui ne concernent qu'une dimension d'arrière-plan [8] ; d'autre part, au fameux «principe de la nécessité intérieure» — *l'harmonie des formes doit reposer uniquement sur le principe de l'entrée en contact efficace avec l'âme humaine* (*SA,* 118) –, véritable leitmotiv que l'on retrouvera aussi abondamment sous la plume de Schoenberg.

La manifestation d'un contenu intérieur, qui assure l'«authenticité» du message, est identifiée par Kandinsky comme le point commun entre divers domaines artistiques, et passe en particulier par la musique dans laquelle il décèle le fondement de l'art abstrait : dès le début de la correspondance entre les deux artistes apparaît cette dimension qui deviendra bientôt un point de divergence, Schoenberg n'éliminant pas la référence au monde réel dans ses peintures. Les deux pôles que sont «abstraction» et «réalisme pur» mis en avant par Kandinsky définissent les positions respectives : «Je tends pour ma part, de plus en plus vers la première. La seconde est néanmoins *également* la bienvenue [...] C'est précisément le réel que je ressens si fortement dans vos peintures. Ce réalisme ne ressemble naturellement en aucune façon à celui que nous avons désormais dépassé. Il lui est même opposé *dans son essence*» (6 février 1911). Ce qu'il précise quelques mois plus tard en commentant les tableaux de Schoenberg : «Il y a *beaucoup* à voir dans vos tableaux ; entre autres deux racines :

1. le réalisme "pur", c'est-à-dire les choses telles qu'elles sont et comment en même temps elles résonnent *intérieurement*. C'est cela que j'avais prédit dans mon livre en parlant du "fantastique fait dans la matière la plus dure". C'est à l'antipode de

---

8. H. Blavatsky, *La Doctrine secrète* (1888) ; R. Steiner, *La Science occulte* (1910).

mon art et pourtant... cela se développe de l'intérieur à partir de la même racine [...]
2. la deuxième racine – j'aime déjà moins la dématérialisation, la sonorité romantico-mystique (même si je l'emploie aussi) dans cette manière d'appliquer le principe. Cependant... ce sont aussi de bonnes choses, et elles m'intéressent beaucoup » (16 novembre 1911).

Il est évident que l'intérêt que Kandinsky porte au peintre qu'est Schoenberg pourrait prêter à confusion si l'article qu'il a rédigé pour le volume d'hommage consacré au compositeur en 1912[9] ne mettait l'accent sur le fait que l'ignorance des règles académiques était l'expression d'une nécessité intérieure *à l'état brut* : « L'artiste, qui ressemble beaucoup à l'enfant durant toute sa vie, est souvent plus apte qu'un autre à percevoir la résonance intérieure des choses. Sous ce rapport, il est intéressant de voir avec quelle simplicité et quelle sûreté le compositeur Arnold Schoenberg utilise les moyens de la peinture. Il ne se soucie en général que de la résonance intérieure [10]. » C'est en ce sens que Kandinsky inclura également des dessins d'enfants et d'amateurs dans l'*Almanach du Blaue Reiter*.

Quant à ses propres peintures, Kandinsky les répartit lui-même en trois catégories, selon trois «sources» distinctes :
« 1. Impression directe de la "nature extérieure", exprimée sous une forme graphique et picturale. J'appelle ces images *Impressions*.
2. Expressions, principalement inconscientes et pour une grande part issues soudainement des processus de caractère intérieur, donc impressions de la "nature intérieure". J'appelle ce genre *Improvisations*.
3. Expressions se formant de la même manière (mais toujours particulièrement lentement) en moi, que je reprends longuement

---
9. *Contrechamps* n°2, p. 89 sq.
10. *Regards sur le passé*, p. 162.

et d'une manière presque pédante après les premières ébauches. J'appelle ce genre d'images *Compositions*. Ici, la raison, le conscient, l'intentionnel, l'efficacité jouent un rôle prédominant. *Simplement ce n'est pas le calcul, mais le sentiment qui l'emporte toujours »* (C'est nous qui soulignons; *SA*, 210). Les *Compositions*, sur lesquelles il reviendra dans *Regards sur le passé* – « Le mot suscitait en moi une vibration intérieure » – donneront lieu à un commentaire dans le même écrit [11]. Quant aux *Improvisations*, au nombre de trente-cinq, peintes entre 1909 et 1914, elles proposent le dépassement progressif de la figure au profit de la couleur et de la ligne qui gagneront ainsi leur autonomie : la combinaison hétérogène d'éléments formels identifiables (tels des fragments de paysage) ou non, marque la frontière entre un monde figuratif en voie de dissolution et ce que peut être le contenu du tableau, soit pour Kandinsky : « Ce que le spectateur éprouve sous l'effet des couleurs et des formes. » (Voir cahier d'illustrations.)

La tentative d'élargissement de l'expérience créatrice à d'autres domaines conduira Kandinsky à « l'art monumental du futur » en tant qu'union de tous les arts : « Dans l'impossibilité de remplacer l'essentiel de la couleur par le mot réside la possibilité de l'art monumental [...]. La même résonance intérieure peut être rendue au même instant par différents arts, chaque art rendant, outre le ton général, quelque chose de plus qui lui est propre, et ajoutant ainsi à la résonance intérieure générale une richesse et une puissance qui ne sauraient être atteintes par un *seul* art » (*SA*, 165). Cette recherche d'équilibre, la « traduisibilité d'un genre artistique en un autre », correspond donc à un « changement d'instrument » dont nous avons déjà parlé, et « qui agit comme une libération » (J. Hahl-Koch). Critiquant la notion d'*art total* wagnérien en lequel il ne voit que la subordination

---

11. « Commentaires de tableaux » (*Compositions IV* et *VI*) dans *Regards sur le passé*.

d'un art à l'autre [12], et citant l'expérience de correspondance entre harmonies et couleurs tentée par Scriabine dans *Prométhée* [13] (1909-1910), qu'il qualifie de « tentative élémentaire », Kandinsky en viendra à développer un parallèle entre son, couleur et affects qui intéressera Schoenberg au plus haut point, comme on le verra plus loin, pour la composition de *La Main heureuse*.

La conception d'un art total à cette époque implique une dimension métaphysique dont on trouve des tentatives, toutes avortées, de mise en œuvre tant chez Scriabine, dans son projet d'un « Mystère » – *L'Acte préalable* (commencé en 1914), cherchant à intégrer tous les arts, les parfums et diverses autres sensations –, que chez Charles Ives qui rêvait à une *Universe Symphony* (1911-1928) [14]. Bien que l'idée de programme n'était pas primordiale pour Scriabine, il reste symptomatique que nombre de ses œuvres renvoient à la présence d'un présupposé littéraire par le titre de « poème » : du *Poème de l'extase*, au *« Divin Poème »* (*Troisième Symphonie*) jusqu'à *Prométhée le « Poème du feu »*, la thématique de Scriabine était de nature à séduire un Kandinsky par l'ampleur de ses ambitions spirituelles. Inscrit dans le sillage d'un mysticisme nietzschéen, *Prométhée* aura aussi tenté une forme de *conciliation* entre l'espace harmonique et celui des sensations colorées grâce à un objet de référence, « l'accord synthétique » – avec une harmonie basée sur les harmoniques dans une présentation aérée *(do – fa# – si b*

---

12. Voir le commentaire enthousiaste de Kandinsky sur *Lohengrin* dans *Regards sur le passé*, p. 96 sq. Voir également A. Sola « Kandinsky, le *Blaue Reiter* et la synthèse des arts », *Obliques, L'Expressionnisme*, p. 76 sq.
13. Un « clavier à lumières », dont les interventions sont précisément notées dans la partition, déclenchait la projection de lumières colorées établies en correspondance avec les harmonies : selon Boris de Schlœzer, « pour Scriabine, les sons n'existaient pas en eux-mêmes, séparés des couleurs, des images, des représentations », dans *Scriabine,* p. 175 sq. Voir également M. Kelkel, *Scriabine*.
14. Cf. W. Rathert, « Paysage imaginaire et perception totale – l'idée et la forme de la symphonie *Universe* » dans *Contrechamps* n° 7 (1986).

— *mi — la — ré)* et définissant la *sonorité* comme catégorie principale d'un univers dont l'œuvre se veut le reflet.

Les principaux sujets abordés dans *Du Spirituel dans l'art* seront repris et développés dans l'*Almanach du Blaue Reiter* qui, de ce point de vue, est une démonstration générale de la pensée de Kandinsky par personnes interposées : outre les discours harmonisés de Kandinsky et de Franz Marc, les études, en particulier musicales, de Hartmann ou de Sabaneev sur Scriabine, ou même de Schoenberg, alimentent et consolident la même dimension esthétique. Il s'agit effectivement d'une collaboration qui se voudrait représentative d'un mouvement général et convergent — l'un des premiers titres envisagés pour l'*Almanach* était «La chaîne» — au même titre que Kandinsky concevra certaines de ses compositions scéniques en relation étroite avec le compositeur Thomas von Hartmann et le danseur Alexandre Sakharoff. À l'opposé, Schoenberg entendra rester le seul et unique maître d'œuvre dans sa seule tentative en prenant en charge le texte, la musique, les décors et les éclairages dans *La Main heureuse*.

Après *Du Spirituel dans l'art,* la carrière de Kandinsky passe d'abord par la prochaine dissolution du groupe du *Blaue Reiter* au profit d'une carrière individuelle. Proclamé chef de file du groupe en particulier par la critique, Kandinsky est amené à s'affirmer de plus en plus personnellement, d'autant plus que Walden a pris fait et cause pour le peintre dans *Der Sturm*. Sans entrer dans le houleux, et peu constructif débat au sujet de la datation de la première toile abstraite de Kandinsky, il semble incontestable que *Regards sur le passé* consacre cette évolution qui n'était que suggérée auparavant [15].

---

15. Nous renvoyons à l'excellente introduction de Jean-Paul Bouillon à *Regards sur le passé.*

Entre la métaphore et l'analogie

Si l'usage de la métaphore consistant à emprunter à d'autres domaines un vocabulaire connoté constitue une démarche intéressante, voire enrichissante, l'interprétation qu'on en donne ne doit pas s'écarter de l'intention initiale, et pour deux raisons dans le cas qui nous occupe. D'abord, la rencontre entre Schoenberg et Kandinsky intervient alors qu'ils sont l'un et l'autre très engagés dans leur art depuis de nombreuses années et qu'ils ont produit l'un et l'autre des œuvres qui attestent de leur créativité; ensuite, si Kandinsky s'excuse régulièrement pour ses remarques de «profane» sur la musique, Schoenberg ne dépasse pas un niveau technique sommaire en peinture. Aussi, assimiler cette convergence de deux personnalités exceptionnelles à une manifestation expressionniste serait aussi réducteur que déplacé par le fait qu'elle consacre un échange d'une rare qualité plutôt qu'elle ne représente un événement fondateur.

Établir un lien direct entre le non-figuratif et l'athématisme, ou entre abstraction et émancipation de la dissonance, est évidemment tentant alors qu'il relève plus d'un synchronisme, d'une réponse *comparable* donnée par des artistes différents à un même stimulus, comme dans le cas de Loos et Kraus qui étaient proches l'un de l'autre par leurs idées communes. Dans ce sens, la relation Schoenberg-Kandinsky ne doit pas être interprétée, sous peine de grave confusion, autrement que comme une *confirmation réciproque* de leurs démarches respectives. On voit en effet, au cours de la passionnante correspondance échangée entre les deux hommes de 1911 à 1914, à quel point chacun s'efforce de vérifier la *conformité* de ses idées à celles de l'autre. Du reste, Kandinsky lui-même avait été lucide et remarquablement explicite en ce sens: «Cette comparaison au moyen des différents arts et cet enseignement réciproque entre les différentes branches de l'art ne peuvent être fructueux que si l'enseignement dépasse l'extérieur et porte sur les principes. Cela veut dire qu'un art doit apprendre d'un autre comment il utilise *ses* moyens afin d'utiliser ensuite ses *propres* moyens selon les *mêmes principes*, c'est-à-dire selon le principe qui lui est *propre*. Lors de cet apprentissage, l'artiste ne doit pas oublier que chaque moyen implique un mode d'utilisation particulier et que c'est *ce* mode qui est à découvrir » (*SA,* 98). De fait, Kandinsky attend beaucoup de la musique, dans laquelle il constate que la grammaire a évolué tout en pouvant toujours servir utilement « comme une sorte de dictionnaire » (*SA,* 174), et, par conséquent, espère s'inspirer des lois de la nouvelle musique pour en déduire celle de la nouvelle peinture en vertu d'un parallélisme rapide entre les deux arts. C'est cette confusion que Schoenberg a bien cernée lorsque celui-ci réagit à la lecture de *Du Spirituel dans l'art* qu'il apprécie tout en émettant quelques réserves : « Si je vous ai bien compris, ce que vous auriez préféré, c'est une théorie exacte. Je ne pense pas que cela soit actuellement nécessaire. Nous cherchons et cherchons encore avec l'intuition (comme vous le dites bien vous-même). Veillons cependant à ce que cette intuition ne se perde *jamais* dans une théorie ! » (14 décembre 1911).

Si influence il y a, elle est donc d'une part le résultat d'une *analogie* – dont on constatera certains effets dans le *Traité d'Harmonie* de Schoenberg –, et l'émanation d'autant plus forte de la propre influence qu'a incontestablement exercée *Du Spirituel dans l'art* sur Herwarth Walden, et par là même sur l'orientation que ce dernier donnera à *Der Sturm,* qui reste l'un des documents de référence de la jeune génération à cette époque.

« Nous sommes à l'orée d'une des plus grandes époques que l'humanité ait vécues jusqu'ici, l'époque de la grande spiritualité » : le ton général de cet autre document fondamental qu'est l'*Almanach du Blaue Reiter* est donné dès l'avant-propos cosigné par Kandinsky et Marc. La mise en œuvre et la réalisation de l'ouvrage consiste, dans le projet initial, à situer l'entreprise sous l'angle d'un rassemblement d'artistes d'origines et d'esthétiques différentes – « un lien avec le passé ainsi qu'une lueur éclairant l'avenir » écrivait Kandinsky à Marc (19 juin 1911). La liste des peintres ayant participé aux deux expositions du *Blaue Reiter* à Munich (décembre 1911 et février 1912) est instructive : parmi les quatorze peintres, on relève des Français (Delaunay et Rousseau), des Russes et des Allemands (Bourliouk, Marc, Macke, Münter, Kandinsky et Schoenberg); trente peintres pour la deuxième avec notamment Arp, Braque, Delaunay, Derain, Vlaminck, Kirchner, Klee, Kubin, Malevitch, Nolde, Pechstein, Picasso, Marc, Macke, Münter et Kandinsky. Nombre d'entre eux seront inclus dans l'*Almanach* par le biais de reproductions choisies de une ou plusieurs toiles, avec de nouveaux venus (dont Kokoschka), parallèlement à des citations soigneusement placées (Goethe, Delacroix). Les musiciens seront représentés avec des contributions de Hartmann, Koulbine et Sabaneev (sur Scriabine) et de Schoenberg (« De la relation avec le texte »). Enfin, des fac-similés de partitions de Lieder de Schoenberg *(Herzgewächse),* Berg (op. 2 n° 4) et Webern (op. 4 n° 5) sont joints à l'ensemble qui entend ainsi brasser les principales manifestations artistiques contemporaines confrontées aux arts populaires ou à des dessins d'amateurs. La triple participation de Schoenberg – le théoricien, le compositeur et le peintre – constitue le pendant à celle également pluridisciplinaire de Kandinsky. Il y aurait beaucoup à dire sur la répartition très étudiée entre textes – articles originaux, études – et reproductions – peinture, gravure, musique – dans cet ensemble encadré par les trois interventions de Marc et de Kandinsky groupées de part et d'autre [16]. Par ailleurs, il serait regrettable de ne considérer la triple démonstration des activités multiples de Schoenberg que sous l'angle de trois activités plutôt que la triple émanation de la même pensée. De plus, le texte de *La Main heureuse,* publié peu avant (juin 1911), constitue une quatrième manifestation, si l'on

---

16. Voir l'introduction de K. Lankheit à l'*Almanach* ainsi que l'étude de F. Thürlemann « Étonnantes résonances. Du discours des reproductions dans l'*Almanach du Blaue Reiter* » dans *Le Cavalier bleu.*

prend soin de la mettre en parallèle avec la *Sonorité jaune* de Kandinsky. Avant d'aborder la question sous l'angle schoenbergien dans le chapitre suivant, il importe de commenter deux aspects importants des activités de Schoenberg et de Kandinsky en contrepoint à leur principal mode d'expression : respectivement la peinture et la composition scénique.

LA PEINTURE DE SCHOENBERG

Le seul point commun qui puisse relier l'activité musicale et l'expérience picturale chez Schoenberg est aussi celui qui les oppose radicalement : s'étant présenté comme autodidacte dans ces deux domaines, il est parvenu à une maîtrise exceptionnelle en composition alors qu'il est resté un amateur en peinture. Si l'on peut discuter sa prétendue formation d'autodidacte, du moins en musique – Zemlinsky a été plus qu'un simple conseiller –, le peu d'expérience qu'il a acquise en peinture lui a été transmise par Richard Gerstl qui avait encouragé Schoenberg à travailler. On peut certes admettre que le compositeur, après l'épisode amoureux entre Mathilde et Gerstl [17], ait préféré passer sous silence ses relations avec l'ami de la famille. Quoi qu'il en soit, la production picturale de Schoenberg reste à la fois importante en nombre – plus de deux cent cinquante œuvres et essais divers [18] – et d'un intérêt documentaire qui prend plus sa valeur par rapport à sa création musicale que pour elle-même. Elle a surtout le mérite, pour la période qui nous intéresse, de former un contrepoint susceptible de justifier certaines options esthétiques.

---

17. Mathilde Schoenberg a entretenu une liaison avec Gerstl en 1908.
18. Voir *Das Bildnerische Werk/Paintings and Drawnings*, catalogue bilingue de l'œuvre de Schoenberg auquel nous renverrons dans les pages suivantes, ainsi que les études rassemblées dans le *Journal of A. Schoenberg Institute* vol. II n° 3 (juin 1978).

L'impact, sinon l'influence, de Gerstl sur Schoenberg déborde incontestablement l'anecdote : intellectuellement brillant, le jeune peintre s'était vivement enthousiasmé pour le fameux essai de Weininger, *Sexe et caractère*, et pour *L'Interprétation des rêves* de Freud, alors que la peinture de Van Gogh, dont une exposition avait eu lieu à Vienne en 1906, semblait retenir toute son attention. Bien qu'ayant détruit une grande partie de ses toiles peu avant son suicide en novembre 1908, Gerstl n'en a pas moins laissé des portraits très intéressants dont *Les Sœurs* (1905) aux yeux noirs et perçants, *La Famille Schoenberg* (1908) qui privilégie le mouvement et la couleur, et un troublant autoportrait intitulé *Homme riant* (1907) qui semble renvoyer directement au *Cri* de Munch[19]. Outre le goût prononcé pour les portraits que l'on trouve autant chez Kokoschka ou Schiele, ceux de Gerstl véhiculent une puissance d'expression qui n'a certainement pas manqué de frapper Schoenberg : une centaine des peintures de ce dernier sont consacrées à des autoportraits et à des *Regards* et *Visions* (auxquelles Kandinsky fait référence dans son article cité plus haut). De plus, l'essentiel de l'activité picturale a été concentrée entre 1908 et 1911, soit au moment où Schoenberg franchit le pas vers l'émancipation de la dissonance.

C'est peu dire que d'affirmer que Schoenberg a considéré la peinture comme une expérience capitale à cette époque : lorsqu'il confiera à la fin de sa vie à Halsey Stevens qu'il s'agissait d'une activité équivalente à celle d'écrire de la musique – « c'était un moyen de m'exprimer, de présenter des émotions, des idées et d'autres sentiments[20] » –, il se souvient peut-être de la demande insolite qu'il avait formulée quarante ans plus tôt à Hertzka, le directeur d'Universal Edition : « Vous savez que je peins. Vous ne savez cependant pas que mes travaux sont fort

---

19. Quelques œuvres significatives de Gerstl sont reproduites dans le catalogue *Vienne 1880-1938, l'Apocalypse joyeuse*, et dans Otto Breicha, *Gerstl und Schönberg, eine Beziehung*.
20. Interview de Schoenberg par H. Stevens (1950), trad. dans *Musique en jeu* n°16 (1974).

appréciés des connaisseurs. Je dois exposer l'année prochaine. Alors j'ai pensé que vous pourriez peut-être inciter des mécènes célèbres à m'acheter des toiles ou à faire peindre un portrait [...]. Mais vous ne devez pas dire aux gens qu'ils *vont* aimer mes toiles. Il faut leur faire comprendre que mes toiles *doivent* leur plaire, parce qu'elles sont appréciées des connaisseurs en art; mais avant tout qu'il est beaucoup plus intéressant d'avoir son portrait, ou un tableau, par un musicien de ma renommée plutôt que par un quelconque artiste peintre dont tout le monde aura oublié le nom dans vingt ans alors que le mien appartient d'ores et déjà à l'histoire de la musique» (7 mars 1910). Si l'on reste pantois devant un tel aplomb – dans un sens motivé par des difficultés financières –, on comprend d'autant mieux que Schoenberg donne l'impression de s'exprimer d'égal à égal avec Kandinsky comme le révèle la correspondance, et ce dès la première lettre.

En octobre 1910 a lieu à Vienne, à la galerie Heller, l'exposition d'une quarantaine de toiles de Schoenberg pour laquelle le compositeur organisera dans les mêmes lieux l'audition de ses deux premiers quatuors par le Quatuor Rosé. Ce lien entre les deux activités de Schoenberg sera évidemment pris comme prétexte par la critique qui éreintera l'artiste en ne voyant dans ces étranges peintures, et dans le meilleur des cas, que dilettantisme et tâtonnement de débutant : au-delà de la déception cruelle, ce parallèle sera interprété par Schoenberg comme une preuve de plus du bien-fondé de la diversification de ses préoccupations artistiques. Quant à l'acheteur qui a acquis trois de ces tableaux en souhaitant conserver l'anonymat, Webern révélera un an plus tard qu'il s'agissait de Mahler, qui avait ainsi prouvé une fois de plus son soutien par cette aide déguisée.

L'incontestable faiblesse technique de Schoenberg dans ses peintures pourrait justifier, en partie seulement, son goût immodéré pour les autoportraits, ou plus précisément pour les regards : «C'est la seule chose que j'étais capable de faire car cela émane de ma nature, qui est aux antipodes de celle d'un véritable peintre. Je n'ai jamais vu de visages mais, parce que j'ai regardé les gens dans les yeux, j'ai vu seulement leur regard [...]. Un véritable peintre représente, avec le regard, l'homme tout entier, et moi seulement son âme [21].» Il ne s'agit pas d'un hasard si le fait de chercher à «saisir quelque essence intime qui restait invariable», selon Jane Kallir qui oppose ainsi Schoenberg aux autres expressionnistes [22], se retrouve à la même époque dans la conférence que Schoenberg prononce en 1912 sur Mahler: «Nous sommes condamnés à rester aveugles jusqu'à ce que des yeux nous soient donnés, des yeux qui voient le futur. Des yeux qui pénètrent plus loin que le sensuel, qui n'est qu'une allégorie [*das nur ein Gleichnis ist*], qui pénètrent le suprasensuel: notre âme sera cet œil [23].»

Bien que Schoenberg ait toujours refusé de reconnaître une quelconque influence, il est un fait que les regards hallucinés des *Visions* doivent beaucoup aux *Sœurs* déjà citées de Gerstl ou aux personnages quasiment hypnotisés de *Soirée sur l'avenue Karl-Johann* de Munch (1892). L'évolution de cette thématique conduira Schoenberg à peindre des regards de plus en plus détachés du sujet au cours de l'année 1910, comme dans les deux «Regard rouge» (*Der rote Blick*, voir cahier d'illustrations), dont le premier propose deux yeux cernés de rouge dans un visage triangulaire et le second où l'on ne distingue plus qu'un œil émergeant d'une forme à peine discernable et noyée dans la couleur. Élève un temps du compositeur, Elsa Bienenfeld, critique au *Neues Wiener Journal,* a rapporté une impression très juste de la variété et de la multiplicité des regards peints présentés

---

21. Déclaration datant de 1938 citée par H.-L. de La Grange, *Mahler,* vol. 3, p. 837.
22. «Schoenberg et Gerstl» dans le catalogue *Vienne 1880-1938, l'apocalypse joyeuse,* p. 462.
23. «Mahler» dans *Le Style et l'Idée,* p. 369. On notera ici une allusion au «Chorus mysticus» du *Second Faust* de Goethe mis en musique par Mahler dans la *Huitième Symphonie* («*Alles Vergängliche ist nur ein Gleichnis*»/ «Tout ce qui passe n'est qu'allégorie»).

à l'exposition de 1910 : « Lorsqu'on pénètre dans la salle, des yeux vous fixent de partout, des yeux grands ouverts, remplis de désirs et de folie. Dans un tableau, un œil jaune et perçant jaillit d'une brume gris-rouge, dans un autre, une main rouge et puissante repousse une tête chauve dont on voit qu'un œil dément, qui lance des flammes [probablement la première version de *Hände*, cat. n° 81], puis de nouveau, un visage étroit et dur, dont les yeux déformés par la douleur brûlent dans des cils rouges [probablement *Regard*, cat. n° 86], ou bien une tête grise et pâle, mi-homme, mi-animal féroce, dont les yeux lancent de toutes parts des rayons éclatants (c'est d'ailleurs un tableau achevé avec un raffinement remarquable) [probablement *Tränen*, « Pleurs », cat. n° 84, voir cahier d'illustrations], ou bien un chaos gris-vert, vivement éclairé par un point d'or, comme un œil[24]. » Il est évident que certaines *Visions* ont pu faire croire à une tendance à l'abstraction qui n'est que rarement effleurée par Schoenberg et en aucun cas travaillée comme telle. Il n'en reste pas moins que le Kandinsky des *Improvisations* a pu y être attentif, tout en avouant sa préférence pour les tableaux « réalistes » (15 décembre 1911).

Parmi les autres thèmes abordés par Schoenberg, on citera le fameux et curieux *Autoportrait de dos* et, fait rare, en pied (1911), accentuant ainsi la sensation de solitude. Une esquisse montrant que l'homme de dos ne concernait qu'une partie d'une scène de rue avec des passants [cat. n° 58] semble s'inspirer des rencontres entre les axes vertical et diagonal que Munch utilisait pour renforcer l'ampleur des dimensions (jusque dans *Le Cri*). Enfin, on mentionnera la série des caricatures, dénommées comme telles, ou servant visiblement d'exutoire dans la série dépeignant des « critiques », ainsi qu'un nombre important de maquettes et croquis divers incluant aussi les costumes, pour les œuvres scéniques *(Erwartung, La Main heureuse)* et pour le projet de *Der biblische Weg* (« Le chemin biblique » dont

---

24. Citée par H.-L. de La Grange, *Mahler*, vol. 3, p. 837. Les références aux peintures renvoient au catalogue 1991.

Schoenberg a rédigé le livret): les préoccupations religieuses sont indirectement présentes avec un *Christ agenouillé* et surtout les deux *Visions du Christ* (dont un portrait non daté basé sur le regard [cat. n° 83], et l'autre de 1919 [cat. n° 94]).

LES COMPOSITIONS SCÉNIQUES DE KANDINSKY

L'article «De la composition scénique», publié en introduction au texte de *Sonorité jaune* dans l'*Almanach du Blaue Reiter*, reprend et affine certains points de la notion d'«Art monumental» exposée dans *Du Spirituel dans l'art*, en repartant des idées de Wagner auquel il reproche la combinaison *extérieure* de moyens plus juxtaposés que liés organiquement. Il présente surtout son ambition d'une création plastique *autonome* dans laquelle le peintre ne participe plus en tant que décorateur, conception qu'il faut situer dans le cadre des expériences de renouvellement théâtral de cette époque: des réflexions d'Adolphe Appia précisément sur la mise en scène de l'opéra wagnérien et de Meyerhold (*Premiers essais d'un théâtre stylisé*, 1909), aux essais de Kokoschka (*Mörder, Hoffnung der Frauen*, 1910), de Maïakovski (*Vladimir Maïakovski*, 1913) jusqu'à l'opéra *Victoire sur le soleil* de Matiouchine avec des décors de Malevitch, et ce, parallèlement aux conjonctions synthétiques et magnificentes que Diaghilev met en œuvre dans les Ballets russes[25].

La composition scénique – «composition» à prendre dans sa double acception artistique et chimique (Bablet) – vise donc à poser une forme de synergie à partir de trois éléments «qui servent de moyens extérieurs à la *valeur intérieure*:

1. Le son musical [*Ton*] et son mouvement.
2. La sonorité [*Klang*] du corps et de l'âme et son mouvement, qui s'expriment à travers les êtres et les choses.

---

25. Voir D. Bablet, «La plastique scénique», *L'Année 1913*, vol.1 p. 789 sq.

3. La sonorité [*Ton*] des couleurs et son mouvement (une possibilité propre à la scène).

Le drame se compose de l'ensemble des expériences intérieures des spectateurs».

Cette idée d'un théâtre total n'a pu, malgré diverses tentatives dont celle de Hugo Ball en 1914, être réalisée avant la mort de Kandinsky (la musique de *Sonorité jaune* composée par Hartmann est perdue). Parmi les sources de cette étonnante approche, Jean-Paul Bouillon cite les écrits de Edward Gordon Craig dont *L'Art du théâtre* (1905) semble annoncer les idées développées par Kandinsky : «L'art du théâtre n'est ni le jeu des acteurs, ni la mise en scène, ni la danse ; il est formé des éléments qui les composent : du geste qui est l'âme du jeu, des mots qui sont le corps de la pièce ; des lignes et des couleurs qui sont l'existence même du décor, du rythme qui est l'essence de la danse [26].»

Comme le souligne Philippe Sers qui a constaté le parallèle entre la disparition de l'objet dans la peinture et la désagrégation du langage dans les compositions scéniques [27], il reste indiscutable que les essais théâtraux de Kandinsky rejoignent les préoccupations du peintre, de 1909 à 1913, dans le débat entre figuration et abstraction [28].

«Comparé à celui d'ouvrages dramatiques, commente Jessica Boissel, le texte de chacune de ces compositions scéniques serait plutôt un paratexte ; car mis à part quelques récitatifs choraux d'une poésie étrange et des fragments de dialogues, il consiste uniquement en indications scéniques et "n'a d'autre valeur qu'informative en liaison avec le projet de réalisation". Comme

---

26. Cité par J.-P. Bouillon dans *Regards sur le passé*, p. 283
27. Kandinsky, *Écrits complets*, vol. 3 p. 35. Voir également l'étude de H. Denkler «Kandinsky et le théâtre» dans *Obliques, L'Expressionnisme*, p. 95.
28. Parallèlement à la publication de l'*Almanach*, Kandinsky avait également envisagé un livre sur le théâtre comprenant ses diverses compositions scéniques : *Sonorité jaune, Sonorité verte, Noir et blanc, Figure noire* et *Violet*. Le manuscrit de cette dernière est présenté et commenté dans le catalogue *Kandinsky* (1984), p. 140 sq.

Kandinsky demande qu'on oublie le processus extérieur, qui ne pourrait, selon lui, qu'obscurcir l'effet sur le public de la sonorité intérieure (c'est-à-dire de l'essence) des éléments en jeu, on est assez embarrassé lorsqu'il s'agit de décrire ces textes. En donner le synopsis paraîtra aussi bien une vaine entreprise, quand on saura que Kandinsky propose d'"utiliser la parole comme telle", et même de faire entendre la voix humaine "à l'état pur, sans l'obscurcissement apporté par le mot, le sens du mot", son but final étant uniquement de "préparer l'âme à recevoir" [29]. »

On connaît également la réaction de Schoenberg, auteur du texte de *La Main heureuse,* après la lecture de *Sonorité jaune,* constatant que le peintre allait «beaucoup plus loin dans le renoncement à toute pensée consciente, à toute action conventionnelle» (19 août 1912). On remarquera précisément que, dans cette même lettre, Schoenberg discute le terme de «construction» relevé dans l'article «De la composition scénique»: «Il me semble que c'est le contraire. Je crois que celui qui construit doit peser, éprouver, évaluer la résistance, l'homogénéité, etc. Pourtant la *Sonorité jaune* n'est pas une construction, mais simplement: reproduction d'une vision intérieure. Je vois là la différence suivante:

La vision intérieure est un tout, qui a certes des parties, mais liées, déjà ordonnées.

La construction, ce sont des parties qui veulent donner l'impression d'un tout. Mais rien ne garantit que les plus importantes ne manquent pas, ni que ce qui les relie soit: l'âme.»

Parallèlement à ces tentatives, Kandinsky publie en 1912, toujours chez Piper, un recueil intitulé *Klänge* (Sonorités) [30], comprenant trente-huit poèmes «ornés» par quarante-sept gravures sur bois en couleur et en noir et blanc, dont la disposition avait

---

29. «Ces choses-là ont leur propre destin – Kandinsky et le théâtre expérimental» dans *Le Cavalier bleu* (1986), p. 247.

30. *Klänge* en édition bilingue (1987).

été étudiée par l'auteur : en tant qu'expériences sur le langage, allant dans le sens d'une désagrégation de la syntaxe, ces poèmes correspondent directement à la notion de «changement d'instrument» chère à Kandinsky et alimente cette phase de «synthèse». L'audace de ces poèmes a été saluée en particulier par le metteur en scène Hugo Ball qui voit en Kandinsky «le premier à présenter des processus exclusivement spirituels. Avec les moyens les plus simples, il crée devant nous dans *Klänge,* le mouvement, la croissance, la couleur, et la tonalité, comme par exemple dans le poème "Le basson". Nulle part ailleurs, même pas parmi les futuristes a-t-on tenté une purification aussi osée du langage [31].»

Dans ces deux domaines, théâtre et poésie, Kandinsky apparaît nettement plus progressiste que Schoenberg qui, comme on le verra plus loin, a déjà amorcé une phase de réintégration à cette époque, après *Erwartung,* l'expérience la plus audacieuse qu'il ait tentée. D'une certaine manière, Schoenberg est passé, au sens kandinskien, de la phase des *Improvisations* à celle des *Compositions.*

La Main heureuse consacrera ce passage.

---

31. Cité dans le catalogue *Kandinsky,* p. 74. Certains de ces poèmes ont été lus en 1917 au *Cabaret Voltaire* à Zurich, fondé par Hugo Ball et l'un des lieux de naissance du mouvement Dada.

CHAPITRE V

L'émancipation de la dissonance

> La dissonance picturale et musicale «d'aujourd'hui» n'est rien d'autre que la consonance de «demain».
>
> Wassily KANDINSKY à Arnold Schoenberg
> (18 janvier 1911).

LE STYLE ET L'IDÉE

Quelle relation peut-il exister entre la nature du langage musical et la volonté d'une expressivité exacerbée ? Ou, autrement dit, peut-on parler d'un «langage expressionniste»? À l'évidence, non. Si l'expressionnisme musical est d'abord défini par la subjectivité, l'hyper-expressivité et, du moins dans un premier temps, la priorité donnée à l'intuition, il concerne avant tout la dimension *stylistique,* c'est-à-dire le mode d'expression d'un créateur à un moment précis de son évolution. En ce sens, il s'agit plus de greffer une *intention* sur un langage existant que d'en imaginer par avance les moyens techniques. La relation entre expressionnisme et atonalité est donc *oblique* : c'est bien la recherche particulière d'expressivité qui conduit le compositeur à adapter, voire à introduire des distorsions importantes dans son langage musical.

Concernant Schoenberg, il était trop conscient de la réflexion sur le langage pour ne pas établir le lien avec l'expression, et l'on verra combien le *Traité d'Harmonie,* ouvrage technique s'il en est, aborde parallèlement la réflexion esthétique : l'objet de ce chapitre est donc d'en montrer les incidences dans la pensée du compositeur. On prendra garde d'éviter l'amalgame facile entre expressionnisme et atonalité, la distinction entre l'*esthétique* et les *moyens* restant primordiale : Strauss et Mahler ont suffisamment flirté avec un certain expressionnisme musical sans postuler pour autant en faveur d'un langage « atonal ». Ce qu'ils avaient préparé, les compositeurs de l'École de Vienne l'ont réalisé. En aval par contre, nombre de moyens développés par ces derniers se retrouveront sous la plume de nombreux compositeurs après la première guerre, qui les utiliseront pour leur efficacité, au risque de les hisser parfois au rang de clichés. Si l'écheveau est difficile à démêler, il importe en dernier recours de considérer que seules restent les œuvres, indépendamment de toute justification théorique.

Dans l'esprit de Schoenberg, l'idée d'une « émancipation de la dissonance » constituait une avancée du langage, susceptible de justifier, associée à l'idée de la « nécessité », les orientations de la nouvelle esthétique. Si les écrits des années 1911-1914 reviennent souvent sur ces notions capitales (émancipation, nécessité) à propos des œuvres de cette période, le *Traité d'Harmonie* les présente méthodiquement en partant de la définition de la dissonance qui est judicieusement proposée *avant* l'étude proprement dite et non pas placée en aboutissement, en marge des derniers chapitres tels que « Appréciation esthétique d'agrégats sonores de six sons et plus ». Théorie et esthétique se présentent en effet comme les deux pôles de la réflexion sans qu'ils soient systématiquement mis en relation l'un avec l'autre pour des raisons que l'on verra plus loin. « Je définis les consonances, écrit Schoenberg, comme ayant des rapports plus proches et plus simples avec le son fondamental, et les dissonances des rapports plus éloignés et plus complexes » (*TH,* 40). En repartant de la nature même du son en fonction des harmoniques, Schoenberg se place dans une perspective historique en montrant comment on en est venu progressivement à intégrer des rapports plus éloignés et plus complexes [1]. Plus précisément, il en viendra à situer l'origine de la perte du sentiment tonal dans le développement central de la forme sonate classique où « chaque instant révèle certes une imprégnation tonale sans réserve, mais d'une manière si meuble qu'à tout moment la tonalité peut disparaître » (*TH*, 473) [2]. Prenant largement ses exemples dans le passé, il trace ainsi une continuité entre les audaces d'un Bach et de bien d'autres entre Mozart et Reger, pour qualifier rétrospectivement sa *Symphonie de chambre* op. 9 de « progrès » en ce domaine, progrès qui s'affirme « par la résolution différée des dissonances "de passage" jusqu'à un point éloigné où se trouve finalement justifiée l'âpreté des harmonies précédentes [3] ».

Outre l'aspect technique de l'écriture, Schoenberg relie la notion d'émancipation de la dissonance à celle de « l'extension de l'intelligibilité qui donne à la dissonance la même intelligibilité qu'à la consonance ». Il s'agit donc moins de substituer la dissonance à la consonance que de lui donner un statut équivalent. La relation entre esthétique et langage n'est pourtant pas toujours aussi clairement énoncée, Schoenberg prétendant que l'enseignement de la composition « remplit suffisamment sa mission lorsque – sans égard pour un quelconque système naturel ou esthétique – il se contente d'être le pur enseignement d'un métier » (*TH*, 475). Au-delà de l'attitude pédagogique dont nous avons déjà parlé, la distinction entre proximité et éloignement

---

1. Un accord de quatre ou cinq sons, considéré à une époque comme dissonance par rapport à un accord parfait de trois sons, pourra être conçu comme une relative dissonance à une époque plus tardive qui aura intégré d'autres dissonances plus complexes entre-temps.
2. Schoenberg renvoie ici à Bruckner et à Wolf, mais le développement du premier mouvement de la *Troisième Symphonie* de Beethoven est déjà caractéristique de cette conception. On notera également qu'il s'agit d'un des points mentionnés par Bartók dans son article « Le problème de la nouvelle musique » (1920) dans *Essays*.
3. « Comment je me juge ; Retours en arrière », *Style and Idea* (traduit d'après l'édition anglaise, la traduction française étant particulièrement gauche).

(des harmoniques avec le son fondamental) pour expliciter l'intégration de la dissonance n'exclut pas pour autant le débat sur le sentiment du beau dans la musique : « La beauté existe à partir du moment où les improductifs commencent à prétendre qu'elle leur manque ; avant, elle n'existe pas car l'artiste, lui, n'en a pas besoin. La vérité lui suffit : s'être exprimé, avoir dit, selon les lois secrètes de sa propre nature, ce qui devait être dit » (*TH*, 408). Ce déplacement d'un concept vers un autre, du « beau » vers le « vrai », éclaire enfin la position de l'artiste qui « ne fait rien de ce que d'aucuns tiennent pour esthétiquement beau, mais uniquement ce qui lui semble motivé par la nécessité » (*TH*, 508). Schoenberg manie les idées comme les voix dans un rapport contrapuntique, en termes de hiérarchie et de responsabilité entre elles.

On pourrait évidemment multiplier à loisir les citations, tant ces thèmes sont récurrents, de même que les discussions et échanges entre Schoenberg et Kandinsky pourraient être illustrés par les propos enthousiastes de Franz Marc à August Macke (14 janvier 1911) peu après avoir entendu le *Deuxième Quatuor* op. 10 et les *Pièces* op. 11 pour piano : « Peux-tu imaginer une musique où la tonalité (et aussi le respect de n'importe quel ton) est totalement abolie ? Je pensais sans cesse aux grandes compositions de Kandinsky qui ne tolère lui non plus aucune trace de tonalité [...] à l'écoute de cette musique où chaque son existe pour soi [4]. » Cette sensation d'un rejet de la tonalité reste compréhensible dans la mesure où la perception des auditeurs de 1911 était plus impressionnée par le potentiel de nouveauté que par les éléments issus de la tradition, tout aussi présents dans les deux œuvres citées. Il s'agit précisément là des effets de la dimension expressive de la dissonance que Charles Rosen a analysés mieux que tout autre [5].

---

4. Cité par Jelena Hahl-Koch dans *Contrechamps* n° 2, p. 97.
5. In *Schoenberg*, particulièrement dans le chap. II.

Quant au fait d'écrire un *Traité d'Harmonie* au moment où il prend ses distances avec le système tonal, Schoenberg en a lui-même anticipé la question en posant clairement la théorie comme ne devant jamais anticiper l'événement, mais au contraire en découler rétrospectivement : « Ce à quoi un auteur croit théoriquement, il a le pouvoir de l'exprimer extérieurement dans son œuvre. Cette expression n'est heureusement qu'extérieure. Mais dans les profondeurs de son être, là où prend naissance l'homme-pulsion, là, pour le bonheur de l'art, toute théorie est d'ores et déjà vouée à l'échec » (*TH*, 487). En ce sens, le *Traité d'Harmonie* expose la théorie d'un système harmonique désormais caduc, qui sans être rejeté – on connaît l'attachement de Schoenberg pour le passé –, lui permet de mesurer le chemin parcouru, agissant autant comme une boussole qu'en terme de justification. On peut en trouver une illustration plus nette encore à la toute dernière page lorsque l'auteur termine ses réflexions sur la mélodie de timbres : « Quel esprit hautement cultivé saura trouver plaisir à de telles subtilités ! Qui oserait réclamer ici une théorie ! » Mis à part le fait de se tendre un miroir à lui-même – ses *Pièces pour orchestre* op. 16 et *Erwartung* ont été écrites deux ans auparavant –, Schoenberg met ici l'accent sur les *potentialités* d'une telle conception qui restent encore à explorer. En d'autres termes, la théorie, par sa tendance réductrice, se situe à l'opposé de l'*intuition* de l'artiste qu'elle ne peut qu'endiguer. On pourrait objecter que les écrits sur la série dodécaphonique datant de 1923 proposent la théorie parallèlement à une nouvelle pratique encore en gestation alors qu'il s'agissait avant tout d'une querelle de priorité : la réaction de Schoenberg aux écrits de Josef Matthias Hauer qui réclamait la paternité de la « musique de douze sons » relève de l'ordre du « copyright » (les publications véritablement théoriques sur cette question sont postérieures à 1941) et certains compositeurs russes tels que Nicolaï Roslavets et Arthur Lourié avaient élaboré des procédés d'écriture comparables dès 1915.

Le *Traité d'Harmonie* est aussi un journal où l'on peut suivre la progression du compositeur, au fil des retouches dans les éditions successives, du monde tonal vers les «mélodies de timbres»; un parcours moins historique du langage qu'une interprétation personnelle, au même titre que les *Gurre-Lieder* qu'il achèvera bientôt et qui décrivent le passage d'un type d'expression à un autre: du Lied romantique au grand mélodrame final pré-expressionniste, la partition met en évidence une trajectoire dont l'aboutissement coïncide avec l'état d'avancement de ses œuvres. Dans ce sens, les *Gurre-Lieder* possèdent une valeur didactique équivalente à celle du *Traité d'Harmonie* qui dépasse nettement la dimension d'un simple écrit théorique. Opposer la production schoenbergienne de 1911 et les *Gurre-Lieder* en tant qu'«œuvre de jeunesse» consisterait à ne pas prendre en compte l'évolution considérable de l'écriture et de l'orchestration entre les deux premières parties et la dernière qui n'a été achevée de ce point de vue qu'en novembre 1911[6]. «Si l'aventure de Waldemar, écrit Michel Guiomar, est bien romantique et d'un romantisme nordique très affirmé en ses thèmes, ses procédés et son symbolisme, si l'écriture est wagnérienne et l'orchestre délirant, il reste l'impression que régna d'abord sur l'œuvre un canevas technique que Schoenberg s'imagina sans doute "discursif", né des aspects formels retenus de ses premières admirations, Wagner et, de ce point de vue au moins, Brahms; cependant il aurait peu à peu pris conscience dans l'orchestration lente qu'il voulait réaliser, d'avoir été le premier à s'illusionner et que l'œuvre était née d'un fantasme, symbolisé même par le personnage de Tove. Il devrait, comme Waldemar dans la chasse fantastique du fantôme de Tove, en reconquérir le fantasmatique en contraignant le timbre et l'orchestre à faire renaître les fantasmes premiers ou mieux en les obligeant à revêtir les timbres implicites d'une

---

6. La chronologie entre composition et orchestration, et les différences essentielles ont été détaillées par Schoenberg dans la lettre du 24 janvier 1913 adressée à Berg (*Correspondence*, p. 147).

L'émancipation de la dissonance

écriture schématique originelle, non orchestrale, (
directement efficaces les rythmes, s'il est vrai
rythme sont les véhicules privilégiés du fantasme [7]. »

DE WAGNER À STRAUSS : *TRISTAN*, ENCORE ET TOUJOURS

Le fait de renvoyer une fois de plus à *Tristan et Isolde* peut sembler un stéréotype usé. Que l'on mette en avant l'intention du compositeur – qui n'était évidemment pas d'affaiblir le système tonal par un chromatisme destructeur –, et les éléments latents qui ont mené à la dissolution de ce système, il est essentiel d'apprécier les justes conséquences de l'écriture de *Tristan* ainsi que les formule Carl Dahlhaus : « Le fait que l'association des accords ne trouve pas sa justification en elle-même, mais partiellement et même principalement dans les motifs, signifie que si la tradition de la tonalité, de l'harmonie tonale, n'est pas abolie dans *Tristan*, elle y est du moins menacée. Car la tonalité, principe dominant de la musique du XVIIIe au XIXe siècle, n'est autre qu'un système de relations entre les accords se justifiant lui-même, et indépendant du déroulement mélodique et contrapuntique. Ce n'est pas que Wagner ait anticipé l'atonalité d'Arnold Schoenberg, il tenait fermement à l'idée de tonalité, et attribuait une signification expressive et symbolique aux relations tonales. Mais dans l'harmonie de *Tristan* se dessine déjà le chemin qui conduisit à la dissolution de la tonalité, à l'émancipation de la mélodie et du contrepoint, échappant aux associations d'accords prédéterminés. *Tristan* est une des sources principales de la musique moderne [8]. » Ce point renvoie à son tour, d'une part à l'idée de forme musicale telle que la concevait Wagner, *Tristan* représentant, selon son auteur, le chef-d'œuvre de l'« art de la transition », et d'autre part à la « mélodie infinie »

---

7. « Prémices, attentes et sacres » dans *L'Année 1913*, p. 415.
8. *Les Drames musicaux de R. Wagner* (1971), trad. fr., p. 70.

qui en découle. Car il s'agit bien d'une conséquence comme l'explicite André Boucourechliev : « Dès lors que la cadence n'est plus *le paradigme du temps musical* – c'est-à-dire de la forme –, ou, si l'on préfère, dès lors que la forme n'est plus *une métaphore de la cadence*, avec ses phrases initiales, culminantes et résolutives (terminales), mais un *processus infini*, se trouvent contestées les notions de *périodicité* et de *symétrie* propres au phénomène musical tonal considéré sous la catégorie de la métrique [9]. »

L'idée d'émancipation de la dissonance, et plus généralement de l'écriture, déjà *impliquée* dans *Tristan,* ne relève pas d'une interprétation récente, mais est bien confirmée par les débats quasiment contemporains : Egon Wellesz a évoqué les conversations fiévreuses au Café Griensteidl d'un petit groupe d'admirateurs (parmi lesquels Schoenberg et Zemlinsky) au sujet de *Tristan* « dont on ne manquait aucune représentation et dont l'instrumentation, la marche des différentes voix et le style étaient commentés avec passion [10] ». Ce n'est pas un hasard si l'affiche du fameux concert du 31 mars 1913, qui déclencha un scandale sans précédent, inscrivait aux côtés des œuvres au programme (la *Symphonie de chambre* op. 9, les *Pièces pour orchestre* op. 6 de Webern, les *Altenberg-Lieder* de Berg, les *Maeterlinck-Lieder* de Zemlinsky et les *Kindertotenlieder* de Mahler) une seule œuvre non contemporaine ; l'introduction de *Tristan* : acte symbolique qui garde toute sa valeur malgré l'interruption brutale du concert.

Tout semble donc se passer comme si la musique de la fin du XIXe et du début du XXe siècle ne pouvait être appréciée qu'en fonction du legs wagnérien, depuis les caricatures de discours par le biais du seul leitmotif dans nombre d'opéras postérieurs jusqu'au modèle reproduit, tels *Les Maîtres chanteurs* qui

---

9. « Le Ring : forme ou programme » dans *Entretemps* n° 7 (décembre 1988), p. 8
10. Dans *Arnold Schoenberg* (1921).

conforteront un Pfitzner dans son *Palestrina* archaïsant (1917). Si toute manifestation de chromatisme semble renvoyer inévitablement à *Tristan,* c'est autant par la façon dont il est utilisé que pour ce qu'il véhicule : le chromatisme n'est pas dissociable de l'expressivité puisqu'il en est le moteur même, en tant que *moyen* le plus efficace pour l'accentuation des passages dramatiques. Si cette attitude n'est évidemment pas nouvelle, la proportion d'écriture chromatique, symbolisant autant les tensions que le désir amoureux, est devenue très supérieure à ce que l'on avait l'habitude d'entendre.

Bien que l'appréciation demande à être révisée dans le fond, le premier acteur dans l'émancipation de la dissonance susceptible de mettre en péril le support tonal est Richard Strauss qui surprend unanimement avec *Salome,* et plus encore quatre ans plus tard avec *Elektra.* Du premier ouvrage, l'accumulation des *procédés* visant à miner localement le sentiment tonal, tels le chromatisme (dans les progressions de l'exaltation croissante de Salome), la gamme par tons (dans la scène du vent provoquant le malaise d'Hérode), ou encore les successions de quartes (attachées à Jochanaan), a trouvé divers échos à partir de la *Septième Symphonie* de Mahler (achevée quelques mois après que Strauss eut joué *Salome* au couple Mahler). Ce seront précisément ces trois procédés qui marqueront l'essentiel du matériau de la *Symphonie de chambre* op. 9 de Schoenberg (1906).

Par ailleurs, la polytonalité utilisée dans *Salome* ajoute à la confusion, non pas seulement dans la perception de l'ensemble, mais surtout dans la réception de l'écriture de Strauss qui semble alors en pleine mutation, et susceptible d'ouvrir de nouvelles voies vers un au-delà du monde tonal [11]. Cette confusion intrinsèquement liée au climat morbide de *Salome* conduira à un malentendu qu'*Elektra* ne fera qu'accentuer : la couleur générale qui ressort de ces deux ouvrages est tributaire de l'abondance des

---

11. Nous avons détaillé quelques-uns de ces procédés dans *Salome* (*Avant-Scène-Opéra* n° 47-48, janvier-février 1983).

procédés proches de l'atonalité qui paraissent majoritaires par rapport au contexte tonal. Ce dernier n'en est pas moins existant, sinon premier, et il convient d'en examiner attentivement le sens : les harmonies de sixte et quarte chères à Strauss qui jalonnent le discours très conventionnel de Jochanaan sont présentées comme l'antithèse du langage débridé qui caractérise l'héroïne. Déjà dans l'épisode des moutons de *Don Quichotte* et dans celui des adversaires de *Une vie de héros,* Strauss avait prouvé qu'il était le plus prodigieux *illustrateur* de son temps, ce que les deux opéras « noirs » ne font que confirmer au travers d'une virtuosité qui dépasse celle de tous ses contemporains. L'aspect hétéroclite du style de Strauss tient en particulier dans le fait qu'il ne peut s'empêcher de glisser l'idiome viennois par excellence, la valse, non seulement dans *Le Chevalier* où elle a sa place, mais également jusque dans les palais d'Hérode ou d'Agamemnon, tout comme il l'avait déjà incluse dans le propos, prétendument philosophique, de *Ainsi parla Zarathoustra :* point d'ancrage stylistique, identifiable entre tous, la valse apparaît dans les deux opéras comme un critère de différenciation dramatique pour mieux renforcer l'opposition entre les psychologies des personnages.

Le wagnérisme de Strauss, panaché d'orientalismes souvent faciles dans *Salome,* prend même parfois une valeur d'icône, par exemple dans le thème de Narraboth énoncé dès le début et symbole autant d'un amour impossible que de la seule *passion* véritablement amoureuse de l'ouvrage, et qui ne connaîtra aucun autre aboutissement que le suicide : une icône noyée dans un contexte exotique où valse viennoise et sujet oriental font bon ménage :

L'émancipation de la dissonance

Les oppositions dramatiques et musicales retenues par Strauss sont autant efficaces que naïves : comme on l'a vu, le personnage de Jochanaan présente l'association explicite d'une « vérité » – la foi en le Messie – et d'un langage tonal à la limite de la caricature et violemment mis en regard avec l'exubérance de Salome, opposition dont l'antériorité mozartienne est évidente (Sarastro opposé à la Reine de la nuit). Romain Rolland a rapporté à ce sujet de savoureux dialogues dont celui entre le critique musical Jean Marnold et Strauss, le premier critiquant le motif de Jochanaan qu'il trouvait trop commun ; après avoir protesté, Strauss finit par répondre : « Je n'ai pas voulu le traiter trop au sérieux. Vous savez, Jochanaan est un imbécile. Je n'ai pas de sympathie du tout pour ce genre d'homme. J'aurais voulu qu'il fût un peu grotesque [12]. » De même, lorsque Strauss entend rectifier dans ses *Souvenirs* le sens que l'on donne au *si* répété de contrebasse lors de l'assassinat de Jochanaan – « qui ne figure aucunement les cris d'angoisse du meurtrier, mais plutôt les soupirs s'échappant de la poitrine oppressée de Salome impatiente » –, il avoue sans le dire qu'il s'est pris à son propre piège : l'*illustration* l'emporte encore sur l'état psychologique. On notera cependant que cette confusion n'a pas lieu d'être dans la dernière scène d'*Elektra,* d'une autre ampleur dramatique, au moment du meurtre de Clytemnestre.

On justifia l'extrême concentration de la durée musicale de *Salome* et *Elektra* – les durées ajoutées des deux ouvrages approchant globalement celle de *Tristan* – par la densité des sujets et le traitement musical en vue d'une plus grande efficacité dramatique. Schoenberg fait ainsi sien ce souci de concentration située aux antipodes tant des ouvrages wagnériens que des monuments symphoniques de Mahler, lorsqu'il passe de la prolixité du *Premier Quatuor* op. 7 au caractère ramassé de la *Symphonie de chambre* op. 9. Très marqués par la réussite exceptionnelle de cette dernière, Berg et Webern s'engageront bientôt à leur tour dans cette voie.

---

12. Dans les précieux *Cahiers Romain Rolland* n° 3 (1951).

À cet égard, le parallèle entre *Elektra* et *Erwartung* est plus intéressant qu'on pourrait le penser : franchissant le pas au-delà du tonal, Schoenberg y associe un athématisme, privant ainsi l'écoute des références (motifs conducteurs impliquant le développement ou la variante, tonalités à valeur thématique) qui formaient l'essentiel des deux opéras de Strauss. Dans ce sens, *Erwartung* s'inscrit dans l'évolution qui relie *Salome* à *Elektra*, d'abord en concentrant plus encore le drame : si, en effet comme on l'a dit, *Salome* ne dépasse pas la moitié de la durée totale de *Tristan*, *Erwartung* correspond de son côté à l'une des scènes de *Salome* ou d'*Elektra*, accentuant ainsi cette orientation vers une nouvelle forme d'expressivité. *Elektra* consiste en effet en un enchaînement de monologues, entrecoupés par les différentes confrontations dont celle entre Elektra et sa mère lui exposant ses rêves angoissés tandis qu'*Erwartung* se réduit à un monodrame d'environ trente minutes. Quant au traitement de la dissonance, Strauss établit clairement dans *Elektra* le même parallèle que dans *Salome* répartissant les effets d'écriture les plus frappants avec un savoir-faire remarquable. La capacité illustrative de Strauss mérite par ailleurs que l'on prête attention à sa façon de suivre précisément le texte : ainsi, lorsqu'Elektra dans son premier monologue évoque le sacrifice des chevaux et des chiens, l'orchestre épouse de très près le sens du texte par le recours à des figures appropriées et évocatrices qui n'ont une valeur thématique que locale. L'idée de dissonance pour Strauss n'est ici conçue que dans l'alternance avec la consonance. Face à cette *illusion* d'une écriture « atonale », la plus grande réussite d'*Elektra* est bien de consacrer le déplacement d'intérêt de l'orchestration — digne de celle déployée dans ses poèmes symphoniques — au profit de l'harmonie mise ici au service du timbre. En ce sens, on peut y voir l'un des premiers actes d'*autonomie* du timbre. Dans l'intention de l'auteur, il s'agissait à nouveau d'un acte de subversion posé comme équivalent au *dérèglement* qu'impliquait le sujet. Bien que les textes originaux soient éloignés, tant chez Oscar Wilde que chez Hofmannsthal, de toute *intention* expressionniste, ils n'en sont pas moins transfigurés par la musique de Strauss qui parvient à en démultiplier les tensions dramatiques.

Au-delà de ces rapprochements, les deux œuvres sont finalement peu comparables. Dans la très riche correspondance entre Strauss et Hofmannsthal, qui ne deviendra véritablement le librettiste « sur mesure » du compositeur qu'à partir du *Chevalier à la rose,* on relèvera les remarques très pertinentes du poète quant à une prétendue ressemblance entre *Salome* et *Elektra* : « Les deux sont des pièces en un acte, chacune porte un nom de femme, elles se passent toutes deux dans l'Antiquité et furent créées à Berlin par Eysoldt : je crois que la ressemblance ne va pas plus loin. En effet, la combinaison des coloris me semble foncièrement différente d'un sujet à l'autre : dans *Salome,* pour ainsi dire le pourpre et le violet dans une atmosphère étouffante ; dans *Elektra* en revanche, un composé de nuit et de lumière, noir et clair. De plus, le mouvement ascendant des thèmes se rapportant à Oreste et à son acte (mouvement qui mène à la victoire et à la purification et que je puis m'imaginer être incomparablement plus puissant dans la musique que dans le texte) me semble ne pas avoir son pareil dans *Salome* ni quoi que ce soit qui s'en rapproche » (27 avril 1906)[13]. Outre le fait que les deux pièces fournissent nombre de prétextes à des situations dramatiques en *crescendo,* il ne suffit évidemment pas d'exploiter des sujets « noirs » pour prétendre à l'étiquette expressionniste, sujets que Strauss regrettera plus tard d'avoir traités.

Dans ces conditions, *Salome* et *Elektra* peuvent-ils être considérés comme des opéras « expressionnistes » ? Œuvres incontestablement réussies, parfois en raison même de leurs excès[14]

---

13. Strauss-Hofmannsthal, *Correspondance 1900-1929.*
14. *Salome* a d'abord connu un « succès de scandale » : la première sera interdite à Vienne et le comité du Metropolitan Opéra de New York décidera, en 1907, de retirer l'œuvre de l'affiche pour « indécence » ; une action pour condamner le « degré d'obscénité » sera entreprise à Boston la même année.

— sauvagerie et préciosité renvoient l'un à l'autre —, les deux partitions se rattachent à l'esthétique expressionniste par la concentration du discours et de la forme générale et par la nature des procédés musicaux tels qu'on les a décrits (harmonie entre tonal et atonal, polyphonie saturée, vocalité oscillant entre le chant et le *parlando,* nouvelle conception du timbre). « Depuis longtemps, confesse Strauss à propos de *Salome,* je reprochais aux opéras asiatiques et israélites de manquer totalement de coloris oriental et de vrai soleil. J'éprouvai le besoin de me plonger dans une atmosphère authentiquement exotique, chatoyant de cadences mystérieuses comme des soies changeantes. Le désir que je ressentais de caractériser les personnages en utilisant le plus de contrastes possible m'incita à me servir de la bitonalité, vu qu'il me paraissait insuffisant de représenter l'antagonisme d'Hérode et du Nazaréen par des oppositions uniquement rythmiques, telles que Mozart les rend d'une manière d'ailleurs géniale. C'est une expérience qu'on peut faire une fois pour toutes quand il s'agit d'un sujet particulier, mais que je déconseille de répéter [15]. » Si Strauss a pourtant reconduit et accentué cette écriture dans *Elektra,* ce second opéra franchit un pas supplémentaire, tant musicalement que par la puissance dramatique du sujet. Passant d'une violence liée à un acte « gratuit » dans *Salome* — le meurtre de Jochanaan parce qu'il s'est refusé à la jeune femme — à une violence justifiée dans *Elektra* par les rapports de force entre le personnage principal et son environnement et un désir de vengeance légitime — le meurtre d'Agamemnon et la situation qui s'ensuit —, Strauss exploite la différence entre un épisode tragique et un mythe. En cela, *Elektra* accède à un autre degré d'expressionnisme infiniment plus probant en annonçant certains thèmes — dont celui du parricide — tout en développant le discours qui convenait à un tel sujet par le biais d'un langage débridé et novateur. Dans ce sens, l'attitude hostile

---

15. In *Betrachtungen und Erinnerungen* (1949), p. 225, dont il existe une traduction partielle en français : *Anecdotes et souvenirs* (1951).

Oskar Kokoschka : *La fiancée du vent* (1914)
(Bâle, Kunstmuseum ; cl. Giraudon) © Spadem.

Wassily Kandinsky : *Improvisation XIV* (1910)
(Paris, Musée national d'art moderne; cl. Roger-Viollet) © A.D.A.G.P.

Wassily Kandinsky : *Etude pour improvisation XXIV* (1912)
(Coll. part. ; cl. Edimedia) © A.D.A.G.P.

Egon Schiele : *Autoportrait* (1911)
(Coll. part. ; cl. Edimedia).

Egon Schiele : *Le Christ en croix et le soleil obscurci* (1907) (Londres, Christie ; cl. Bridgemann-Giraudon).

Oskar Kokoschka : affiche pour la pièce *Assassin, espoir des femmes* (1909) (Salzbourg, galerie Friedrich Welz) © Spadem.

Arnold Schoenberg :
Le regard rouge (1910)
(Munich, galerie im Lenbachhaus ;
cl. Edimedia) © Spadem.

Arnold Schoenberg : *Les pleurs*
© Spadem.

Ernst Ludwig Kirchner : *Scène de rue à Berlin (v.* 1913) (Francfort, Städelsches Kunstinstitut ; cl. Edimedia).

de Strauss à l'égard de Schoenberg après 1910 sera justifiée dans une certaine mesure par le sentiment d'une trahison : là où Strauss posait un tel langage en termes de *moyens*, Schoenberg l'a interprété comme une ouverture menant inévitablement à la dissolution des catégories tonales. En explorant ces autres voies, Schoenberg se rendait coupable aux yeux de Strauss d'infidélité, et surtout de remise en question du style de Strauss lui-même. Le malentendu réside dans la différence d'intention par le fait que Schoenberg a établi une relation entre langage et nouvelle expressivité [16].

Le cas Strauss peut donc être envisagé comme s'inscrivant dans une tradition – tonale avec inclusion de plus en plus forte d'un vocabulaire prenant figure emblématique – et parvenant de ce fait avec *Salome* puis *Elektra* à un apparent point de non-retour. La véritable surprise, souhaitée par les uns, comprise comme une trahison par les autres, apparaît avec *Le Chevalier à la rose* qui infirme la règle puisqu'il y a non seulement retour mais, dans une certaine mesure, négation. Si *Salome* et *Elektra* restent caractéristiques de l'attachement à la convention, au-delà d'une image acoustique prédominante, il est évident que Schoenberg le premier s'est pris au jeu : Wellesz a dit combien Schoenberg a été fasciné par la partition de *Salome* qu'il gardait sur son pupitre. À partir d'un vocabulaire émancipé mais inclus dans une syntaxe encore tonale chez Strauss, Schoenberg a franchi le pas en mesurant les véritables conséquences de cette forme d'émancipation. En ce sens, il est possible d'approfondir la distinction soulevée plus haut en considérant avec Michel Guiomar que Schoenberg « a pu devenir atonal parce qu'en dépit des apparences, il n'avait jamais été wagnérien ». Plus encore, l'expressionnisme de Schoenberg semble s'être manifesté d'autant plus nettement que celui-ci n'est plus tributaire de Wagner.

---

16. « Pourquoi écrivez-vous de la musique atonale alors que vous êtes si doué ? », demandera encore Strauss à Hindemith au début des années vingt.

« L'impression que j'ai de vous (je me trompe peut-être) c'est que vous êtes essentiellement lyrique. Vous ne *sentez* d'une façon géniale que votre propre personnalité (et tout ce qui lui ressemble de près ou de loin). Comme vous avez, en outre de votre génie, une intelligence et une volonté très grandes, vous êtes toujours capable de *comprendre* les autres passions ou les autres caractères, et de les exprimer — *mais du dehors,* — sans les sentir à fond, pour votre compte. » Ce jugement très pertinent de Romain Rolland (14 mai 1907) justifierait à lui seul la dimension absente de l'œuvre de Strauss, la part d'investissement qui le sépare fondamentalement, et irrémédiablement, des musiciens les plus engagés, de Mahler comme de Schoenberg.

L'écriture de *Pelléas et Mélisande* semblait désigner Schoenberg comme le successeur le plus direct de la filiation Wagner-Strauss : la nécessité ressentie de la remise en question en aura décidé autrement, Schoenberg laissant à un Zemlinsky *(Une tragédie florentine)* ou plus encore à un Korngold *(La Ville morte)* le soin de pérenniser cette tradition historique. De même, peut-on établir clairement le lien avec la musique de Wagner chez les élèves de Schoenberg ; leur écriture en porte en effet la trace, que ce soit dans l'écriture et dans la conception polyphonique, ou dans sa nature expressive par le jeu des appoggiatures chromatiques, mais également à l'échelle d'un morceau par sa courbe tensionnelle modelée sur l'introduction de *Tristan* : un vaste *crescendo* menant à un climax, d'autant plus fort qu'il aura été longuement préparé et pressenti, et après lequel le discours s'estompera rapidement jusqu'à disparaître. Cette attitude qui marque la *Passacaille* op. 1 de Webern ne s'en retrouve pas moins dans la première des magistrales *Pièces* op. 6 de Berg comme dans celles de Webern. Dans un cas comme dans l'autre, il s'agit d'une conception formelle reconduite — tempos lents, équilibre savamment dosé entre crescendo menant à un sommet et diminuendo — parce que considéré comme *modèle rhétorique,* quel qu'en soit le vocabulaire. Un modèle transcendé dont le sommet expressif du crescendo sera non seulement considéré comme un aboutissement, mais désormais comme un *cri*, absent en tant que tel de l'écriture de Strauss. L'héritage de ce dernier cédera peu à peu la place chez les compositeurs viennois à la référence mahlérienne.

DE MAHLER À SCHOENBERG

« Je suis habitué à lire des partitions d'orchestre à trente voix. Pourtant les quatre parties de votre *Quatuor* me donnent deux fois plus de mal. » Cette remarque de Mahler au sujet du *Deuxième Quatuor* de Schoenberg [17] est révélatrice de ce qui sépare les deux musiciens à partir de 1908. De même, les *Pièces pour orchestre* op. 16 poseront des difficultés analogues un an plus tard, ainsi que le mentionne Stuckenschmidt : « Après les avoir proposées vainement à Richard Strauss en vue d'une exécution, il montra la partition à Mahler qui déclara ouvertement qu'il ne pouvait la lire, car il se disait incapable de traduire l'impression visuelle des pièces en impression auditive [18]. » Plus encore, Alma a été le témoin d'une discussion entre Schoenberg et Mahler « sur la possibilité de créer une mélodie à partir d'une seule note répétée sur divers instruments [procédé qui annonce indirectement *Farben* op. 16 n° 3]. Un procédé auquel Mahler était farouchement hostile ».

Malgré la sympathie que Mahler affichait pour Schoenberg qu'il a constamment soutenu, il est intéressant d'examiner les raisons pour lesquelles il ne parvenait pas à comprendre cette musique qui le déconcertait de plus en plus. Tout comme Strauss, Mahler avait besoin d'un *référent*, un système musical familier à partir duquel pouvaient se justifier les digressions. On

---

17. H.-L. de La Grange, *Mahler*, vol. 2, p. 1063. Rapportant les mêmes propos en 1937, Schoenberg indique qu'il s'agit du *Premier Quatuor* (*Le Style et l'Idée*, p. 29). Il est cependant probable qu'il s'agissait bien de l'op. 10.
18. *Schoenberg*, p. 115.

sait toutefois que Mahler, surpris mais finalement séduit — en dépit du sujet qui le rebutait — par les hardiesses de *Salome*, n'a semble-t-il pas apprécié celles d'*Elektra*, selon le témoignage de Strauss lui-même : « Le passage le plus audacieux harmoniquement est peut-être le récit du rêve éveillé de Clytemnestre, où la pédale harmonique symbolise le cauchemar. Un passage où même Mahler (c'était le dernier que je lui ai joué) ne pouvait plus suivre [19]. » Maîtriser un système tel que l'univers tonal implique de comprendre que chaque œuvre, tout en étant individuelle, s'inscrit dans un réseau de possibilités qui sont données par le système lui-même.

L'attitude de Mahler face à la musique de Schoenberg après la *Symphonie de chambre* op. 9 est tout entière contenue dans cet aveu rapporté par Alma : « Je ne comprends pas sa musique mais il est jeune et il a peut-être raison. Je suis vieux et je n'ai peut-être plus l'oreille pour sa musique. » La façon de concevoir le contexte harmonique chez le Schoenberg des *Pièces pour orchestre* op. 16 avait en effet de quoi dérouter Mahler : privé désormais d'un système de référence *préexistant*, le discours d'un morceau écrit de cette manière dépendait dorénavant d'une autre logique musicale, une logique différente qui ne permettait plus d'en comprendre le parcours harmonique. En fait, il s'agissait moins de la capacité à *comprendre* que de celle à *prévoir* ce qui pouvait advenir après des harmonies basées sur des agrégats dont les propriétés — d'enchaînement ou de résolution — n'étaient pas clairement définies. Schoenberg lui-même, comme on l'a vu dans ses échanges avec Kandinsky, n'était pas en mesure, à cette époque, de donner quelque justification que ce soit, si ce n'est en invoquant la « nécessité » et en se fiant à sa pure intuition. C'est bien là le sens des remarques de Schoenberg dans son *Traité* quand il prétend que la théorie doit suivre et non précéder le fait musical : « Mon seul facteur de discernement en composition est

---

19. Cité par H. Blaukopf dans son excellente étude qui accompagne la *Correspondance Mahler-Strauss*, p. 196.

le sentiment immanent à une forme. C'est lui qui me dit ce que je dois écrire, tout le reste est exclu. Chaque accord que je pose correspond à une violente nécessité, nécessité de mon besoin d'expression, mais aussi peut-être nécessité d'une inexorable mais inconsciente logique dans la construction harmonique » (*TH*, 511).

En étant contraint de baser son discours musical sur de courtes séquences motiviques pour parvenir au tout, Schoenberg montre autant son immense qualité d'imagination que la nature des difficultés auxquelles il était confronté : son travail compositionnel consistait à unifier le tout à partir de motifs très concentrés, ce qui revenait à penser la forme à partir de l'extrême détail et non l'inverse. Le recours très majoritaire à un texte littéraire ou poétique dans les œuvres de cette période chez les Viennois n'est évidemment pas un hasard. Si l'« atomisation » de la thématique est effectivement mise en œuvre chez Mahler, en particulier dans les dernières symphonies, elle correspond plus à l'éclatement d'une phrase en plusieurs motifs qui seront traités de façon autonome par la suite qu'à une réduction volontaire du matériau qui ne pouvait plus être contrôlé par un système plus important. Un tel éclatement conduit à une polyphonie d'un type particulier puisque l'ensemble des voix participe à la thématique, en une écriture que l'on pourrait qualifier de « total thématique » comme le *Rondo-Burlesque* de la *Neuvième Symphonie* en offre une illustration. Plus encore, et il s'agit là d'une mutation capitale pour ce que l'on est convenu d'appeler un « thème » ; les caractéristiques mélodiques, rythmiques ou de timbre sont susceptibles d'être dissociées par la suite, ouvrant ainsi une porte à une nouvelle forme d'*autonomie* des paramètres que la musique du xxe siècle exploitera abondamment.

Bien que cela puisse sembler paradoxal, il est plus difficile de définir l'essence profonde des affinités entre Mahler et Schoenberg — alors que l'estime était réciproque — qu'entre Strauss et Schoenberg. Ce paradoxe tient d'abord dans la nature même des influences que Schoenberg a reçues successivement des deux musiciens : influence en majeure partie technique de la part de Strauss, influence technique et spirituelle de la part de Mahler. Viennent ensuite les conceptions du langage radicalement opposées.

Quelle que soit l'importance des incursions « atonales » de l'écriture de Strauss dans *Salome* et plus encore dans *Elektra*, elles ne mettent cependant en rien en péril la conception tonale à grande échelle. Non seulement celle-ci reste intacte, mais elle gagne en efficacité dramatique proportionnellement à l'ampleur du contraste. Autrement dit, l'action de Strauss sur le système consiste à en *élargir* les possibilités à des fins expressives. L'écriture de Mahler au contraire accumule progressivement les facteurs de perturbation qui, acquérant le statut d'éléments stylistiques, concourent à l'affaiblissement du système de référence. Plutôt que d'élargir ce dernier, Mahler a tendance à *déplacer* peu à peu le champ d'action dans lequel les éléments étrangers à l'univers tonal occupent une importance croissante. Le système tonal, ainsi miné de l'intérieur, est rapidement conduit dans une impasse dont l'auteur de la *Dixième Symphonie* était plus conscient que quiconque : c'est ainsi que l'on pourrait considérer que l'écriture de Mahler s'exerce, malgré lui, « contre » le système tonal. C'est également à partir de cette dimension que l'on peut comprendre ce qui rapproche Schoenberg de Mahler. Si l'impression de malaise du langage dans les deux dernières symphonies peut être attribué à une couleur et à une tension particulières, elle est due en réalité à l'écart entre une écriture dont le vocabulaire s'est peu à peu *déplacé* (distorsions harmoniques altérées, thématique parfois facile voire « vulgaire ») et le sens du discours qui reste tributaire d'archétypes, les deux dimensions ne coïncidant plus totalement : la dissonance mahlérienne résulte de ce qui oppose le contenant et le contenu, le fond et la forme. Qu'un « programme », explicite ou implicite, soit présent ou non — on sait que Mahler les a rapidement retirés dès ses premières symphonies —, le phénomène musical déborde très nettement toute intention extérieure, et, comme le formule Ulrich Schreiber, «n'est pas réductible à son arrière-plan [20]», à l'opposé en cela d'un Strauss pour qui le prétexte extra-musical constitue à la fois le fondement et la justification du résultat.

Plutôt que de poser la question de Mahler en tant que compositeur expressionniste ou non, il serait plus judicieux d'évoquer une autre dimension qui rattache Schoenberg à son aîné. Les exemples de tonalité suspendue chez Mahler ne pouvant être interprétés comme des procédés à valeur illustrative, le langage des dernières œuvres pourrait fournir une transition avec celui de Schoenberg. On a vu cependant combien cette interprétation ne pouvait être envisagée à la suite des difficultés qu'éprouvait Mahler à admettre les nouvelles orientations, et, de plus, la vénération de Schoenberg — qui dédie son *Traité d'Harmonie* «à la mémoire sacrée de Mahler» — s'est manifestée avant qu'il ne prenne connaissance du *Chant de la Terre* et des deux dernières symphonies. Le lien, qui dépasse donc la technique compositionnelle, sera plus évident quant à la conception de la musique qu'avait Mahler telle qu'il l'a transmise à Bruno Walter: «Lorsque nous voulons exprimer avec des mots ce qui est le plus profond et le plus inexprimable — et que la musique exprime à la perfection —, nous n'obtenons au mieux que l'équivalent d'une mauvaise traduction. Inversement, la musique n'est jamais en mesure de décrire avec la même clarté que les mots ce que ceux-ci désignent exactement, de sorte qu'elle joue dans la musique à programme un rôle doublement lamentable: d'abord parce qu'elle abandonne le domaine qui lui est propre et qui est supérieur, celui des sentiments originels (qui n'ont pas d'autre langage), et ensuite parce qu'elle balbutie avec peine, sans pouvoir se faire comprendre dans un royaume qui lui est étranger (celui des événements concrets) [21].» Le pouvoir que Mahler voit en la musique, ainsi chargée d'une expressivité particulière au service

---

20. «Mahler, une musique des contradictions», dans «Vienne début d'un siècle», *Critique,* 339-340.
21. Cité par H.-L. de La Grange, *Mahler,* vol. 2, p. 261.

d'une intériorité, pourrait donc mieux pressentir la dimension métaphysique qui dominera de plus en plus la musique de Schoenberg : le projet de la monumentale symphonie auquel travaillera Schoenberg entre 1914 et 1915 reste difficilement compréhensible si l'on ne tient pas compte du contenu de la *Huitième Symphonie*.

Enfin, dans la conférence de Prague prononcée en 1912 en hommage à Mahler, Schoenberg définit le style de ce dernier comme « inimitable, pour des raisons étranges et énigmatiques. C'est peut-être parce qu'ici naquit pour la première fois un mode d'expression indissolublement lié au sujet ; parce que ce qui était auparavant une simple présentation accessible de l'extérieur devint, à la fois, et intégralement, le matériau plus la construction ». Le créateur, dit encore Schoenberg dans son « In Memoriam » (1912), est « l'esclave d'une force supérieure, sous la domination de laquelle il œuvre sans relâche » : cette image est probablement celle qui caractérise le mieux Schoenberg lui-même dans sa phase expressionniste.

Mahler reste donc à la frontière d'un expressionnisme dont il est l'annonciateur — presque au sens biblique du terme — le plus essentiel par la mise en œuvre d'une inquiétude existentielle. Berg prolongera et incarnera plus que tout autre l'esprit mahlérien dans ses *Pièces pour orchestre* op. 6, l'une des œuvres les plus complexes de cette époque, qui se sont nourries autant des *Pièces* op. 16 de Schoenberg que de la distorsion mahlérienne de la valse et de la marche.

Au-delà de ces influences filtrées, la question d'une écriture détachée du monde tonal et induite par une nouvelle expressivité ne doit pas être confondue avec une quelconque théorie d'une conception « atonale ». Le débat autour de ce terme aura d'ailleurs lieu plus tard, après 1920, alors que Schoenberg, tout comme il a récusé le terme d'« expressionnisme », réfutera également celui d'« atonal », en particulier dans une longue note qu'il ajoute à la troisième édition de son *Traité d'Harmonie*

(1922) : « [...] Je n'ai que faire de l'atonal. Ce terme ne pourrait d'ailleurs désigner que ce qui ne correspond pas à la nature même du ton. Déjà le terme tonal est improprement utilisé dès lors qu'on lui confère un sens exclusif et non de globalité. Seule valable me semble l'interprétation suivante : tout ce qui est issu d'une série sonore — que ce soit par le rapport direct à une fondamentale unique ou le réseau de croisements plus complexes — constitue la tonalité. Il devrait apparaître significatif que cette définition — la seule juste qui soit — n'ait été raisonnablement contredite par aucune autre qui corresponde au mot "atonalité". [...] Un morceau de musique devra toujours être au moins tonal dans la mesure où, d'un son à l'autre, doit exister un rapport en vertu duquel les sons enchaînés ou superposés produisent une succession sonore concevable en tant que telle. Peu importe ensuite que la tonalité ne s'y fasse peut-être pas sentir, que les rapports y soient obscurs, difficilement perceptibles, voire incompréhensibles. Mais qualifier d'atonal un quelconque rapport de sons semble aussi impensable que de devoir qualifier d'"aspectral" ou "acomplémentaire" un rapport de couleurs. On ne saurait donc invoquer ici le contraire du principe tonal » (*TH,* 498). Il est évident que pour un compositeur aussi attaché à la tradition, l'« atonalité » ne pouvait en aucun cas signifier une quelconque antithèse qui n'était invoquée qu'à des fins polémiques. Le propos se prolongera encore en 1926 dans un article intitulé « Opinion ou perspicacité [22] », bientôt suivi par celui de Berg (« Que veut dire atonal ? », 1930), de Webern (dans ses conférences intitulées *Chemin vers la nouvelle musique,* 1932-1933) ou encore de Bartók dans l'article déjà cité, qui tiendront tous le même discours justificatif en repartant de la définition schoenbergienne de la dissonance [23].

---

22. Paru dans *Jahrbuch 1926 der Universal Edition* ; publié en français sous le titre « Tonal ou atonal » dans *Le Monde musical* (décembre 1927).
23. Pour des raisons de commodité, nous emploierons le terme « atonal » dans la suite du texte.

Ce qu'a entériné Schoenberg à partir de son *Deuxième Quatuor* est précisément l'élargissement de la distance entre dissonance et consonance : bien que terminant sur un accord de *fa* dièse majeur, le quatrième mouvement constitue le premier exemple d'un morceau dont le déroulement structurel est détaché de la logique harmonique tonale. Il est vrai que le texte choisi était évocateur de «l'air d'une autre planète», celui qui mènera bientôt le compositeur à *Erwartung* : la nouvelle expression, qui sera majoritairement réalisée grâce au support d'un texte, ne parviendra à s'en émanciper qu'au travers d'une prodigieuse intuition dont témoigneront les *Pièces pour orchestre* op. 16.

CHAPITRE VI

La forme et l'expression

> L'expressionnisme est expression du spirituel au moyen de la forme.
>
> Oswald HERZOG [1].

La primauté de l'*expression* sur la *forme* est l'idée qui domine la production de Schoenberg dans les années 1909-1913 et dont l'essentiel est exposé dans l'article «La relation avec le texte» publié dans l'*Almanach du Blaue Reiter*. Rejoignant Kandinsky quand il présente l'œuvre d'art comme étant «la mère de nos sentiments» (*SA*, 51), Schoenberg met en avant à cette époque l'*intuition créatrice* en prétendant que le compositeur «n'a d'autres critères pour mesurer la valeur de son œuvre que son propre sens de l'équilibre et sa propre foi dans l'infaillibilité et la logique de ses conceptions musicales [2]»: sens de l'équilibre et logique renvoient respectivement aux idées de forme garantissant l'intelligibilité du discours et de cohérence dans la façon de concevoir ce même discours. Le fait que Stravinsky se soit prononcé de façon polémique sur l'*expression* dans ses *Chroniques*

---

1. «Expressionismus ist Ausdruck des Geistigen durch Form», *Das Abstrakte Expressionismus* (*Der Sturm*, 1919) repris dans *Theorie des Expressionismus*.
2. *Le Style et l'Idée*, 71. Les références suivantes à ce recueil seront indiquées par l'abréviation *S & I*.

consistait autant en une prise de position nettement antigermanique — son aversion pour la sacralisation de l'art wagnérien — que d'un point de vue esthétique mettant en évidence son propre mode de composition, du moins après les partitions encore tributaires de l'idée de représentation *(L'Oiseau de feu)*. Plus encore, ses remarques sur *Pierrot lunaire* démontrent la nature de la dissociation qu'il opère, entre le résultat musical et son expression : « Je ne fus nullement enthousiaste, écrit Stravinsky, de l'esthétisme de cette œuvre qui me parut un retour à la période périmée du culte de Beardsley. Par contre, la réussite instrumentale de cette partition est, à mes yeux, incontestable[3]. » La position de Schoenberg est encore plus clairement définie *a contrario*, tant il dénoncera fréquemment, dans le prolongement de son *Traité d'Harmonie,* l'illusion selon laquelle l'harmonie tonale suffisait à déterminer la forme. Le problème n'en sera que plus aigu dans un contexte détaché de la tradition des siècles précédents.

L'attitude de Schoenberg s'inscrit d'abord dans le sillage du romantisme, celui qui remettait en question les genres établis dans le but d'aboutir à une nouvelle forme d'expression (Schopenhauer sera cité à plusieurs reprises dans les écrits de cette époque). Après la *Neuvième Symphonie* ou les derniers quatuors de Beethoven, les générations suivantes, et surtout Wagner, avaient vu s'ouvrir la possibilité de modeler la forme sur l'expression, autrement dit de privilégier la seconde sur la première. La notion de genre composite a été développée en plusieurs étapes : d'une part avec l'émergence du poème symphonique de Liszt à Strauss ; d'autre part dans l'opéra wagnérien qui utilisait un fond symphonique inhabituel en concurrence avec la voix ; enfin, avec la fusion entre l'intimité du Lied et le cadre monumental de la symphonie chez Mahler, à l'opposé de l'opéra. Ce genre composite apparaît chez Schoenberg moins comme fusion que comme *compromis* [4],

---

3. *Chroniques de ma vie*, p.54.
4. Nous avons développé cette notion dans Stuckenschmidt-Poirier, *Schoenberg*.

et quoi qu'il en soit, évitant toute forme d'univocité du discours musical.

Dans la décennie qui sépare les œuvres de la première manière encore tonale et *Erwartung* (1909), la position de Schoenberg est bien celle de l'ambiguïté qui relève de l'apparente contradiction entre des extrêmes : *Verklärte Nacht* hésite entre le poème symphonique et la musique de chambre (1899), la *Symphonie de chambre* op. 9 pour quinze instruments (1906) n'appartient plus à la musique de chambre tout en n'étant pas véritablement une symphonie, et le *Deuxième Quatuor* tente de combiner la « musique pure » et le lied (1908). Les quelques œuvres citées méritent pourtant d'être approfondies quant à cette oscillation entre les tendances « représentative » – *d'après* un texte – et « absolue » dans la tradition de « musique pure » mise en avant par Hanslick. On a vu combien le débat Wagner *versus* Brahms n'a concerné Schoenberg qu'à un second plan, lui qui puise ses sources autant chez l'un que chez l'autre. Qu'il s'agisse de *Verklärte Nacht* ou de *Pelléas et Mélisande*, l'attitude de Schoenberg consiste moins à donner une métaphore plus ou moins éloignée des textes originels qu'à en offrir plusieurs lectures qui répondent aux deux catégories évoquées : tout en plaçant le poème de Dehmel en exergue à la partition, ou en faisant référence à l'une des œuvres théâtrales de Maeterlinck les plus connues de son temps, Schoenberg propose à chaque fois une construction musicale qui peut être interprétée de façon autonome et dans laquelle la forme littéraire est sérieusement gauchie.

La transition la plus subtile entre l'expression musicale pure et celle dépendante de la présence effective d'un texte est fournie par le *Deuxième Quatuor* qui décrit, parallèlement au passage du tonal à l'atonal, celui de la musique immanente à la poésie explicite [5], réalisant dans le domaine de la musique de chambre ce que Mahler avait accompli dans sa *Quatrième Symphonie*

---

5. Nous renvoyons à notre commentaire sur l'œuvre, *ibid.*, p. 663 sq.

(dont le final inclut la voix). Bien que les œuvres suivantes soient dominées par la production vocale, on se doit de s'arrêter ici sur le cas particulier des *Pièces pour orchestre* op. 16. Dans son *Journal de Berlin,* Schoenberg mentionne la demande de son éditeur qui souhaitait voir l'auteur ajouter des titres à ses cinq pièces : « Je céderai peut-être car j'ai trouvé des titres qui sont tout compte fait possibles. Dans l'ensemble, ce n'est pas une idée sympathique. Car la musique est en cela admirable qu'on peut tout dire, *de sorte que l'initié puisse tout comprendre mais en préservant ses propres secrets qu'on ne souhaite ni s'avouer, ni divulguer* [c'est nous qui soulignons]. Or le titre trahit tout. D'autre part, ce qui était à dire, la musique l'a exprimé. Alors pourquoi encore ajouter les mots? Si les mots étaient nécessaires, ils seraient déjà présents. La musique exprime plus que les mots [6]. » Pris entre l'impératif éditorial et ses options esthétiques, le compositeur donnera finalement son accord pour les titres suivants, « qui ne trahiront rien, continue Schoenberg, parce que certains seront très obscurs et que d'autres ne définiront que des indications techniques : I : Pressentiment (chacun en a) – II : Passé (chacun en a un aussi) – III : Couleurs (d'ordre technique) – IV : Péripétie (est généralement suffisant) – V : Récitatif obligé (ou mieux « l'accompli » ou « l'infini ») ». On reviendra plus loin sur le rapport entre ces pièces et *Erwartung,* le cas le plus intéressant dans ce contexte étant celui de la troisième pièce, intitulée « Farben » dans l'édition de 1922, et qui deviendra « Matin d'été sur un lac » dans la version de chambre de 1925 ! Afin de renforcer l'effet de bascule d'un titre technique à l'effet représentatif, Wellesz, bien renseigné, mentionne dans sa monographie écrite en 1921 que le compositeur a été inspiré « par les reflets de la lumière sur le Traunsee » ! Comme l'a noté Carl Dahlhaus, Schoenberg a déclaré son accord pour une esthétique qui avait été décrite dans les années vingt comme irrémédiablement démodée par défiance avec la *Neue Sachlichkeit* – la

---

6. *Journal de Berlin,* p.19.

«Nouvelle objectivité» – dont l'hostilité au romantisme l'offensait. Quoi qu'il en soit, ce curieux exemple de musique à tendance «programmatique» – avoué rétrospectivement et ne relevant que de la suggestion –, reste caractéristique de cette ambivalence de lectures entretenue par Schoenberg, bientôt démultipliée dans *Pierrot lunaire* qui constituera le sommet de ce type de compromis singulier. En d'autres termes, le passage de la fonction représentative de la musique à une dimension moins abstraite que spirituelle constitue l'un des facteurs, sinon le principal, de la distanciation de Schoenberg avec le romantisme au profit d'un expressionnisme personnalisé: contenu *musical* et contenu *spirituel* seront désormais parallèles dans sa production à partir des années vingt, jusqu'à la mise en œuvre explicite de la dualité entre l'*image* et le *concept* dans *Moïse et Aaron*.

Dans ce contexte, les *Gurre-Lieder* constituent l'une des tentatives les plus réussies, et surtout la plus acceptée par le public viennois car elle s'exprimait dans une syntaxe et un vocabulaire familiers, du moins en apparence: située entre l'opéra et le lied, avec les références wagnériennes, la partition débouche sur le *Sprechgesang* du mélodrame final qui semble annoncer les compromis futurs de *Pierrot lunaire* alors que, achevée en 1911, elle en est contemporaine. Quant à l'évolution des moyens d'expression, les *Gurre-Lieder* traversent les dix années les plus fondamentales de l'œuvre de Schoenberg et caractérisent cette trajectoire en tant qu'«exaspération d'un atonalisme essentiel qui s'ignore encore» (Michel Guiomar).

Enfin, et comme on l'a dit plus haut, le choix des auteurs (Marie Pappenheim pour *Erwartung*, Albert Giraud pour *Pierrot lunaire*) correspond précisément à cette volonté de conférer à la musique le rôle principal de l'expression. Si l'on a souvent remarqué, très justement, le manque de qualités littéraires des livrets, on peut tout autant retenir le fait que Schoenberg ait précisément souhaité éviter un texte trop «littéraire». Ce n'est donc pas un hasard si ces deux auteurs sont retenus pour deux des œuvres les plus emblématiques de la période expressionniste, alors que le compositeur sera peu après lui-même l'auteur du texte dans *Die glückliche Hand* (*La Main heureuse*).

Le principal objet de ce chapitre est précisément de montrer comment Schoenberg évolue d'un « premier expressionnisme », dominé par l'« intuition créatrice » en renouvelant pas à pas les critères de perception, à un « second expressionnisme » caractérisé par une forme de plus en plus symbolique, au service de l'expression de sa foi. Si l'expressionnisme musical peut être défini par une surenchère subjective, les distorsions qui en résulteront dans le langage, dans la thématique ou dans la forme, marqueront de façon indélébile une nouvelle approche de la composition, riche de conséquences sur le XXe siècle musical. S'agissant ici de tenter l'identification des conditions d'une *écriture expressionniste*, nous passerons d'abord en revue quelques-uns des critères les plus évidents avant d'en retracer le parcours et l'évolution au travers des œuvres les plus fondamentales.

I. Les moyens d'une nouvelle expressivité :
les degrés de distanciation

En privilégiant les lois de l'intuition, Schoenberg est amené à prendre position vis-à-vis de toutes les formes d'émancipation, y compris celle de la figure en peinture comme il s'en ouvre à Kandinsky : « Je ne crois pas non plus que la peinture doive absolument être figurative. Je pense même exactement le contraire. Si, malgré cela, notre imagination nous suggère des objets alors je ne m'y oppose pas. Cela peut bien venir du fait que les yeux ne s'attachent qu'à ce qui est concret. C'est là que l'oreille est supérieure ! Mais si l'artiste parvient à n'exprimer, au moyen des rythmes et des valeurs sonores, que des processus intérieurs, des images intérieures, alors "l'objet de la peinture" cesse d'être la simple reproduction de ce que les yeux perçoivent » (24 janvier 1911). Lorsqu'il écrit ces lignes, Schoenberg est parfaitement conscient des conséquences de l'émancipation de la dissonance qui ne peut à elle seule résumer les avancées successives de son écriture depuis le *Deuxième Quatuor* et les *Lieder* op. 15 sur les «Jardins suspendus» de George. En fait, c'est depuis la *Symphonie de chambre* op. 9 qu'il a progressé pas à pas, croyant à chaque fois avoir trouvé sa nouvelle voie : « Lorsque j'eus achevé cette *Symphonie de chambre*, ce ne fut pas seulement l'espoir du succès qui me rendit heureux, mais quelque chose d'autre et de grandement plus important : la conviction que j'avais trouvé mon propre style de compositeur. Désormais se trouvaient résolus tous les problèmes qui m'avaient tourmenté comme compositeur débutant [...] Je pensais avoir trouvé des moyens nouveaux de construire et de développer des thèmes, des mélodies, moyens intelligibles, caractéristiques, originaux et qui ne devaient rien à l'enrichissement de l'harmonie hérité de Richard Wagner. C'était un rêve merveilleux. Ce fut une désillusion amère » (*S & I*, 36).

Schoenberg est ainsi parvenu par étapes successives à accumuler les distances successives en déplaçant à chaque fois un paramètre dans la composition, ce que nous nous proposons d'examiner ci-dessous selon un parcours chronologique décrivant le passage de l'atonal à l'athématisme jusqu'à la forme aphoristique (voir tableau page suivante).

Parallèlement aux conséquences de l'exploration du langage que Schoenberg découvre et enrichit d'une œuvre à l'autre, dans une sorte de «chronologie de l'éloignement», la forme évoluera proportionnellement à la réduction du matériau motivique. La nouvelle conception de la forme concentrant les quatre mouvements traditionnels de la symphonie en un seul bloc dans la *Symphonie de chambre,* aboutissait déjà à une concentration du discours réduisant l'œuvre à une durée d'une vingtaine de minutes. De la conjonction d'un tel «plissement» du temps et

1908	mars-avril juillet-août septembre	*Lieder* op. 15 (n° 1-8) [achèvement du *Quatuor* *à cordes n°2* op. 10] *Lieder* op. 15 (n° 9-13)	ATONAL
1909	février mai-juillet	*Lieder* op. 15 (n° 14-15) *3 Pièces pour piano* op. 11 (n° 1-2) *5 Pièces pour orchestre* op. 16 (n° 1-4)	
	août août-sept.	*3 Pièces pour piano* op. 11 (n° 3) *5 Pièces pour orchestre* op. 16 (n° 5) *Erwartung*	ATHÉMA- TISME
1910	février juillet septembre	*3 Pièces « 1910 »* [début de l'orchestration des *Gurre-Lieder*] [début de la composition de *Die glückliche Hand*]	FORME APHORIS- TIQUE
1911	février juin novembre décembre	*6 Petites Pièces pour piano* op. 19 (n° 1-5) *6 Petites Pièces pour piano* op. 19 (n° 6) [fin de l'orchestration des *Gurre-Lieder*] *Herzgewächse* op. 20	
1912	mars à juillet	*Pierrot lunaire* op. 21	

d'une écriture limitée à quinze instruments solistes résultait une polyphonie d'une densité qui a étonné, voire effrayé, à juste titre les premiers auditeurs. Si les principes formels hiérarchisés — les formes instrumentales dites « classiques » — apparaissaient encore dans les deux premiers mouvements du *Deuxième Quatuor*, elles n'en étaient pas moins contredites dans les suivants, soit par la superposition non synchrone d'une forme poétique et d'une forme à variation dans le troisième, soit par le poème qui imposait son propre déroulement dans le final. À partir des *Pièces* op. 11 pour piano et op. 16 pour orchestre se précisera cette attitude, typiquement expressionniste, évoluant vers la concentration, que l'on a qualifiée d'« aphoristique » — le « roman dans un soupir » dont Schoenberg parlait dans la préface aux *Bagatelles* de Webern — et qui mènera les Viennois à une crise qu'ils n'endigueront que par le recours à un texte dans les nombreux Lieder qui suivront.

Autre conséquence de ces avancées qui semblent complexifier progressivement le discours musical au fur et à mesure que les différentes formes d'émancipation se surajoutent les unes aux autres : la simplification de la polyphonie. S'agit-il d'un paradoxe alors que ces compositeurs se réclament d'une tradition contrapuntique qu'ils ont largement contribué à enrichir ? Si les premières œuvres atonales de Schoenberg sont moins polyphoniques que les dernières œuvres tonales, comme le dit Dahlhaus, c'est que le théoricien était surtout préoccupé de trouver une justification harmonique à des dissonances émancipées plutôt que d'en chercher une justification contrapuntique. Des *Pièces* pour piano à celles pour orchestre, en passant par les *Lieder* op. 15, on peut en effet constater que l'écriture tend davantage à se limiter à une ligne mélodique harmonisée plutôt qu'à un contrepoint savant.

La notion d'émancipation concerne également le timbre qui sera autant une préoccupation dans les partitions pour grand effectif que dans *Pierrot lunaire* qui ne requiert pourtant que six instrumentistes. Cette recherche de la *couleur* se manifeste d'abord au travers de la conception héritée de Mahler consistant à traiter l'orchestration sous l'angle de la musique de chambre en évitant les doublures que Strauss pratiquait largement de son côté. Devenue une constante dans les Pièces pour orchestre de Schoenberg, Berg et Webern, le résultat est susceptible de surprendre par la disproportion entre un orchestre de quatre-vingts à cent musiciens disposés sur la scène et la rareté, voire l'absence, des *tutti*, ces derniers étant réservés à l'expression d'un *cri* dont l'efficacité du fortissimo contraste avec la dispersion de l'écriture ambiante. L'éventail des possibilités, d'autant plus vaste que les combinaisons sont très importantes, ne peut être mieux illustré que par l'orchestre d'*Erwartung* qui atteint des sommets insurpassables en ce domaine, la partition fournissant en effet nombre d'exemples de passages confiés à trois ou quatre parties solistes superposées. Si les quelques *tutti* qui interviennent dans la partition soulignent parfois les moments les plus dramatiques — comme le cri de la femme au moment de la découverte du corps —, ils peuvent également prendre une valeur différente quant ils adoptent la forme d'un ostinato dont l'effet obsédant accentue considérablement le caractère du passage : « Un ostinato qui accélère et en même temps augmente en volume, comme le souligne Charles Rosen, est capable de produire une tension quasi insoutenable [7]. »

Il convient cependant autant de distinguer les différents types d'ostinatos mis en œuvre dans les compositions de cette époque que d'en constater l'antériorité. Depuis celui qui ouvre les *Gurre-Lieder* procédant par accumulations de couches présentées successivement, dans l'esprit du prélude de *L'Or du Rhin*, à celui qui soutient la fin du « Lied der Waldtaube », l'ostinato est un procédé depuis longtemps familier à Schoenberg bien avant qu'il ne l'exploite dans la période qui nous occupe. Dans ces deux cas précis, cette remarque restant valable pour la production ultérieure, la nature de l'*ostinato*, qui est évidemment d'essence harmonique, constitue surtout une façon originale d'imaginer des motifs à partir d'un accord. Dans un écrit tardif formant le pendant au *Traité d'Harmonie,* Schoenberg a précisé cette corrélation entre harmonie et motif : « Cela m'est apparu avant même l'introduction de la série, quand je composais *Pierrot lunaire, Die glückliche Hand* et d'autres œuvres de cette période. Les sons de l'accompagnement se présentaient souvent à mon esprit *comme des accords brisés, successifs plutôt que simultanés*, en une sorte de mélodie [8]. » On sera ainsi amené à souligner, avec Carl Dahlhaus, que dans ce contexte « le problème de l'émancipation de la dissonance — sa dimension harmonique et ses conséquences — n'est pas résolu, mais qu'il apparaît d'une façon différente ».

---

7. *Schoenberg*, p. 52.
8. *Structural Functions of Harmony* (1954), p. 194. C'est nous qui soulignons.

La forme et l'expression 165

Les principales fonctions d'un ostinato que l'on peut identifier concernent essentiellement trois approches, de la plus traditionnelle à la plus étonnante :

— la permanence harmonique et rythmique, sous la forme d'une pédale statique, au début de la deuxième pièce pour piano de l'*op. 11* :

— la progression répondant à l'accord brisé dont parlait Schoenberg, comme celle qui marque la coda procédant par étagements successifs de la première des *Pièces pour orchestre* op. 16 :

— la suspension dont l'exemple le plus remarquable apparaît au centre de la cinquième des *Pièces pour orchestre* op. 6 de Webern, et dont les conséquences sur la conception du temps musical sont les plus riches : une parenthèse de musique « en apesanteur » entre des phases de nature différente :

C'est Berg qui fera preuve de l'imagination la plus développée en la matière, en combinant par exemple les fonctions de permanence et de suspension au début de ses *Altenberg-Lieder* op. 4 sur lesquels on reviendra plus loin (chap. VII). Quant à l'effet signalé par Rosen d'un crescendo évoluant jusqu'au seuil limite de la dynamique, on rappellera les deux exemples déjà cités en tant qu'archétypes du cri expressionniste, avec celui qui, placé au sommet d'un long crescendo savamment dosé, clôt la « Marche funèbre » des extraordinaires *Pièces pour orchestre* op. 6 de Webern et que Berg reprendra à son compte au troisième acte de *Wozzeck* dans ce qu'on a appelé « l'onde hurlante » sur le *si*, écho cette fois-ci concentré à l'extrême de la mort de Marie.

La « petite forme »

Que ce soit par le biais ou non d'un ostinato, la manifestation d'un cri renvoie, par son extrême concentration et l'intensité qui en résulte, en particulier à la forme « aphoristique », dans laquelle on assiste à l'accumulation de caractéristiques typiquement expressionnistes, à la suite de l'engagement dans la voie de l'atonalité :

> « C'est vers 1908, écrit Schoenberg, que j'ai écrit mes premières œuvres dans ce nouveau style et mes élèves Anton von Webern et Alban Berg me suivirent de peu. Dès le début, nos compositions s'avérèrent différentes de tout ce qui avait été écrit auparavant, non seulement dans l'harmonie mais aussi dans la mélodie, le travail thématique et le traitement des motifs. Mais les caractères les plus marquants de ces œuvres nouveau-nées furent leur très grand *pouvoir expressif* et leur *extrême brièveté*. À l'époque, ni mes élèves ni moi-même n'en comprenions la raison. Je découvris plus tard que notre instinct de la forme ne nous avait pas trompés en nous obligeant à compenser l'extrême intensité du contenu émotif par une très grande concision. Ainsi avions-nous tiré inconsciemment les conséquences d'une nouveauté qui, comme toute autre nouveauté, détruisait quelque chose en même temps qu'elle produisait quelque chose. Une nouvelle harmonie riche en couleurs était apparue ; mais il y avait eu de grosses pertes » (*S & I,* 164).

Aux « grosses pertes » dont parle Schoenberg correspond une crise qui se manifeste très tôt, avec les *Trois Pièces « 1910 »* pour douze instruments solo dont la dernière est inachevée, précisément sur un ostinato qui n'aboutit pas. Après l'extraordinaire flambée de 1909, où Schoenberg compose comme dans un état second les *Pièces pour orchestre* et *Erwartung,* il semble prendre progressivement conscience du risque d'impasse, voire d'asphyxie dans lequel il s'est engagé. En remarquant que ses élèves l'ont suivi de peu dans cette voie, Schoenberg ne cache pas son agacement, multipliant à cette époque ses reproches alors que Berg et Webern lui font part de leurs «courtes» dernières compositions sur un ton d'excuse. On peut aisément lire dans les lettres très révérencieuses, pour ne pas dire plus, que Berg adresse à son maître la nature des critiques de ce dernier, critiques à la fois compréhensibles dans ce contexte et profondément insupportables par leur injustice flagrante :

> «Depuis quatre ans, mon secret mais non moins fervent désir a été de vous dédier quelque chose. Les œuvres que j'ai composées sous votre supervision, cher Monsieur Schoenberg, la *Sonate,* les *Lieder* et le *Quatuor* [op. 1 à 3], étaient exclus de cette intention parce que je les ai reçues directement de vous. Malheureusement, mon souhait d'écrire quelque chose de véritablement autonome qui serait toutefois d'une autre envergure que ces premières œuvres, et ainsi de pouvoir vous dédier quelque chose qui ne provoque pas votre colère, me retient depuis plusieurs années » (8 septembre 1914).

Le projet dont parle Berg n'est autre que la composition des *Pièces pour orchestre* op. 6 (1914-1915) répondant alors aux critiques de Schoenberg «au sujet de l'insignifiance et de l'absence totale de qualités» *(sic)* des «courts» *Lieder* op. 4 avec orchestre sur les «cartes postales» d'Altenberg (1912) et des «courtes» *Pièces pour clarinette et piano* op. 5 (1913): «Les *Trois Pièces pour orchestre,* écrit Berg à son maître, cherchent réellement à répondre à un effort de composer des pièces de caractère dans le sens de ce que vous désirez, d'une longueur normale, riches en complexité thématique, sans chercher à tout prix la «nouveauté», et donner dans cette œuvre le meilleur de moi-même» (novembre 1915). La «longueur normale» des trois pièces évoquée dans cette lettre n'excède cependant pas vingt

La forme et l'expression 169

minutes au total, les deux premières avoisinant chacune les cinq minutes.
Quant aux miniatures de Webern, qui écrit les *Bagatelles* op. 9 pour quatuor à cordes, les *Pièces pour orchestre* op. 10 et celles pour violoncelle et piano op. 11 entre 1911 et 1914, elles semblent également avoir marqué Schoenberg, plus que celui-ci ne l'aurait souhaité. Selon Alma Mahler, et avec les réserves qu'impose sa façon de rapporter les faits, « Webern produisait peu mais de façon originale. Il devint de plus en plus radical, et Schoenberg nous a confié à Werfel et à moi combien il souffrait de la dangereuse influence de Webern, et qu'il dépensait une grande énergie pour s'en extraire » (mars 1915)[9].

Le musicologue Hans Moldenhauer a justement noté que les commentaires de Webern au sujet du *Deuxième Quatuor* ou des *Lieder* op. 15, dans sa contribution à l'ouvrage consacré à Schoenberg et paru en 1912, auraient pu servir en tant que commentaires pour ses propres compositions de la même période : « Dans la troisième pièce [op. 11 pour piano], aucun motif n'est plus développé, tout au plus une brève succession de sons est-elle répétée immédiatement. Une fois qu'il a été exposé, le thème a exprimé tout ce qu'il avait à dire ; il faut alors que surgisse une chose nouvelle [10]. » Si cette dernière remarque évoque irrésistiblement le propre commentaire de Webern dans ses conférences au sujet de ses *Bagatelles* – « J'ai eu le sentiment qu'une fois que les douze sons furent apparus, le morceau était fini » –, la genèse des *Pièces pour orchestre* op. 10, écrites entre 1911 et 1913, révèle en effet cette orientation de plus en plus forte pour l'extrême concision comme en témoigne une lettre à Schoenberg du 6 juillet 1911 : « J'ai déjà écrit deux pièces pour orchestre. Elles sont très brèves. Rien de long ne me vient à l'esprit. Il y aura un nombre de pièces courtes que j'appellerai *Pièces de chambre pour orchestre,* dans le sens qu'elles ne

---
9. Cité par Hans Moldenhauer, *Anton von Webern,* p. 660.
10. Une traduction en français existe dans *L'Année 1913,* vol. 3, p. 245.

devront pas être jouées dans une grande salle. » De même, lorsqu'il compose les *Petites Pièces pour violoncelle et piano* op. 11, il avoue « tenter à nouveau une approche de mouvements plus longs » (26 mai 1914)... qui feront respectivement 9, 13 et 10 mesures !

Contrairement à l'idée trop simple et habituellement répandue que Berg et Webern étaient prédisposés à recevoir l'enseignement de Schoenberg – ce qui n'est évidemment pas niable –, il est plus intéressant d'y voir deux personnalités affirmées qui sauront non seulement assimiler le savoir transmis, mais surtout explorer des voies que Schoenberg lui-même n'avait pas soupçonnées. Les relations, parfois difficiles comme on l'a vu, qu'entretient Schoenberg avec ses élèves, relèvent moins d'un rapport professeur / élève que du conflit intérieur d'un professeur dépassé par ses élèves. Ses réactions vis-à-vis des petites formes reflètent ses difficultés à maîtriser les conséquences imprévues de ce qu'il a lui-même initié. De même, à la toute fin de sa vie, Schoenberg rédigera une curieuse diatribe contre Webern, lui contestant la paternité de la *Klangfarbenmelodie* (1951), reconnaissant que son élève « s'empressait de tirer immédiatement parti de tout ce qu' [il] pouvait écrire, dire ou projeter ». Par la distribution d'une ligne mélodique en fragments attribués chacun à un instrument, la *Klangfarbenmelodie* (mélodie de timbres) participe activement à l'idée de petite forme en privilégiant de courts motifs qui prennent d'autant plus leur valeur non pas « dans une pièce longue "raccourcie", mais dans un concentré d'expression et de phrases musicales ». La mélodie de timbres partagée entre quatre instruments qui ouvre les *Pièces pour orchestre* op. 6 de Webern (été 1909) est proportionnée à la durée de la pièce entière (environ une minute) :

La forme et l'expression

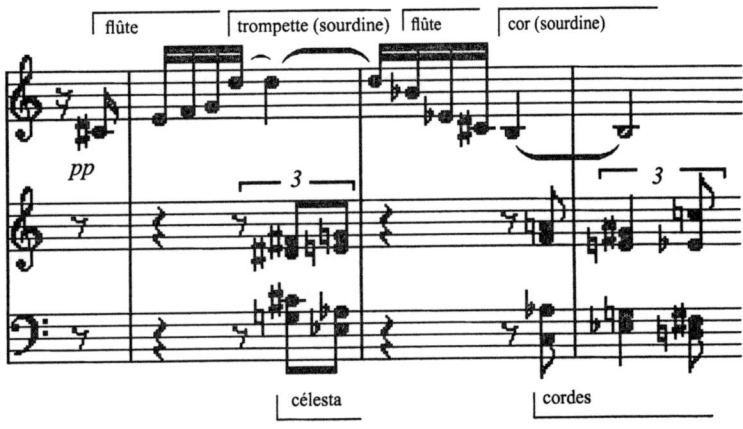

Les *Trois Pièces « 1910 »* – qui n'ont été révélées qu'après la mort de Schoenberg – et les *Six Petites Pièces* op. 19 pour piano constituent les cas extrêmes de concision dans l'œuvre de Schoenberg. Ces deux brèves expériences instrumentales, ou si l'on veut ces tentatives de « musique pure », seront les dernières du genre avant les *Pièces pour piano* op. 23 et la *Suite* op. 25 qu'il n'achèvera qu'en 1923, c'est-à-dire au moment de la mise au point de la « Méthode de composition avec douze sons ». Les essais inaboutis et surtout de nombreux arrangements constitueront les seules incursions de Schoenberg dans le domaine instrumental pendant cette période [11].

Mis à part ces deux partitions, Schoenberg ne compose que très lentement, voire laborieusement : aux quelques semaines qui voient naître les *Pièces* op. 16 et *Erwartung* correspondent les trois années de longue gestation pour terminer *Die glückliche Hand* (La Main heureuse). Trois années de réflexion surtout marquées par des événements essentiels qui vont le conduire à

---

11. Voir le catalogue détaillé que nous avons dressé, Stuckenschmidt-Poirier, *Schoenberg*.

adopter progressivement une autre attitude : la décision d'achever les *Gurre-Lieder,* l'écriture parallèle du *Traité d'Harmonie* et la rencontre et l'échange avec Kandinsky. On a suffisamment commenté ces trois points pour qu'on revienne sur le sens qu'il faut leur accorder. Il s'agit néanmoins d'une raison de plus d'insister sur l'importance des *Gurre-Lieder* que nous avons déjà abondamment cités et en lesquels il voyait « la clé de tout son développement » (19 août 1912). Si Schoenberg a appris de Wagner l'art de la transition, il pratique, comme son aîné, la démonstration par la musique même : les *Gurre-Lieder* sont aux années de 1901-1911 de Schoenberg ce que représentait la composition « à rebours » de *L'Anneau du Nibelung* pour Wagner.

Forme et écriture, tonal et atonal, thématisme et athématisme : l'ensemble des questions que Schoenberg prend en charge, et qui seront constamment d'actualité au cours du xxe siècle, est considérable. Si cependant l'expressionnisme concerne moins directement le langage lui-même que la surcharge expressive qui est greffée, Schoenberg considère parallèlement ces différentes dimensions de la composition. Bien que la série dodécaphonique soit souvent présentée comme l'une des innovations essentielles de Schoenberg, les problèmes compositionnels posés pendant cette période sont d'une tout autre importance. Reste cependant un aspect capital qui n'est pas le moindre des facteurs contribuant à l'évolution de la pensée de Schoenberg : la vocalité qui domine les œuvres du *Deuxième Quatuor* à *L'Échelle de Jacob,* en passant par les deux ouvrages scéniques (*Erwartung* et *La Main heureuse*) et *Pierrot lunaire*. Principaux acteurs dans cette quête d'une nouvelle expressivité, l'écriture et le traitement vocal constitueront également le moyen le plus efficace pour parvenir à l'expression spirituelle de l'homme.

En prolongeant la remarque de Webern qui pensait que les Lieder de Schoenberg consistaient en quelque sorte en des « études préparant les révolutions des œuvres plus importantes »,

La forme et l'expression 173

on peut suivre pas à pas l'évolution de la vocalité avec l'émergence des premières traces de *parlando* alternant, dans le final du *Deuxième Quatuor*, avec le chant le plus affirmé. L'oscillation entre les passages en récitatif *parlando* et les passages plus lyriques dans *Erwartung* gagnera encore en intensité au travers de l'indépendance totale de la ligne vocale par rapport au discours orchestral – totalement détaché de l'idée d'accompagnement – qui sera lui aussi gagné par les fréquents changements de texture.

C'est précisément dans cette longue période de gestation de *Die glückliche Hand* que Schoenberg, passé par l'expérience des *Gurre-Lieder,* réintégrera progressivement des paramètres visant à assurer l'intelligibilité : la forme, l'écriture, et la thématique. Qu'il s'agisse de *Pierrot lunaire* ou de *Die glückliche Hand,* la préoccupation formelle réapparaît sous l'aspect de regroupements traduisant une organisation architectonique dans le premier – trois fois sept poèmes –, plus symétrique encore dans la seconde – deux tableaux centraux encadrés par un prologue et un épilogue confiés au chœur ; de même, l'écriture polyphonique reprendra peu à peu le dessus grâce à des procédés comportant une part d'écriture « obligée », voire rigoureuse avec le fugato qui ouvre le troisième tableau dans *Die glückliche Hand* ou le canon et autres formes savantes dans *Pierrot lunaire.* Enfin, le critère thématique sera reconsidéré, non seulement dans les passages mentionnés, mais en terme de motifs toutefois plus nettement identifiables que dans *Erwartung*. Alors qu'au sujet de l'apparent diatonisme des *Maîtres chanteurs,* Dahlhaus parle d'une « reconstruction » plutôt que d'une « restauration » cette réintégration est de même nature chez Schoenberg qui prendra appui sur cette attitude pour donner bientôt un autre sens à son écriture. C'est dans cet esprit que le compositeur s'oriente vers une seconde phase expressionniste.

Le sens du texte

« Les compositeurs qui succédèrent à Wagner se virent rapidement contraints de structurer leurs formes d'une façon différente de celle dont on avait eu jusqu'alors l'habitude. C'est ici le moment de relever que le recours au "texte" dans les opéras, les mélodies, les poèmes symphoniques, n'est autre qu'une tentative de restaurer une cohérence compromise entre des éléments musicaux hétérogènes » (*S & I,* 200). Constatant l'impossibilité de parvenir à de grandes formes dans le nouveau contexte de l'émancipation de la dissonance, Schoenberg aborde la question de la nécessaire diversification de l'écriture : « Je découvris un peu plus tard comment on pouvait construire des œuvres plus développées adaptées à un texte ou à un poème. Il fallait traduire les différences de longueur et de forme des multiples parties, les contrastes de caractère et d'ambiance, par des changements de longueur et de forme, de nuances dynamiques et de tempo, de figuration et d'accentuation, d'instrumentation et d'orchestration. Dès lors, les diverses parties de l'œuvre musicale se différencièrent aussi clairement qu'elles l'avaient été auparavant par les fonctions tonales et constructives de l'harmonie » (*S & I,* 165).

Cette recherche d'équivalence renvoie directement au problème esthétique de l'équilibre, ou plutôt de la prééminence d'un facteur sur l'autre, entre texte et musique, en particulier dans le domaine de l'opéra. Si Wagner donnait, selon Schoenberg, le rôle principal au texte pour concevoir la musique comme commentaire de son livret, il en résulte que « la musique a écrasé le texte au-delà de ce qu'aurait pu souhaiter n'importe quel musicien, si grande que fût sa foi. La poésie de Wagner n'a jamais mérité qu'on en parle, tandis que sa musique a ouvert une voie immense dans la direction qu'il avait imaginée » (*S & I,* 87). S'il convient de relativiser cette opinion, notamment en affinant la distinction entre poésie et « drame », il est de fait que la subordination du poème à la musique ou de la musique au poème reste secondaire si l'on passe à côté de l'essentiel « qui est que l'un et l'autre sont des fonctions du drame » (Dahlhaus).

Lorsque Strauss déclare : « Du moment que la musique est dans une œuvre, je veux qu'elle soit maîtresse, je ne veux pas qu'elle soit subordonnée à autre chose [12] », il semble renverser la proposition alors que la question restera posée jusqu'à constituer le sujet de son dernier opéra *Capriccio*. Quant à Mahler, on a vu qu'il n'exprime jamais dans son art « que ce que les mots sont incapables de communiquer [13] ». La qualité initiale du texte est évidemment fonction de ce que le compositeur désirera réaliser : quand Strauss dit ne pas comprendre le *Pelléas* de Debussy « parce ce que ce n'est pas plus que le drame de Maeterlinck, tout seul, sans musique », il renforce l'idée d'une suprématie de la musique sur le « livret » auquel il refuse le statut d'œuvre littéraire autonome... même quand il aura la chance de travailler avec un Hofmannsthal.

L'article que Schoenberg livre pour l'*Almanach du Blaue Reiter* (« La relation [de la musique] avec le texte » – permet de situer sa position dans ce débat, en faveur d'une émancipation de la musique vis-à-vis du texte. Le passage le plus étonnant concerne sa propre expérience : « Sous l'inspiration des premiers mots d'un texte, j'avais composé nombre de Lieder en allant et en poursuivant jusqu'au bout, sans me préoccuper le moins du monde de la façon dont le poème continuait, sans même m'en inspirer au cœur de mon extase. C'est seulement plus tard que je songeai à voir ce qu'il advenait effectivement de mon texte. À ma grande stupéfaction, je constatai alors que je n'avais jamais autant rendu justice au poète que, lorsque guidé par mon premier contact avec la sonorité du premier vers, j'avais deviné tout ce qui devait inévitablement suivre. »

En supposant que l'on accepte de laisser de côté l'aspect peu vraisemblable de cette affirmation, on voit comment Schoenberg

---

12. *Cahiers Romain Rolland*, n°3, p. 160.
13. Bruno Walter cité par H.-L. de La Grange, *Mahler*, vol. 2, p. 261.

saisit ce prétexte pour mettre en avant le pouvoir d'expression *immanent* à la musique, tout en appelant Kraus, Kandinsky ou Kokoschka à témoigner en faveur de l'essence intérieure de l'art : « Dans la musique inspirée par des vers, la fidélité au texte n'a pas plus de rapport avec la valeur de l'œuvre que la ressemblance avec le modèle n'en a dans la valeur du portrait. » Revenant plus tard sur ses *Lieder* op. 15 d'après les « Jardins suspendus » de George, Schoenberg en relate la composition comme suit : « Je me sentis poussé à mettre en musique certains de ses poèmes et, à ma grande surprise, sans que j'y misse rien du mien, mes Lieder se révélèrent d'un style complètement différent de tout ce que j'avais pu écrire auparavant » (*S & I,* 36).

Quelque vingt ans plus tard, alors qu'il est plongé dans *Moïse et Aaron,* Schoenberg décrit à Berg, qui compose parallèlement *Lulu,* l'état d'avancement de son opéra : « Curieusement, je travaille exactement de la même manière : le texte n'est définitivement achevé que lors de la composition, parfois même après. Cela marche extraordinairement bien. Évidemment, et tu as sûrement dû faire de même, ce n'est possible que si l'on en a auparavant une idée précise » (8 août 1931). C'est au nom de cette même distance, ou de cette manifestation de l'intuition si l'on préfère, que Schorske a analysé le recueil des *Lieder* op. 15 sous l'angle d'une « atmosphère unique » dans laquelle baigne l'ensemble des Lieder : le climat musical du premier Lied est annonciateur de ce que les poèmes ne révéleront que plus tard. Grâce à l'idée précise — le fil conducteur —, que le compositeur a de l'œuvre, la relation de Schoenberg au texte est ainsi renversée par le fait que le choix d'un support est non seulement la manifestation d'un choix littéraire ou poétique que la musique illustrerait, mais plus encore la confirmation d'une orientation esthétique et musicale dans laquelle le texte s'inscrit en tant que légitimation de l'acte créateur : que ce soit « l'air d'une autre planète » du *Deuxième Quatuor* ou les « limites de l'univers » du Lied d'après Altenberg op. 4 n° 3 de Berg sur lequel nous reviendrons plus loin (chap. VII), il s'agit de l'utilisation d'un texte à des fins de justification de l'attitude compositionnelle – l'au-delà de l'«univers» tonal –, le texte devenant à son tour le médium d'une volonté, voire d'une «nécessité» créatrice.

Autant dans les poèmes luxuriants et précieux de George pour les Lieder que dans les textes écrits par le compositeur lui-même, les différences de temps entre les conduites vocale et instrumentale participeront efficacement à l'indépendance des parties. De même, c'est par la distance entre le scénario et le texte dans *Erwartung* que Schoenberg travaille sur un canevas général plutôt que de se référer au sens du mot à mot – les codes que Boucourechliev qualifie justement de «sémantique musicale élémentaire» – tout en renouvelant son attachement à l'inconscient dont il parle abondamment dans sa correspondance avec Kandinsky. C'est aussi cet «idéal d'expression et de forme» dont Schoenberg parlait dans le programme accompagnant la création des *Lieder* op. 15, ajoutant que, «définitivement engagé dans cette voie, il était conscient d'avoir enfoncé toutes les barrières esthétiques du passé». Malgré les réticences d'une partie du public, le message a été compris à tel point que c'est à la suite de ce concert, en janvier 1910, que Kandinsky écrira sa première lettre à Schoenberg.

Vers la forme symbolique : Herzgewächse *ou le modèle*

Si les œuvres de cette période sont en général connues, le cas du Lied rarement donné *Herzgewächse* op. 20 est particulièrement intéressant. Reproduite en 1912 dans l'*Almanach du Blaue Reiter,* cette courte mélodie, écrite pour un ensemble inhabituel composé de harpe, célesta et harmonium, et réclamant une soprano colorature, est exactement contemporaine de l'article destiné à la même publication. La musicologue américaine Bonny Hough a démontré à quel point *Herzgewächse* avait été spécifiquement conçu par Schoenberg pour illustrer ses idées dans le cadre d'un document unique par son regroupement artistique [14].

Le poème, «Feuillage du cœur», est emprunté aux *Serres chaudes* de Maeterlinck, recueil que Kandinsky avait précisément cité dans *Du Spirituel dans l'art* en ces termes : «Le mot est une *résonance intérieure* [...] L'emploi habile (selon l'intuition du poète) d'un mot, la répétition intérieurement nécessaire d'un mot, deux fois, trois fois, plusieurs fois rapprochées, peuvent aboutir non seulement à une amplification de la résonance intérieure, mais aussi à faire apparaître certaines capacités spirituelles insoupçonnées de ce mot. Enfin, par la répétition fréquente (jeu auquel se livre la jeunesse et que l'on oublie plus tard) un mot perd le sens extérieur de sa désignation. De même se perd parfois le sens devenu abstrait de l'objet et seul subsiste, dénudé, le *son* du mot [...]. Sous une forme embryonnaire, cette puissance du mot a déjà été employée par exemple dans les *Serres chaudes*. Et le *mot*, qui a ainsi deux sens – le premier, direct et le second, intérieur –, est le matériau pur de la poésie et de la littérature, le matériau dont seul cet art peut user et par lequel il parle à l'âme» (*SA*, 82).

Ce commentaire sur Maeterlinck, qui sera à nouveau cité à la fin de l'ouvrage comme «l'un des premiers pionniers, l'un des premiers utilisateurs de la composition spirituelle dans l'art d'aujourd'hui dont procédera l'art de demain» (*SA*, 203), n'a probablement pas échappé à Schoenberg qui s'en souvient au moment de répondre à la demande de Kandinsky d'envoyer une composition pour l'*Almanach*. Le poème de quatre quatrains est articulé en deux parties égales auxquelles correspondront les deux parties de la forme musicale :

---

14. «Schoenberg's *Herzgewächse* and the *Blaue Reiter Almanac*» dans *Journal of the Schoenberg Institute*, vol. VII/2, nov. 1983.

La forme et l'expression

MAETERLINCK, *Feuillage du cœur*	
1ʳᵉ partie (vers 1-8)	2ᵉ partie (vers 9-16)
Sous la cloche de cristal bleu De mes lasses mélancolies, Mes vagues douleurs abolies S'immobilisent peu à peu :	Seul, un lys érige d'entre eux, Pâle et rigidement débile, Son ascension immobile Sur les feuillages douloureux
Végétations de symboles, Nénuphars mornes des plaisirs Palmes lentes de mes désirs, Mousses froides, lianes molles.	Et dans les lueurs qu'il épanche Comme une lune, peu à peu, Élève vers le cristal bleu Sa mystique prière blanche.

SCHOENBERG, *Herzgewäsche* op. 20	
1ʳᵉ partie Mesures 1-15 (vers 1-10)	2ᵉ partie Mesures 16-30 (vers 11-16)
• poème : description • mesure à 3/4 mais la métrique n'est pas clairement ressentie • écriture syllabique • style récitatif	• poème : action • nombreux changements de métrique mais clairement ressentie • écriture syllabique avec enrichissements mélismatiques • arioso

    La forme musicale, symboliquement symétrique, n'épouse cependant pas exactement celle du poème, Schoenberg ayant opté pour une répartition différente du poème (vers 1-10 et 11-16) au prix du déplacement d'un verbe du vers 9 au vers 11 afin de mieux accentuer le contraste entre la description et l'action :

> Seul, un lys d'entre eux,
> Pâle et rigidement débile,
> *Érige* son ascension immobile
> Sur les feuillages douloureux […]

Les deux vers qui introduisent chacune des parties illustrent précisément l'opposition entre un récitatif proche de celui des *Lieder* op. 15 et un chant nettement plus prononcé dans la deuxième moitié :

Mei-ner mü-den Sehn - sucht blau-es Glas Dekt den al - ten un - - - bestimm-ten Kum-mer

(Sous la cloche de cristal bleu de mes lasses mélancolies)

Rich - tet sich em - por ü - ber all dem Blatt - - ge - word' - nen Leid - -

(Érige son ascension immobile sur les feuillages douloureux)

Par ces caractéristiques mises en œuvre dans la mise en musique, *Herzgewächse* apparaît à la fois comme la représentation d'une évolution spirituelle autant que la démonstration d'une influence de l'art sur l'élévation de l'âme, directement dans le sens du message utopique transmis par le *Blaue Reiter*. En ce sens, l'écriture vocale, extrêmement périlleuse, fournit le modèle à celle qui caractérisera l'âme dans *L'Échelle de Jacob*. De plus, le recours à une instrumentation originale renforce, ne serait-ce que par la présence de l'harmonium qui prend en cela valeur de geste expressionniste, le sens «religieux» de l'interprétation musicale. Ce n'est pas un hasard si l'instrument aux connotations religieuses qu'est l'harmonium était déjà présent dans la *Huitième Symphonie* de Mahler et sera utilisé par Schoenberg dans les *Trois Petites Pièces « 1910 »*. Berg et Webern, pour des raisons différentes, l'intégreront à leur tour respectivement dans les *Altenberg-Lieder* et dans les *Cinq Pièces* op. 10. On ajoutera que le bleu, évoqué au début et à la fin du poème, correspondait pour Kandinsky à « la *couleur typiquement céleste* », et que « dans ses tons les plus profonds, les plus majestueux, le bleu est comparable aux sons graves d'un orgue » (*S A*, 149) !

L'« Harmonium-Lied », ainsi que le nomme Schoenberg dans son *Journal de Berlin*, est ainsi l'une des partitions qui annoncent la prochaine orientation religieuse, entre *Die glückliche Hand*, *Pierrot lunaire* et *L'Échelle de Jacob* : par le message délivré au travers de la forme symbolique, *Herzgewächse* prend désormais valeur de *modèle* susceptible d'expliciter les grandes partitions qui vont suivre.

Moins de deux mois avant la composition de ce Lied était paru un hommage de Schoenberg à Liszt à l'occasion du centenaire de sa naissance, et dans lequel il avait écrit : « Cette foi fanatique caractérise Liszt comme elle caractérise tout autre grand homme. Liszt vivait sa vie instinctive en puisant aux sources mêmes de sa personnalité et il possédait ainsi le pouvoir de croire [...]. Et toute cette foi n'avait chez lui d'autre origine que le puissant instinct qui pousse un homme à élever les autres à ces hauteurs de générosité qu'il ressent en lui-même. Un tel homme n'est plus un artiste ; il est devenu quelqu'un de plus grand : un prophète » (*S & I*, 344). Schoenberg pressentait-il déjà que le double engagement artistique et religieux de Liszt serait bientôt le sien ?

II. Le parcours schoenbergien : entre l'opéra et l'oratorio

*La scène lyrique : d'*Erwartung *à* Die glückliche Hand

« Il me souvient que Busoni fut le premier à décréter que la musique d'un opéra ne doit pas exprimer ce qui est déjà exprimé par l'action. Or un opéra repose essentiellement sur quatre moyens d'expression : le livret, la musique, la mise en scène, le chanteur. Si l'on permet à l'un de ces éléments de faire cavalier seul, pourquoi ne pas accorder le même privilège aux trois autres ? » (*S & I*, 122). Cette interprétation de l'opéra est intéressante par la façon dont Schoenberg présente la question sous la forme d'une *association* entre moyens d'expression, comme il en tentera la réalisation – à des niveaux différents – dans ses deux œuvres scéniques.

Ce qui caractérise en premier lieu *Erwartung*, c'est la double absence : absence de thématique liée à celle de continuité du discours. Dans ces conditions, doit-on y voir un anti-opéra, ne serait-ce que parce les codes traditionnels de l'opéra ne sont pas reconduits ? L'ambiguïté de *Salome* résidait dans le fait d'utiliser les codes propres au genre – scènes, oscillation entre air et récitatif – avec un sujet qui *semblait* défier les mêmes codes, ou, si l'on préfère, dans l'attitude même du compositeur capable de rester consciemment extérieur à la décadence qu'il met en scène alors que l'œuvre est destinée à un public bourgeois ; la force d'*Erwartung* sera de défier plus encore les conventions, tant par la musique que par le sujet : c'est par cette *négation des codes* qu'il faut comprendre le sens premier de l'expressionnisme d'*Erwartung*.

Schoenberg a avoué ne pas être un homme de théâtre, ce que Klemperer résumait en une formule plus lapidaire en disant que le compositeur « n'y comprenait rien[15] ». S'exprimant ainsi au

---

15. *Écrits et Entretiens*, p. 120.

sujet de *Die glückliche Hand,* le chef d'orchestre mettait l'accent sur le véritable écueil du second « opéra » : le caractère peu convaincant de l'œuvre sur le plan dramatique. La critique sociale au théâtre a toujours été mieux exprimée au travers d'une comédie satirique – c'est en ce sens que Kraus argumentait en faveur d'Offenbach – que dans celui d'un drame ; Wagner, qui voyait dans la réalisation scénique la phase d'accomplissement du « drame musical », restera encore la référence pour Schoenberg.

Avant d'examiner plus en détail les deux partitions, il convient effectivement de revenir sur la relation avec le drame wagnérien qui, si elle reste partielle, n'en est pas moins présente, en particulier dans le parallèle entre *Erwartung* / *Die glückliche Hand* et respectivement *Tristan* / *Les Maîtres chanteurs*. En effet, les deux tragédies de la disparition que sont *Tristan* et *Erwartung* trouveront cependant une résolution différente, l'une dans une extase où amour et mort se rejoignent prenant valeur d'aboutissement, l'autre se dévoilant dans un délire incontrôlé sans fin : la femme dans *Erwartung* est d'une certaine manière une Isolde en état de choc. Cette analogie entre les deux partitions devient chargée de sens quand on met en regard *Die glückliche Hand* et *Les Maîtres chanteurs*. Autant Wagner présentait son second opéra comme la comédie après la tragédie suivant le modèle grec mais avec l'idée de poser un débat esthétique au premier plan (Dahlhaus), autant Schoenberg poursuit dans la même voie comme le révèlent les appellations respectives de ses deux ouvrages : *Erwartung* est un « monodrame en un acte », *Die glückliche Hand* sera un « drame avec musique ».

Le contraste entre l'ancien et le nouveau dans *Les Maîtres Chanteurs* est réactualisé dans *Die glückliche Hand* sous la forme du débat entre l'artisan et l'artiste autant que dans l'opposition entre le critique incompétent et partial et le créateur. Ainsi, la dimension pédagogique dans le discours de Sachs – le maître possédant le savoir et la sagesse – ou de l'Homme de *Die glückliche Hand* – « c'est ainsi que l'on s'y prend » dira-t-il fièrement en forgeant le diadème – est directement lié dans les deux cas à l'échec amoureux qui se manifeste dans le renoncement pour Sachs, et dans la trahison pour l'Homme sacrifié : la noblesse du sentiment est seulement plus haute dans un cas que dans l'autre. Autre point de comparaison, les deux œuvres accumulent les références garantes d'une qualité esthétique signifiante : l'Allemagne « gothique » de Nuremberg avec Dürer ou Bach pour témoins, et la réintégration du thématisme dans *Die glückliche Hand* en tant que symbole de l'art du contrepoint. En d'autres termes, il s'agit à chaque fois de convoquer l'histoire pour légitimer l'acte créateur, ce dont se passaient directement *Tristan* et *Erwartung*.

Enfin les deux œuvres de Schoenberg sont caractérisées par une autre antithèse qui sera largement exploitée par le théâtre expressionniste, chacune exposant une conception inverse du temps qui vient s'ajouter aux différences déjà soulignées : « Dans *Erwartung,* je me suis proposé de représenter à loisir ce qui peut se produire dans une unique seconde de la plus intense émotion et mon œuvre s'étend sur une demi-heure. En revanche, dans *La Main heureuse,* un drame majeur se trouve ramassé en à peu près vingt minutes, comme s'il avait été enregistré par un appareil photographique réglé à cet effet » (*S & I,* 87). Il s'agit bien là des deux mises en œuvre de l'idée de *simultanéité* les plus étonnantes qui soient, déployée dans le premier cas, condensée dans le second, et que seul *Wozzeck* parviendra à reproduire.

La musique hallucinée : Erwartung

Si la composition est d'une rapidité exceptionnelle dont on n'a que peu d'exemples équivalents (on songe aux *Noces de Figaro* de Mozart), le « livret » avait été, selon Wellesz, commandé par Schoenberg à partir de l'idée suivante : « Il souhaitait décrire comment, en des instants d'une grande tension, la totalité d'une vie pouvait défiler devant les yeux. »

Le scénario tel qu'on le connaît aurait été proposé par Marie Pappenheim : une femme égarée en pleine nuit, prise entre la peur et l'hallucination, cherche son amant pour finalement le trouver assassiné. Défini ainsi en quelques mots, l'argument renvoie directement aux pièces de Strindberg, comme par exemple *Le Songe* à propos duquel l'auteur avouait avoir cherché à « imiter la forme incohérente mais apparemment logique du rêve. Tout peut arriver, tout est possible et vraisemblable. Temps et espace n'existent plus ». L'influence de Strindberg se traduit également au travers de la dépersonnalisation — « la femme » —, ainsi que par l'approche psychologique du personnage qui, pris au jeu de son seul inconscient, devient à la fois victime et bourreau d'elle-même, comme le personnage principal de *La Sonate des spectres* (1907). On a déjà dit combien la relation entre Schoenberg et Strindberg n'était en rien fortuite, ne serait-ce que par la diffusion des idées qu'en assurait Kraus dans sa revue.

On ne peut évidemment s'empêcher, par ailleurs, d'évoquer la possible influence de l'étude de Freud « *Délires et rêves dans la Gradiva de Jensen* », publiée en 1906, et dans laquelle la description des hallucinations du héros et le rôle de la jeune fille qui se livre à une véritable psychanalyse, ont fasciné le praticien. Quoi qu'il en soit, délire et hallucination caractérisent suffisamment l'attitude des personnages féminins dans les œuvres lyriques de cette époque, de *Salome* à *Elektra* jusqu'à la Grete de *Der ferne Klang* de Schreker, pour que la convergence soit envisageable : le personnage d'*Erwartung* est bien la « femme livrée à la musique comme une patiente à un traitement psychanalytique » selon la formule d'Adorno. On ajoutera enfin, avec Lionello Cammarota [16], que la succession des états psychiques — angoisse, extase, souffrance, fureur —, autant que la réduction des procédés linguistiques — vocabulaire elliptique, concentration de la syntaxe — répondent à l'avance aux critères mis en avant

---

16. *L'espressionismo e Schoenberg*, p. 76.

par Kasimir Edschmid dans son premier essai sur l'expressionnisme (1917)[17].

Marie Pappenheim, remarquée par Karl Kraus qui a publié ses poèmes, a, semble-t-il, travaillé en collaboration étroite avec Schoenberg, dont elle avait fait connaissance en 1908 pendant ses études de médecine à Vienne : l'hypothèse d'une connaissance des sujets de réflexion de Freud par Schoenberg, avec Pappenheim comme informateur privilégié par ses contacts avec le monde scientifique, reste plausible bien qu'elle n'ait pas été clairement démontrée. On pourrait encore trouver d'autres origines au sujet d'*Erwartung* entre autres dans *Die Fackel* où un essai de l'écrivain polonais Stanislaw Przybyszewski – lui-même très marqué par Strindberg –, intitulé *Le Sexe* et publié en 1907, révèle d'autres points communs, au travers d'une « vision d'épouvante où s'entrelacent les thèmes fin de siècle : sexualité morbide et macabre, féminité diabolique [18] ».

L'action scénique d'*Erwartung*, largement commentée par Schoenberg dans une lettre (14 avril 1930), est clairement répartie en quatre scènes de longueur inégale et enchaînées : trois courtes scènes établissant le cadre de la forêt et la peur croissante de la femme jusqu'à la découverte du cadavre de son amant (Mathilde Schoenberg après le suicide de son amant?) au début de la dernière scène qui occupe à elle seule les trois quarts de la partition. Si l'idée de renouvellement constant associée à l'abandon des schémas formels traditionnels correspond à la création définie par Schoenberg comme une expression spontanée de la vie intérieure, concilier cette aspiration typiquement expressionniste avec la durée de l'œuvre sur trente minutes constituait alors, ainsi que le remarque Jean Jacquot [19], le principal problème à résoudre pour le compositeur. Les commentaires aussi

---

17. « Über den Expressionismus » in *Frühe Manifeste* (1957).
18. J. Le Rider, *Le cas Otto Weininger*, p. 141 sq.
19. *L'Expressionnisme dans le théâtre européen*, p. 252.

nombreux que discutables sur la présence d'un thématisme motivique et d'un développement incessant et continu dans *Erwartung* restent peu probants en raison de l'impossibilité d'en rendre compte en termes de perception : que l'œuvre repose sur certains motifs récurrents de trois sons, dont le champ d'action est réduit à chaque fois à quelques mesures, ne peut être démontré qu'à partir d'une analyse minutieuse de la partition. De plus, un motif composé d'une tierce et d'une seconde mineure est suffisamment caractéristique de cette période de création pour qu'on puisse autant le trouver qu'un arpège d'accord parfait à l'époque classique. Les commentaires de Charles Rosen à ce sujet ont permis cette nécessaire clarification.

À un autre niveau, *Erwartung* peut être compris de deux façons comme l'a judicieusement avancé Carl Dahlhaus : « Soit un *recitativo accompagnato* à l'échelle du drame entier, en d'autres termes comme déclamation musicale soutenue par des motifs orchestraux descriptifs et expressifs, soit une pensée musicale tributaire de la tradition de musique de chambre. Le résultat donne une texture athématique dans le sens d'un récitatif accompagné mais polyphonique dans le sens de la musique de chambre, aboutissant à un paradoxe : au XIXe siècle, un contrepoint excessif dans un *recitativo accompagnato* était aussi impensable que l'athématisme dans la musique de chambre [20]. » C'est cette combinaison particulière ajoutée au critère essentiel de contraction de la forme, et donc des « phrases » elles-mêmes, qui confèrent à la musique cette fragilité inégalable.

Par ailleurs, mettre en évidence la continuité qui existe entre les *George-Lieder* op. 15 et *Erwartung* revient à comparer le déroulement poétisé à l'extrême dans un cas, théâtralisé dans l'autre, d'un cadre comparable, permettant de concevoir le monodrame en un acte comme un cycle de courts Lieder enchaînés

---

20. « Ausdrucksprinzip und Orchesterpolyphonie in *Erwartung* » (Principe expressif et polyphonie orchestrale dans *Erwartung*) dans *Schoenberg und andere*.

— d'autant plus que l'éventail de l'écriture vocale est compris entre le quasi-*parlando* et le chanté lyrique. Le jardin posé chez George comme miroir de la relation amoureuse et la forêt nocturne d'*Erwartung* comme le reflet d'un désordre psychologique offrent un décor de même nature pour les séquences faites d'un discours tantôt haletant et passionné, tantôt décousu. La nature de la rédaction mise à part, les derniers vers du quinzième Lied des *Jardins suspendus* et le début du texte d'*Erwartung* pourraient donner l'illusion que l'œuvre scénique commence là où s'était arrêté le cycle de Lieder :

George-Lieder :

> D'invisibles mains chassent sans fin
> le tumulte des feuilles flétries
> au pied des portes closes de l'Éden farouche.
> Le soir est nuageux et lourd

Erwartung :

> On ne voit pas le chemin...
> Les arbres ont une lueur si argentée... comme des bouleaux !
> Oh ! notre jardin. Les fleurs pour lui sont sûrement fanées

À un autre degré, on a dit combien *Erwartung* est redevable à *Elektra* à la fois par la proximité de l'évolution des sentiments des deux héroïnes — obsession et hystérie —, le traitement vocal — que Berg diversifiera plus encore dans *Wozzeck* et dans *Lulu* — et par le recours au monologue. Le fameux récit angoissé de Clytemnestre, dévoilant ses rêves à Elektra, aurait pu être un modèle pour la composition d'*Erwartung* tant les procédés sont analogues : ruptures fréquentes, harmonie suspendue, orchestration dispersée et ligne vocale brisée avec brusques changements de registres. « Schoenberg, écrit Willy Reich, qui se trouvait alors dans la phase critique de dépassement des rapports de tonalité traditionnels et n'avait pas encore trouvé ce qui pourrait les rem-

La forme et l'expression 189

placer et permettre des créations de grande envergure, exploite le monologue en vue de développements musicaux privés de toute application thématique, qui se limitaient à une interprétation directe des paroles au moyen de mouvements, lignes et couleurs musicales [21]. » Ainsi, à l'instabilité du discours théâtral correspond la même instabilité vocale dans l'enchaînement soudain de l'arioso au récitatif nerveux, dans une texture musicale rendue perpétuellement imprévisible :

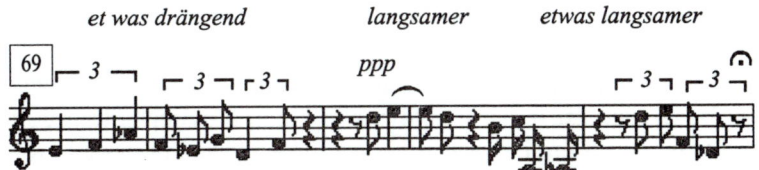

A - ber du bist nicht ge-kom-men... Wer weint da?... Ist hier je-mand? Ist hier je-mand?
(Mais tu n'es pas venu...   Qui pleure là? Y a-t-il quelqu'un? Y a-t-il quelqu'un?)

La dimension formelle, quant à elle, ne peut être facilement abordée sans tenir compte à la fois des caractéristiques vocales, de texture (musique de chambre polyphonique héritée de Mahler opposée aux rares effets de masse orchestrale) et du texte en apparence discontinu. De fait, les articulations sont peu voyantes en particulier par l'action des incessants changements de tempo qui participent grandement à la sensation générale d'instabilité : de même qu'on ne trouve ni repère harmonique *suivi*, ni aucun élément pouvant prétendre à une valeur thématique, la vitesse n'est jamais conçue par rapport à un quelconque tempo de référence. En ce sens, *Erwartung* pourrait encore être situé dans

---

21. « L'expressionnisme et l'opéra », *Obliques, L'Expressionnisme allemand.*

le sillage wagnérien, celui du *Ring* dans lequel Boucourechliev a mis en avant l'absence d'un état thématique fondamental sous la forme d'un « donné initial ».

Les fréquentes résurgences d'ostinatos ponctuels dans *Erwartung* – pour la plupart, traités dans un esprit de musique de chambre –, sont dominées par celui qui opère comme un *signal* dans la transition entre les trois courtes premières scènes et la dernière contenant l'essentiel du drame : premier véritable *tutti* de l'œuvre, préparant les vagues successives qui mèneront à la découverte du cadavre de l'amant, cet ostinato évolutif propose lui-même – par sa courbe dynamique crescendo / sommet / decrescendo –, la réduction extrême de toute l'œuvre.

En tant qu'autre geste caractéristique, la dernière page d'*Erwartung* est remarquable par sa façon d'éviter la traditionnelle coda. Le fait de présenter des lignes chromatiques à la fois ascendantes et descendantes renvoie à l'image conventionnelle d'un *mouvement* supposant un aboutissement qui pourtant n'advient pas ici : là où le chromatisme de *Tristan* consistait à exacerber l'expressivité de la ligne mélodique – un chromatisme ascendant souligné par un crescendo tient du « cliché » –, celui de cette dernière mesure d'*Erwartung* prend le contre-pied de tous les codes romantiques par l'inversion dynamique – triple et quadruple *piano* avec l'indication « sans *crescendo* » –, en substituant la *suspension* à la résolution. Berg saura tirer tout le parti de cette idée pour la noyade de Wozzeck dont la polyrythmie chromatique accentuera d'autant plus la disparition physique du personnage.

Les différentes propositions de découpage formel restent donc très globales, qu'il s'agisse du contrepoint entre phases « lyriques » et « climax » (Crawford [22]) ou de la répartition en fonction du texte avancée par David Fanning qui renvoie très justement aux titres des *Pièces* op. 16 non seulement suscep-

---

22. J.C. Crawford, *The relationschip of Text and Music in the vocal works* (1963).

tibles de décrire un déroulement général de l'œuvre, mais plus encore d'en rassembler les orientations essentielles, tant dramatiques que techniques : « Prémonitions, Passé, Couleurs, Péripétie et Récitatif obligé » (titres que nous avons reportés ci-dessous dans le tableau synoptique d'*Erwartung*). Admettre cette approche signifierait surtout que les options de Schoenberg dans la relation entre texte et musique telles qu'il les a exposées dans l'article commenté plus haut, puissent être confirmées par le discours musical purement orchestral des cinq Pièces tout en étant reliées à l'esprit du texte d'*Erwartung* que Schoenberg avait en tête pendant la composition enchaînée des deux partitions. Ce qui est en effet réalisé dans les *Pièces* op. 16, c'est le principe de l'expressivité maximale dont le texte musical est porteur, idée à laquelle il donne une autre dimension dans le monodrame où le texte participe de la même « prose musicale », fût-elle fortement fragmentaire et imprécise : à l'inverse d'un texte qui implique sa musique, c'est ici le texte qui confirme *rétrospectivement* cette option entreprise dans les pièces pour orchestre ; le fait que les titres aient été ajoutés par la suite renforce d'autant plus cette interprétation. La *Musique d'accompagnement pour une scène de film* op. 34 (1930), portant en sous-titre « danger menaçant, peur, catastrophe », relèvera de la même idée dans la mesure où le scénario proposé est purement fictif et imaginaire.

La meilleure illustration de l'étroite relation entre les *Pièces pour orchestre* et *Erwartung* concerne l'appellation particulière de la cinquième pièce, telle qu'elle est commentée par Schoenberg dans son *Journal de Berlin* : « Je parvins à énoncer et à consolider avec une relative clarté mon idée sur le "récitatif obligé" (j'oubliai curieusement de nommer ce terme). Et pourtant pas complètement. L'idée est plus profonde : l'indicible s'exprime sous une forme libre (le récitatif) » (22 janvier 1912), ce qu'il précisera ensuite sous la forme : « Récitatif obligé (ou mieux : "l'accompli" ou "l'infini"). » Carl Dahlhaus a, une fois de plus, magistralement argumenté au sujet de l'ambiguïté entre

« récitatif » et « obligato » : « Il ne s'agit pas d'une musique éloquente au sens verbal, comme dans le récitatif traditionnel, mais plutôt du fait que la musique est elle-même construite comme un langage qui, de ce fait, n'a pas besoin d'être coulé dans une structure. C'est là l'essence de l'*obligato* : il est question d'une musique éloquente, une musique "qui parle". » Si « l'accompli » suppose une construction rigoureuse, « l'infini » est pris dans le sens de la « mélodie infinie » wagnérienne, ce que Schoenberg synthétisera plus tard dans la notion de « prose musicale » à propos de Brahms.

Le déroulement des quatre scènes d'*Erwartung* peut être rapidement présenté de la façon suivante :

Scène 1 mesures 1-37	Scène 2 mesures 38-89	Scène 3 mesures 90-124		Scène 4 mesures 125-426
Orée d'une forêt. Moiteur étouffante.	Large chemin.	Chemin obscur. La lune illumine une clairière	OSTINATO	Large route éclairée par la lune. La femme vient lentement. Sa robe est déchirée, ses cheveux sont en désordre. Du sang sur son visage et sur ses mains.
Angoisse (omniprésence de la lune)	Début des hallucinations (présence d'un corps)	Hallucinations		Délire morbide
• elle était si claire autrefois	• quelque chose a rampé	• quelque chose de noir danse là-bas		• cette lune blafarde

Scène 1	Scène 2	Scène 3	Scène 4
• *la lune se lève*	• *qui est-ce qui me touche ?*	• *l'ombre est en train de ramper !*	• *la lune est perfide... parce qu'elle n'a pas de sang... elle peint du rouge...*
• *elle est saisie d'horreur*	• *des bruissements à présent là-haut*	• *des yeux jaunes, larges, globuleux, protubérants*	**découverte du cadavre** *«Hilfe»* (si)
	• *qu'est-ce que c'est ? un corps ?*		• amour : *ne sois pas mort mon bien-aimé... comme ton regard est fixe et terrible...* • baiser macabre : *je veux l'embrasser dans un dernier souffle* • lune : *la lune vacille* • jalousie : *mais tu regardes de nouveau là-bas ?* • solitude : *Oh ! il ne m'est pas permis de mourir avec toi* • jalousie : *mon unique bien-aimé, l'as-tu souvent embrassée...* • haine : *je te maudissais mais ta pitié me rendait heureuse ...* • solitude : *que vais-je faire dans ce rêve sans frontière ni couleur ?*
		PRÉMONITIONS	PÉRIPÉTIE (Couleurs/passé/ récitatif obligé)

La présentation adoptée dans ce tableau — qui voudrait montrer succinctement les principales caractéristiques d'*Erwartung* avec la concentration des thèmes après la découverte du cadavre —, nécessite que soit commenté le rôle central de l'œuvre au travers des références directement issues de *Salome* ou annonçant *Wozzeck*. Les commentaires au sujet des nombreuses récurrences symboliques qui parcourent le texte, formant une thématique aisément reconstituable, tissent des relations entre les trois œuvres, depuis la moiteur étouffante de la première scène qui renvoie à la même compacité de l'atmosphère au début de *Salome* jusqu'à la présence de la lune ou du sang pour ne citer que les plus évidentes :

STRAUSS	SCHŒNBERG	BERG
« Regarde la lune comme elle est étrange. On dirait une femme qui sort du tombeau. » *(Le page.)*	« La lune est perfide … elle peint du sang rouge »	« La lune est sanglante » (*Wozzeck*, acte III.)
	« La lune, blanc cimeterre Sur un noir coussin de soie / Fantastiquement agrandi – menace d'en haut / À travers la nuit, obscure de douleurs» (*Pierrot lunaire* n° 13)	
« J'ai baisé ta bouche Jochanaan. Il y avait une âcre saveur sur tes lèvres. Était-ce la saveur du sang ? » *(Salomé.)*	« Ton sang est encore vivant … je veux l'embrasser dans un dernier souffle »	« Marie, pourquoi as-tu un cordon rouge autour du coup ? As-tu gagné le collier rouge, comme les boucles d'oreilles, avec ton péché ? »
	«Ton sang est encore vivant … Oh ! la large bande rouge…»	

À l'inverse, une mise en scène ne s'attachant qu'au premier degré ne parviendrait pas à donner une idée satisfaisante de la richesse des grandes œuvres scéniques de cette époque : les réalisations filmées de *Salome*, d'*Elektra* et d'*Erwartung* dues à Götz Friedrich, n'ayant retenu que les aspects les plus extérieurs, relèvent autant d'une lecture grossière que d'un cruel manque d'imagination.

La peinture à la scène : Die glückliche Hand

Contrairement à *Erwartung, Die glückliche Hand* est envisagée par Schoenberg comme une prise de position esthétique digne au point qu'il en publiera le texte (*Der Merker,* juin 1911) avant d'en aborder la composition. Par cette attitude, Schoenberg confère à son texte d'une part le statut d'un *manifeste* personnel de la vision de l'artiste, en souhaitant d'autre part lui donner une portée au-delà de l'œuvre musicale : en confiant à Dehmel qu'il ne peut écrire le texte lui-même « que lorsqu'un sujet l'y contraint » (28 décembre 1912), Schoenberg prouve d'autant plus son attachement à ce « livret », le premier de la série avant ceux de *L'Échelle de Jacob* et de *Moïse et Aaron.* Fait significatif, cette « défense et illustration » du rôle de l'artiste dans la société est publiée dans le mois qui suit la disparition de Mahler.

Terminé en juin 1910, soit peu avant d'aborder le travail d'achèvement des *Gurre-Lieder,* le sujet [23] propose une accumulation de références, pour la plupart très évidentes : Wagner d'abord dont on reconnaît autant le philtre de *Tristan* dans la coupe que boit l'Homme au deuxième tableau – philtre ici non partagé avec la Femme et dont l'effet sera inverse –, que Siegfried forgeant son épée au moment où l'Homme fend l'enclume d'où il sortira le précieux diadème (troisième tableau) ; Strindberg ensuite – et indirectement Weininger –, au travers du dualisme conflictuel entre homme et femme, largement entretenu par Kraus qui avait également publié les réflexions suivantes en juin 1908 dans *Die Fackel* : « Être dégoûté de l'existence parce qu'on a trouvé dans son travail une faute que personne d'autre ne voit ; se tranquilliser seulement quand on en trouve encore une

---

23. L'Homme et la quête du bonheur terrestre : le personnage principal est successivement présenté au travers de ses échecs dans les domaines de l'amour et de la création.

deuxième, car la tache sur l'honneur est alors couverte par la reconnaissance de l'imperfection de tout effort humain : c'est par un tel talent pour le tourment que l'art me paraît se distinguer de l'artisanat. Les esprits plats pourraient prendre ce trait pour de la pédanterie ; mais ils ne soupçonnent pas quelle est la liberté dont est issue semblable contrainte, et quelle est l'aisance de production où conduit semblable embarras délibéré. Rien ne serait plus absurde que de parler d'ergotage sur la forme là où la forme est non pas l'habit de la pensée mais sa chair [24]. » On y reconnaîtra enfin la distinction entre l'artiste et les artisans empruntée à son ami Adolf Loos.

Les thèmes empruntés au théâtre de Strindberg se retrouvent encore dans le sujet entièrement centré sur le moi d'un personnage opposé au monde environnant, dans l'esprit d'un *Ich-Drama* : à la dépersonnalisation de l'Homme correspondent les échecs – le mariage et la création artistique – qui suffisent en retour à cerner le seul protagoniste de la pièce. Si le temps et l'espace étaient abolis dans *Erwartung* par le recours au rêve, la construction formelle de *Die glückliche Hand* repose au contraire sur une nette tendance symétrique – ou plus symboliquement, en forme de pyramide, réinstaurant un espace –, sur laquelle se superpose la linéarité du temps confirmée par la morale finale (voir tableau synoptique pages 198-199) : l'ambition d'un art total est déjà pressentie par le contrepoint entre ces dimensions.

Dans sa conférence de Breslau prononcée en 1928 à l'occasion d'une représentation de *Die glückliche Hand,* Schoenberg a qualifié, mieux qu'il n'aurait pu le faire à l'époque de la composition, l'esprit de cette tentative de synthèse : « Seul pourrait oser faire une telle expérience celui qui, ayant confiance en son sens de la forme, pourrait se dire que quelle que soit la nature des pensées à représenter, il est sûr de pouvoir les penser, et que, quand bien même les sentiments à exprimer en révolteraient d'autres

---

24. Repris dans *Dits et Contredits,* p. 148.

que lui, il serait sûr de pouvoir les *dominer*. Si l'on avait cette confiance, alors on pourrait, sans théorie, s'abandonner à son imagination. On a appelé cette forme d'art, je ne sais pourquoi, expressionniste : elle n'a en aucun cas exprimé plus que ce qui était *en elle* ! Je lui ai aussi donné un nom, mais celui-ci n'est pas devenu populaire. J'ai dit : c'est *l'art de la représentation des mouvements intérieurs* [25]. »

Le fait que *Die glückliche Hand* ait été écrite dans un laps de temps important, contrairement à *Erwartung,* signifie aussi que les enjeux de la première œuvre dépassaient de beaucoup ceux de la seconde qui pouvait encore s'inscrire dans le contexte de l'opéra ; la durée de leur élaboration correspondra d'ailleurs à leur déroulement temporel respectif : à la fulgurance d'*Erwartung* répondra la lente maturation de *Die glückliche Hand,* due pour une grande part à la convergence de problématiques à la fois compositionnelles, sociales et, dans un certain sens, politiques. Au-delà de l'exacerbation des oppositions – l'art et le non-art, l'artiste et l'artisan, le créateur et le public – l'œuvre se caractérise aussi par le « refus du réalisme et par l'alliance entre l'action symbolique et l'outrance grotesque », selon Jean Jacquot qui définit ainsi les conditions expressionnistes de cette œuvre [26].

Pour séduisante que soit cette interprétation, elle ne permet cependant pas de distinguer ce qui sépare la spontanéité d'*Erwartung* d'une certaine raideur de *Die glückliche Hand* dans sa conception générale. Ce qui nous est présenté dans cette dernière comme une tentative d'union des arts, ou de fusion entre arts visuels et drame, entre éclairage et musique, relève en fait d'un phénomène d'association. Le parallélisme des moyens est ambigu dans la mesure où il est évident qu'un crescendo, tant

---

25. Schoenberg, « Conférence de Breslau sur *Die glückliche Hand* », *Contrechamps* n° 2.
26. « Les musiciens et l'expressionnisme » dans *L'Expressionnisme dans le théâtre européen,* p. 256.

1er TABLEAU	2e TABLEAU	
CHŒUR (6 hommes - 6 femmes)	l'Homme : la Femme : le Monsieur :	
COMMENTAIRE DU DRAME	CONQUÊTES	
l'Homme dans sa réalité :	1re phase : part émotionnelle	
ambition au bonheur	AMOUR	
chant et *Sprechgesang*		courtes interventions du
• Homme étendu surmonté par un monstre • Chœur : les visages sortent du rideau, seuls les yeux étant clairement visibles.	• Homme debout *Oui, la floraison...* • Entrée de la Femme *Ô toi qui es bonne* • L'Homme boit la coupe donnée par la Femme. *Comme tu es belle...*	hostilité de la Femme
MUSIQUE VULGAIRE - ÉCLAT DE RIRE MOQUEUR	• Entrée du Monsieur. La Femme se jette dans ses bras. L'Homme gémit. • La Femme demande pardon. *Ô toi la douce,* *toi la belle !* • La Femme s'enfuit. • L'Homme ne réalise pas qu'elle est partie. *À présent je te possède pour toujours !*	échec

La forme et l'expression

3ᵉ TABLEAU	4ᵉ TABLEAU
baryton rôle mimé rôle mimé	CHŒUR (6 femmes - 6 hommes)
DE L'HOMME	COMMENTAIRE DU DRAME
2ᵉ phase : part intellectuelle	l'Homme dans sa vie terrestre :
CRÉATION	**bonheur impossible**
chant dans la texture orchestrale	chant et *Sprechgesang*
↑ (hostilité des ouvriers) • L'Homme, sorti du ravin, observe les ouvriers : *On peut faire cela plus simplement* • L'Homme va vers l'enclume (les ouvriers font mine de se jeter sur lui)	• Homme étendu surmonté par un bloc de pierre (= monstre) • Chœur : même disposition qu'au 1ᵉʳ tableau.

• L'Homme saisit le marteau et fend l'enclume. Il retire l'or et montre le diadème : *C'est ainsi que l'on fait des bijoux*
 	
• L'Homme jette son ouvrage en riant.
 	
| Le vent se lève (crescendo lumière et musique)
SCÈNE DES COULEURS
Tempête = malaise croissant de l'Homme |
 	
↑ (échec) • Entrée de la Femme à moitié nue.
 	
• L'Homme tombe à genoux et tente en vain d'escalader la pente.
 	
• Désespoir : *Toi, tu es à moi...*
  Tu étais à moi...
  elle était à moi...
 	
• La Femme pousse la pierre qui ensevelit l'Homme.
	MUSIQUE VULGAIRE - ÉCLAT DE RIRE MOQUEUR

par la densité que dans l'intensité, trouve un équivalent direct dans la gradation des couleurs évoluant du blanc vers le rouge violent, rouge évoquant inévitablement la connotation avec le sang. Du reste, Schoenberg ne s'est pas laissé prendre au jeu facile de cette correspondance idéale quand il déclarait vouloir *faire de la musique avec les moyens de la scène*[27] : certes tributaire d'un argument indéfendable du fait de sa lourdeur symbolique, la partition musicale demeure la seule dimension susceptible d'autonomie, dotée d'une logique formelle et architecturale qui n'a aucunement besoin d'un support pour justifier sa trajectoire. À cet égard, *Die glückliche Hand* se situe non seulement à l'opposé d'*Erwartung,* mais plus encore s'affiche volontairement en contradiction avec l'idéal de liberté, dégagé des formes hiérarchisées, souhaité par le compositeur. La forme compartimentée adoptée ici agit à la fois comme un garde-fou pour renforcer l'intelligibilité du message et un cadre symboliquement symétrique rejetant aux extrêmes les commentaires du chœur, les interventions de «musique violente» ou «vulgaire», pour placer au sommet de cette pyramide l'artiste et le sens «véritable» que Schoenberg entend donner au terme sacré de création : «L'Homme de *Die glückliche Hand,* contrairement à la femme d'*Erwartung,* résiste au chaos extérieur plutôt que de s'y fondre, il fait de sa solitude et de son aliénation une force intérieure[28].»

L'un des aspects les plus intéressants de l'œuvre réside effectivement dans la «sacralisation» de la musique, présente tant chez Mahler *(Huitième Symphonie)* que chez Scriabine *(Prométhée),* où vision philosophique et musique conçue comme une religion se rejoignaient étroitement. On a également vu à quel point les parallèles entre art et religion étaient au centre de l'*Almanach du Blaue Reiter,* et l'on comprend combien l'expérience formelle de *Herzgewächse* est ici reconduite à grande

---

27. «Conférence de Breslau».
28. P. Albèra, «À propos de *Die glückliche Hand*», *Contrechamps* n° 2.

échelle. En ce sens, l'absence d'une action à proprement parler dans *Die glückliche Hand* confirme en effet la nouvelle orientation de Schoenberg qui met ici en scène une véritable célébration, depuis l'Homme prenant figure d'officiant sur l'autel de l'art jusque dans le commentaire du chœur final – mêlant le chant au *Sprechgesang* – sur le thème de l'impossibilité pour l'homme de parvenir au bonheur terrestre :

> Tu ne comprends que ce que tu saisis !
> Tu ne sens que ce que tu touches,
> d'abord les plaies de ta chair,
> d'abord les douleurs de ton corps,
> mais pas la joie dans ton âme ?
> Et tu cherches pourtant !

Il s'agit bien, et parallèlement à *Pierrot lunaire,* de la première incursion de Schoenberg dans une voie spirituelle, et bientôt religieuse, dans laquelle l'opposition entre le chant et la pantomime est aussi la première des oppositions irréductibles dont l'inachèvement de *L'Échelle de Jacob* et de *Moïse et Aaron* ne sera que la conséquence la plus visible. Dans ce contexte, l'interprétation du rôle de Schoenberg en tant que prophète et édicteur des tables de la loi serait tentante si elle n'avait pas été rejetée par le compositeur lui-même au sujet de *Moïse et Aaron*. Elle n'en reste pas moins latente. Quoi qu'il en soit, la distance avec le matérialisme au profit du spirituel dans lequel l'artiste Schoenberg trouvera désormais refuge correspond autant à un resserrement de l'activité esthétique qu'à un premier chapitre dans la mise en musique de cette spiritualité. Après les œuvres de 1909, le choix est très vite apparu dans l'alternative entre politiser le discours, et traduire l'engagement au nom de l'art – et même de «l'art pour l'art» – sous une forme qui renoue avec les idées de Dehmel et de George.

En terme de mise en œuvre, *Die glückliche Hand* doit beaucoup à Scriabine et à Kandinsky. L'influence de Scriabine s'exerce en réalité «par personne interposée», Schoenberg l'ayant reçue de Kandinsky qui a été lui-même fortement marqué par cette approche. L'article de Sabaneev sur *Prométhée* publié dans l'*Almanach du Blaue Reiter* concernant notamment les relations entre musique et couleur n'a pu que conforter Schoenberg de travailler dans la bonne voie. *Die glückliche Hand,* dans laquelle Lionello Cammarota identifie «une œuvre picturale avant d'être une œuvre musicale» – tout comme *Le Cabinet du docteur Caligari* relèvera de «l'expressionnisme pictural appliqué au cinéma[29]»-, renvoie d'abord au «scénario» plus qu'à un livret, les indications scéniques étant considérablement plus importantes que les interventions vocales; par ailleurs, l'expérience personnelle de Schoenberg en tant que peintre à cette époque, est riche en visages de plus en plus schématisés – comme dans le *Regard rouge* daté de 1910 –, ces mêmes visages «éclairés en vert et dont seuls les yeux sont clairement visibles» qui émergent seuls du rideau au début de la partition. De même, de nombreuses maquettes de décor accompagneront la composition des deux ouvrages.

John Crawford a mis en évidence les étroites relations qui existent entre les correspondances imaginées par Kandinsky dans le chapitre «Formes et couleurs» de *Du Spirituel dans l'art* et la fameuse scène des couleurs du troisième tableau[30]: l'application des idées de Kandinsky s'y retrouve jusque dans les rapports entre couleur, timbres instrumentaux et affects (on a vu que *Herzgewächse* dépendait des mêmes théories). Il est cependant remarquable de constater à quel point Schoenberg prend parallèlement position, au travers de la réalisation, vis-à-vis de l'abstraction vers laquelle tendait Kandinsky: autant l'essentiel de la partition repose sur une conception à tendance thématique, autant la scène des couleurs échappe totalement à cette caractéristique en privilégiant un éparpillement orchestral généralisé

---

29. J. Mitry dans l'*Encyclopédie de l'expressionnisme,* p. 218.
30. «*Die glückliche Hand:* Schoenberg's Gesamtkunstwerk», *Musical Quarterly* IX (1974).

La forme et l'expression

unifié par le crescendo-decrescendo de vent et de lumière. L'opposition entre « construction » et « vision intérieure » trouve son équivalent dans le troisième tableau, illustrée par la dimension thématique, qui dépend plutôt d'une combinatoire d'intervalles (à base de secondes et de tierces) et qui donnera lieu à une variation développante particulièrement subtile procédant par expansions successives [31] :

mesures 89-124	125-165	166-202
l'Homme et les ouvriers : forge du diadème	Scène *des couleurs*	double échec de l'Homme ; la pierre l'ensevelit
thème et ses variantes (désir de l'Homme)	absence de thème éclatement par plans *ostinatos*	développement thématique (désespoir et impuissance)

---

[31]. Voir les commentaires de P. Albèra et de J. Demierre, notamment au sujet du rôle des tempos dans l'articulation générale, *Contrechamps* n° 2.

Quant au projet d'adaptation cinématographique dont il est question en 1913, il est significatif que Schoenberg cite, dans l'ordre, les noms de Kandinsky, Kokoschka ou Roller pour la conception des décors principaux, le film, évidemment en noir et blanc, devant être ensuite colorié; de même pour la scène des couleurs, Schoenberg, jamais à cours d'idées, préconise qu'il faudrait «projeter de la lumière sur scène au moyen de réflecteurs de couleur». Si ce projet n'a évidemment pas pu être mené à bien, le recours à des moyens cinématographiques – venant donc se surajouter aux autres prévus directement dans le texte – a été souhaité par le compositeur comme «le contraire de ce à quoi le cinéma aspire habituellement. Je veux: *La dernière irréalité*» (automne 1913).

Les articulations entre les tableaux extrêmes et médians – musique pour vents et percussions derrière la scène ponctuée par des rires –, relèvent de la tentative d'instaurer une hiérarchie entre une «musique de qualité», c'est-à-dire porteuse d'une intention esthétique et désireuse d'accéder au statut d'«œuvre», et une musique «vulgaire et tapageuse»: entre l'art et le non-art, entre la hauteur de pensée du créateur qui tient un discours unique et la trivialité d'un public qui se cantonne dans la facilité d'une musique de divertissement dont la manifestation de jouissance qu'elle entend procurer est indépendante de sa qualité. Cette relation entre ces deux catégories évoque en particulier l'inclusion du grotesque chez Mahler. Si la différenciation «qualitative» (Adorno) est sensible chez ce dernier parce que connotée, la «musique vulgaire», dont les deux citations encadrent les deux tableaux médians, est ici intellectualisée et s'individualise qualitativement par la distance: jouée par un ensemble situé derrière la scène, elle répond pour Schoenberg à un éloignement autant réel que stylistique. Il s'agit par là même d'une attitude didactique, d'une démonstration avec «preuve par l'œuvre», au travers de la volonté d'apporter un degré de conscience à un public et de jouer ainsi le rôle d'un guide, esthétique dans la réalisation, voire spirituel dans l'environnement culturel. De

La forme et l'expression

ce point de vue, *Die glückliche Hand* fait à nouveau référence aux *Maîtres chanteurs*, autant par la confiance en l'intuition créatrice dans l'échange entre l'élève et le maître :

> Walther. – Comment commencer d'après la règle ?
> Sachs. – Fixez-la vous-même et suivez-la ensuite
> (acte III, 2)

que dans l'opposition entre le chant savant et raffiné de Sachs et celui, ridicule, de la sérénade de Beckmesser au second acte – dans ce qui sépare création maîtrisée et médiocrité. Là où expression et conformité à la règle se rejoignaient dans la conjonction entre lyrisme et contrepoint chez Wagner, la différenciation entre musique vulgaire et création savante chez Schoenberg ne se manifeste pas avec la même efficacité.

L'aspect « trivial » par la citation ne trouve chez Schoenberg qu'une seule application d'une inclusion hétérogène avec la célèbre chanson *Ach du Lieber Augustin* dans le *Scherzo* du *Deuxième Quatuor*. Cependant, si Mahler posait les fondements de son esthétique sur les extrêmes, Schoenberg use plutôt de la citation « stylisée » en termes de revendication, les deux courtes interventions de « musique vulgaire » dans *Die glückliche Hand* symbolisant la société facile irréductiblement opposée à la création originale. Au-delà de la différence de ton entre les deux musiques brutalement opposées, c'est l'« incohérence » de la première par rapport à la seconde qui domine aux yeux de Schoenberg et qu'il entend faire admettre. Cette négociation tacite du compositeur n'en porte pas moins en elle-même sa propre contradiction puisque le public est censé considérer et porter un jugement de qualité accepté *a priori* sur la première : « Une des persuasions caractéristiques du XIXe et du début du XXe siècle, commente Dahlhaus, est qu'une œuvre qui survit à son époque de création en maintenant son statut d'œuvre d'art et le fait de le pronostiquer constitue un jugement esthétique qui lui attribue justement son caractère d'œuvre d'art ; en même temps des œuvres considérées comme médiocres sont vouées à la disparition [32]. » Outre la dimension autobiographique au travers de l'épisode dramatique Schoenberg-Gerstl-Mathilde dont on peut relever les traces dans toutes les œuvres de cette époque, la confrontation entre des musiques de qualités différentes implique un propos critique et non plus seulement esthétique. Au-delà de l'anecdote — la faillite du couple Schoenberg — qu'il importe de dépasser, voire de considérer comme secondaire, la dimension autobiographique n'en reste pas moins un critère que le théâtre expressionniste développera abondamment: « La forme même du monodrame, écrit Camille Demange, avec le découpage en stations et la division du plateau en une zone de lumière crue qui éclaire le héros et des zones de lumière tamisée dans lesquelles évoluent les silhouettes des groupes, fait que la scène est en réalité remplie par le personnage central qui projette autour de lui ses états d'âme. » Il s'agit précisément de ce que Schoenberg nomme, dans sa conférence sur *Die glückliche Hand*, le *rapport fondamental*, qui, par un « processus spirituel », relie tous les éléments mis en œuvre : « Il doit être clair que les *gestes*, les *couleurs* et la *lumière* ont été traités ici pareillement à des sons : qu'avec eux la musique a été faite. »

De la théâtralisation de la poésie à la voie religieuse

Avec *Pierrot lunaire*, forme et expression prendront une nouvelle dimension, ainsi que Schoenberg l'avoue lui-même dans son *Journal de Berlin*, au travers d'un leitmotif présent depuis la composition des *Lieder* op. 15 : « Hier, 12 mars [1912], j'ai écrit le premier mélodrame du *Pierrot lunaire*. Je crois que c'est bien.

---

32. « Über den Zerfall des musikalischen Werkbegriffs » dans *Schoenberg und andere*. Une traduction due à Pierre Korzilius a été publiée in *Analyse musicale* n° 29 (1992).

La forme et l'expression 207

Cela m'excite beaucoup. J'ai la conviction d'aller à la rencontre d'une expression nouvelle, je le sens. Les sonorités bestiales se transforment immédiatement en pulsations où se mêlent les vibrations des sens, de l'âme. Comme si c'était directement une transcription.» Par cet enthousiasme, Schoenberg renoue-t-il avec l'ivresse des premières sonorités des poèmes alors que la partition est à nouveau écrite très rapidement?

Pierrot lunaire porte la lourde responsabilité d'être emblématique. La notion d'emblème a cependant ceci d'ambigu que l'œuvre ainsi considérée semble se limiter à tout ce que l'on peut mettre derrière un titre incarnant à lui seul une facette de la modernité. Il est vrai que, contrairement aux deux ouvrages lyriques qui ne seront donnés qu'après 1920, *Pierrot lunaire* a été joué rapidement et abondamment en Allemagne et dans toute l'Europe — jusqu'en Italie où Puccini se déplaça spécialement pour écouter cette musique qu'il jugea «étrange mais bonne» —, et s'est ainsi vu chargé d'une responsabilité particulière comme si la partition avait concentré l'ensemble des thèmes schoenbergiens. En tant que position centrale dans la production de cette période, et point de convergence entre les conditions mises en œuvre dans les œuvres environnantes[33], *Pierrot lunaire* constitue effectivement un emblème parce que charnière fondamentale entre le premier expressionnisme «intuitif» de Schoenberg et celui caractérisé par la réintégration des formes et des types d'écriture savants, dans le croisement entre des pièces rigoureuses et des pièces libres, ceci parallèlement à la distance entre l'écriture instrumentale et la poésie théâtralisée.

Le sujet proposé et commandé par la «diseuse» Albertine Zehme répond autant au goût du public pour le mélodrame — *Das Hexenlied* de Schillings avait remporté un grand succès en 1902 — qu'à l'importance croissante de la parodie qui caractérisait en particulier les soirées du *Nouveau Club* de Kurt Hiller et dont

---

33. Voir notre commentaire à ce sujet dans Stuckenschmidt-Poirier, *Schoenberg*, p. 604.

Der Sturm ou *Die Aktion* se sont fait l'écho. Une parodie qui s'exerçait essentiellement, selon Maurice Godé, dans la poésie dans laquelle la référence aux schémas métriques classiques jurait sévèrement avec le contenu thématique qui tournait en dérision la tradition. Un poème tel que *Le Crépuscule* (*Die Dämmerung,* 1911) de Lichtenstein, en trois quatrains de décasyllabes, peut permettre de mieux saisir la raison du choix des poèmes d'Albert Giraud :

> Un gros gars s'amuse avec un étang.
> Le vent dans un arbre s'est trouvé pris.
> Le ciel a l'air d'un noceur, il est blanc
> Comme si le fard lui était parti.
>
> Penché de guingois sur leurs longs bâtons
> Et causant, deux boiteux par les champs flânent.
> Peut-être est tombé fou un poète blond
> Un cheval bronchant renverse une dame.
>
> Adipeux un homme colle à une fenêtre.
> Une femme tendre accueille un jeune garçon.
> Un clown grisâtre se chausse de ses guêtres.
> Un landau chiale et des chiens hurlent des jurons [34]

Outre la construction particulière des poèmes de Giraud qui répondent tous au même schéma [35], la disposition retenue par Schoenberg en trois parties regroupant sept poèmes – sans plus insister sur un tel symbolisme numérique – n'est pas sans faire allusion à la préoccupation architectonique des recueils de George comme dans *Le Tapis de la vie* (soixante-douze poèmes de forme identique et groupés en trois livres symétriques) ou dans le *Septième anneau* (sept livres en position concentrique autour du livre «Maximin»). Ce parallèle avec *Pierrot lunaire,* qui n'est probablement pas fortuit, conduit à des interprétations

---

34. L. Richard, *Expressionnistes allemands*, p. 119.
35. Treize vers, avec seulement deux rimes réparties suivant le schéma : A B c d e f A B g h i j A.

aussi riches que symboliques, depuis celle de Susan Youens qui voit la mise en scène du créateur face à son inspiration personnifiée par la lune [36], jusqu'à celle, plus éclairante encore dans ce contexte, de Carl Schorske qui décèle l'allusion à une messe dans laquelle Schoenberg utilisait le symbole religieux pour identifier «la mission de l'artiste à celle du Christ»: les trois parties de sept poèmes «suggéraient grosso modo, les trois parties de la messe. La seconde qui correspond à la consécration est emplie de meurtres hallucinés et a pour pièce centrale, au cœur donc du cycle tout entier, un Lied (n° 11) intitulé "Messe rouge". Là, Pierrot grimpe sur l'autel, déchire les vêtements sacerdotaux, puis présente aux âmes terrifiées l'hôte rouge dégouttant de sang: son propre cœur, entre ses doigts sanglants pour [leur] macabre communion [37]». *Pierrot lunaire,* si l'on adhère à l'interprétation de Schorske, constituerait alors ce point central par lequel Schoenberg trouve sa voie au travers du message religieux — ici latent au même titre que dans *Die glückliche Hand* —, et de plus en plus pressant: le refus de la société n'acceptant pas le discours de l'artiste au sens messianique, il était nécessaire de réaliser ce discours dans le cadre d'une œuvre fondamentalement religieuse ainsi que le sera *L'Échelle de Jacob.* L'expressionnisme de Schoenberg ne trouvera son aboutissement qu'à ce prix.

«L'influence des grands hommes sur le cours de la vie, à supposer qu'il y en ait une, est des plus minces. Qu'on se rappelle la pensée de Platon, du Christ, de Kant, de Swedenborg, de Balzac et de bien d'autres, et qu'on songe à ce que croient les gens d'aujourd'hui et à la façon dont ils dirigent leur vie. Bien peu s'inspirent des grands penseurs, presque tout le monde se conduit comme s'ils n'avaient jamais existé.» Ces lignes, extraites de l'article de 1911 consacré à Liszt, auraient pu être incluses dans une des

---

36. «Excavating an Allegory: The texts of *Pierrot lunaire*», *Journal of the Arnold Schoenberg Society,* vol. VIII/2 (1984).
37. *Vienne fin de siècle,* p. 329.

professions de foi du compositeur à cette époque – « ce que croient les gens d'aujourd'hui » ne renvoie-t-il pas aux deux épisodes de musique « vulgaire » de *Die glückliche Hand* ? –, ou dans la lettre capitale qu'il adresse à Kandinsky dix ans après *Pierrot lunaire* et *Die glückliche Hand* : « Lorsqu'on a été habitué, par son travail, à balayer toutes les difficultés au moyen d'un gigantesque effort intellectuel et qu'on se retrouve pendant ces huit années constamment confronté à de nouvelles difficultés contre lesquelles toute pensée, toute invention, toute énergie, toute idée est impuissante, cela signifie, pour celui qui tenait toute chose pour idée, l'effondrement, dans la mesure où il ne s'est pas appuyé, de plus en plus, sur d'autres croyances plus hautes. Ce que je pense, c'est mon poème *L'Échelle de Jacob* (un oratorio) qui vous le dirait le mieux : je veux dire – même si c'est sans contrainte d'organisation – la religion. C'était dans ces années mon seul soutien – je le dis pour la première fois » (2 juillet 1922).

On notera que les références mentionnées dans le premier texte sur Liszt forment, avec Strindberg, le fonds essentiel des lectures et des réflexions de Schoenberg : précisément *Séraphîta* de Balzac et *Le Combat de Jacob* de Strindberg que cite le compositeur quand il s'adresse à Dehmel pour lui demander un livret pour son projet d'oratorio « dont le sujet serait : comment l'homme d'aujourd'hui [...] se bat avec Dieu et réussit à trouver Dieu et la religion » (13 décembre 1912). On a vu également combien les idées de Weininger étaient latentes dans cette formulation.

Grâce à Webern, on sait que, dès l'hiver 1911-1912, Schoenberg cherchait à combiner les textes cités de Balzac et de Strindberg. Ayant renoncé à cette idée, il tenta de retranscrire aussi fidèlement que possible le texte de Balzac en concevant une œuvre répartie sur trois soirées [38] et prévoyant un effectif choral et orchestral considérable pour l'épisode final de

---

38. Lettres inédites de Webern à Berg (1912) citées par J.C. Crawford, *The relationschip of Text and Music in the vocal works*.

l'«Assomption». Après avoir demandé en vain à Dehmel de lui fournir le texte de l'oratorio, Schoenberg en viendra à élaborer le projet monumental d'une Symphonie dont le texte consistait en un «montage» entre des emprunts à la Bible, un vaste poème de Dehmel, deux autres de Rabindranath Tagore et plusieurs textes de Schoenberg lui-même [39] dans l'esprit de la *Huitième Symphonie* de Mahler. Cette entreprise mènera le compositeur à la mise au point du texte de *L'Échelle de Jacob* à partir de 1915, et deux ans plus tard à celle de la partition qui restera inachevée à la fin de la première partie. Comme dans le cas de *Die glückliche Hand,* le poème de *Die Jakobsleiter* sera publié en 1917 par Universal, l'éditeur de Schoenberg, peu de temps avant le début de la composition [40].

« C'est le moment de parler, écrit Schoenberg, de l'étonnant secours apporté par le subconscient. Je suis convaincu qu'on peut découvrir dans les œuvres des grands maîtres quantité de passages qui relèvent du miracle, tant leur profondeur insondable et le caractère prophétique de leur message semblent dépasser les limites de l'humain.» Donnant ensuite un exemple tiré de la *Symphonie de chambre* op. 9, il poursuit en montrant « qu'il existe un pouvoir créateur qui transcende le cerveau humain et qui produit des miracles dont nous ne devons pas nous attribuer le mérite» (*S & I,* 69). En citant ce passage de l'article « Mon évolution », Carl Dahlhaus a insisté sur la façon dont Schoenberg établit une relation entre «subconscient» et «miracle», avec pour résultante l'interchangeabilité entre les catégories de la religion et de la psychologie [41], et dont on peut trouver les prémices dans l'article déjà cité consacré à Liszt :

---

39. Voir le plan détaillé de la *Symphonie* et la genèse de *L'Échelle de Jacob* in Stuckenschmidt-Poirier, *Schoenberg,* p. 622 sq.
40. Une lecture publique sera organisée par Schoenberg dans le cadre de la «Société d'exécutions musicales privées» le 22 mai 1921 (lue par Wilhelm Klitsch).
41. «Schoenbergs ästhetische Theologie» (1974) repris dans *Schoenberg und die andere.*

« L'œuvre parfaite créée par un grand artiste trouve essentiellement sa source dans les instincts ; plus aveuglément il leur aura obéi, mieux il aura su les exprimer et plus grande sera son œuvre. Le rapport est exactement le même, s'il n'est pas encore plus direct, entre la foi, la foi indépendante de la raison, et la vie instinctive » (*S & I,* 343). Ce lien capital entre foi et intuition créatrice est non seulement latent dans les œuvres de cette époque, mais également susceptible de justifier la pensée de Schoenberg dont les œuvres religieuses tenteront de définir la relation entre l'homme et Dieu. C'était là le sens de sa remarque quand il écrivait à Kandinsky que le poème de *L'Échelle de Jacob* pouvait expliciter son propre développement spirituel.

Le « combat avec Dieu » dont parlait encore Schoenberg dans sa lettre à Dehmel renvoie évidemment à l'épisode de la lutte de Jacob avec l'ange (Genèse 32, 25-32) à l'issue de laquelle le nom de Jacob sera changé en celui d'Israël (« celui qui lutte avec Dieu »). Dans le songe de Jacob (Genèse 28, 10), l'échelle est un escalier monumental dont le sommet touchait le ciel et emprunté par les anges pour mener les âmes au ciel. En citant Balzac et Strindberg, Schoenberg prolongeait les idées du Suédois Emmanuel Swedenborg (1688-1772) qui constituaient la source commune aux deux écrivains et qui alimentaient les discours théosophiques auxquels Kandinsky avait largement fait allusion dans *Du Spirituel dans l'art*. À l'humanité partagée entre les sphères supérieures et les sphères inférieures selon la conception de Swedenborg, et au discours de Balzac, viendra se surajouter la vision de Strindberg dont la dernière pièce, *La Grand-route* (1909), évoque, au travers du combat de Jacob, l'assimilation de l'auteur à la fois avec le banni et l'élu :

> Ô Éternel ! Je ne lâcherai pas ta main !
> Ta main si dure, avant que tu ne m'aies béni !
> Bénis-moi mon Dieu, bénis ton humanité
> Qui souffre, car tu lui as donné la vie !

Et moi d'abord, qui ai le plus souffert,
Qui ai le plus souffert de la douleur
De ne pouvoir être celui que je voulais !

Les principales idées du texte de *Die Jakobsleiter,* issu donc d'un amalgame complexe, sont déjà présentes chez Balzac : « Tous les êtres passent une première vie dans la sphère des instincts, où ils travaillent à reconnaître l'inutilité des trésors terrestres après s'est donné mille peines pour les amasser [...]. Car, la matière épuisée, vient l'esprit. Combien de formes l'être promis au ciel a-t-il usées avant d'en venir à comprendre le prix du silence et de la solitude dont les steppes étoilées sont le parvis des mondes spirituels ! [...] Ceux qui sont arrivés au point où leurs yeux découvrent la porte sainte, et qui, sans jeter un seul regard en arrière, sans exprimer un seul regret, contemplent les mondes en en pénétrant les destinées, ceux-là se taisent, attendent et souffrent leurs dernières luttes ; la plus difficile est la dernière, la vertu suprême est la résignation : être en exil et ne pas se plaindre, n'avoir plus goût aux choses d'ici-bas et sourire, être à Dieu, rester parmi les hommes ! Vous entendez bien la voix qui vous crie "Marche ! marche [42] !" » Cette dernière citation pourrait à elle seule résumer le propos de l'oratorio de Schoenberg dont la première partie, la seule à avoir été mise en musique, est elle-même partagée en divers groupes de chœurs symbolisant l'humanité et les âmes qui croient mériter le paradis grâce à leur conduite, défilant une à une devant l'ange Gabriel. Ce même propos pourrait tout autant s'appliquer à *Un survivant de Varsovie,* remarquable cantate qui prolongera à la fois, à trente ans de distance, l'écriture et l'intention de *L'Échelle de Jacob* tout en en proposant l'un des aboutissements possibles [43].

---

42. Balzac, *Séraphîta,* chap. VI, « Le chemin pour aller au ciel ».
43. Gabriel et le récitant, ce dernier incarnant également le sergent qui compte les déportés qu'il envoie à la mort, tiennent en fin de compte le même rôle, et le puissant chœur final – le *Schema Yisroel* – renforce l'explicitation,

1. Vie terrestre	
Gabriel HUMANITÉ	
À droite, à gauche, en avant, en arrière, il faut poursuivre	*Sprechgesang*
désespérante solitude... (double chœur, 2 × 6 voix) *joie de la vanité, amour-propre* *Un enfant est venu au monde... un homme exulte* *et meurt, est enterré, oublié...*	*Sprechgesang* (chanté) *Sprechgesang*
Peu importe ! poursuivez !	*Sprechgesang*
poursuivre ?	double chœur *Sprechgesang*
UNZUFRIEDENE / **ceux qui sont satisfaits** (chœur altos et basses) *Ni commencement, ni fin ! Ne jamais te posséder* chant	
ZWEIFELNDE / **ceux qui doutent** (chœur mezzo-sop. et ténors) *Ni commencement, ni fin ! C'en est fait* chant et *de notre amour !* *Sprechgesang*	
JUBELNDE / **ceux qui exultent** (chœur sopranos et ténors) *Ni commencement, ni fin ! Quand notre amour* *a-t-il commencé ?* chant	
poursuivre ?	double chœur *Sprechgesang*
DIE GLEICHGÜLTIGEN / **les indifférents** (chœur mezzo-sop. 1) *Toujours poursuivre, pourquoi pas ?* DIE SANFTERGEBENEN / **les résignés dociles** (chœur altos + chœur *... et ainsi on le prend comme ça vient...* a cappella)	
Peu importe ! poursuivez !	*Sprechgesang*

2. Esthétique et spiritualité	
Gabriel ÂMES	
Par ici, vous qui croyez être arrivés plus près par vos actes	
EIN BERUFENER / **un appelé** (ténor)	
je cherchais la beauté. Je lui ai tout sacrifié	(chant)
j'ai soumis sans réflexion tout sens à la forme	
Païen que tu es, tu n'as rien vu	
EIN AUFRÜHRERISCHER / **un rebelle** (ténor)	
Le dieu des instincts et celui des commandements	*Sprechgesang*
ne peut pas être le même	
Étroitesse de vues et présomption	
EIN RINGENDER / **un lutteur** (baryton)	
j'ai cherché innocemment le bonheur. Quand j'ai vu	*Sprechgesang*
qu'il m'était refusé, j'ai aspiré par le renoncement	
Plus tu as des raisons d'être malheureux, plus tu es près	*Sprechgesang*
EIN RINGENDER / **un lutteur** (baryton)	
j'ai douloureusement senti l'absence	*Sprechgesang*
de la parole qui guide	
Approche, toi qui ressembles à un Être	chant + chœur
bien plus haut, comme le lointain son harmonique au son fondamental	bouche fermée
DER AUSERWÄHLTE / **l'élu** (baryton)	
j'essaie de fuir la matière	
Ils sont le thème, je suis la variation	
Vous ne participerez pas à la forme, elle sera vôtre plus tard	chant
DER MÖNCH / **le moine** (ténor)	
J'ai lâchement évité de m'exposer à la tentation	*Sprechgesang*
Tu as abandonné toute splendeur pour un triste savoir.	*Sprechgesang*
Va, sois prophète et martyr	
DER STERBENDE / **le mourant** (soprano élevé)	
Effroyable est une seule vie, une seule souffrance !	
il devient léger et sait que ses vies mortes le portent	
À présent tu ne te plains plus / tu es près car ton moi est aboli	
DIE SEELE / **l'âme** + voix de femmes	*Sprechgesang* +
Remplis-toi de courage et de force pour la rude épreuve !	sop. élevé
supprime les sens... supprime la raison...	
Misère terrestre, il doit encore cheminer !	
GRAND INTERLUDE SYMPHONIQUE	

Die Jakobsleiter commence là où se terminait *Die glückliche Hand*, par le constat de l'échec de l'homme : « Tu ne comprends que ce que tu saisis [...] Et tu cherches pourtant ! Et tu te tourmentes et tu es sans trêve. Malheureux ! » Les appels répétés de Gabriel – « Poursuivez sans demander ce qu'il y a devant ou derrière vous » –, dont l'alternance avec les interventions chorales et vocales évoquent fortement les « cantates du dialogue » de Bach[44], inviteront à la même réflexion sur les limites de l'action humaine, exprimée ici au travers d'une succession de confessions.

Les cinq chœurs personnalisés et les sept interventions solistes, qui composent distinctement les deux moitiés de la partition existante, sont caractérisés par une écriture vocale partagée entre le *Sprechgesang* et le chant – entre la révolte du chœur initial et la démission de celui des « indifférents » –, conduisant à la libération des lignes suraiguës de l'âme à la fin de l'œuvre (voir tableau synoptique pages 214-215). La variété extrême des moyens utilisés – polyphonie jusqu'à douze voix réelles, chœur en octaves – renvoie à celle des procédés d'individualisation tel l'emploi des cordes graves pour les interventions de Gabriel, procédé évoquant encore les accompagnements codifiés de Bach dans les récitatifs de l'Évangéliste de ses Passions : les cinq contrebasses qui soutiennent le *Sprechgesang* de Gabriel au début de la partition apparaissent clairement comme un équivalent à l'ancienne basse continue.

Dans le sens de l'interchangeabilité entre religion et psychologie remarquée par Dahlhaus, les deux grandes parties, respectivement chorale et soliste, opposent la vie matérielle et l'esthétique, comme en référence aux parts émotionnelle et intellectuelle qui

---

et l'acceptation au sens juif, du sacrifice. Voir notamment A. Ringer, « A. Schoenberg and the prophetic image in music » dans *Journal of the Arnold Schoenberg Society*, vol. I/1 (1976), et « A. Schoenberg and the politics of jewish Survival », *ibid.*, vol. III/1 (1979).

44. Particulièrement les cantates BWV 32 (« L'âme et Jésus ») et 60 (« La crainte et l'espérance »). Le « chœur des Indifférents » dans *Die Jakobsleiter* est lui-même à rapprocher de l'écriture de ces cantates.

La forme et l'expression

composaient les tableaux centraux de *Die glückliche Hand*. Les réflexions concernant la dimension esthétique abordent successivement la vanité de la forme conçue sous l'angle de «l'art pour l'art» auquel Schoenberg a été fidèle à une époque (un appelé), la relation entre l'instinct et la loi (un rebelle), et l'aboutissement introduisant l'idée de la réincarnation et de la renaissance (le mourant).

Aux concepts expressionnistes de la régénération spirituelle et de l'homme nouveau, s'ajoutent ceux de la simultanéité, et par conséquent les approches liées au temps et à l'espace, annoncées dès le début par Gabriel : «Que ce soit à droite ou à gauche, en avant ou en arrière, vers le haut ou vers le bas – il faut poursuivre, sans demander ce qu'il y a devant ou derrière vous.» La disposition envisagée par Schoenberg prévoyait en effet une progression dans la diffusion sonore, entre la première partie où chœurs, solistes et orchestre sont placés sur la scène, et la seconde qui aurait intégré peu à peu des ensembles disposés de manière à multiplier les sources (*Fernchöre* et *Fernorchester,* chœurs et orchestres lointains). Les quatre groupes prévus, avec l'omniprésence de l'harmonium, étaient les suivants :

	Groupe 1	*Groupe 2*
«Au-dessus de l'orchestre principal»	soprano élevé harmonium 6 violons solos	3 hautbois, cor anglais clarinette, clarinette basse 3 trompettes mandoline, célesta, harpe, harmonium 5 violons solos
	Groupe 1	*Groupe 2*
«Dans le lointain»	soprano élevé (l'âme) 3 trompettes, 2 cors harmonium 6 violons solos	3 sopranos 2 cors 2 trombones harmonium 6 violons solos

L'extrême fin de la première partie permet d'entendre la mise en œuvre de cette disposition qui devait être largement développée dans la seconde, renforçant encore l'idée d'opposition entre le matériel et le spirituel parvenue enfin à l'essence de la prière, telle que Schoenberg l'a empruntée à Balzac : « L'univers appartient à qui veut, à qui sait, à qui peut prier ; mais il faut vouloir, savoir et pouvoir ; en un mot posséder la force, la sagesse et la foi » *(Séraphîta).* L'unité parfaite devait être réalisée dans le triple chœur final, un espace à plusieurs dimensions autant pressenti chez Swedenborg que par la réflexion de Schoenberg sur la peinture après sa rencontre avec Kandinsky. «*L'unité de l'espace musical exige une perception absolue et unitaire* [45] » : en tant qu'argument destiné à introduire la « méthode de douze sons » dans un article plus tardif (1941) – la série dodécaphonique avec ses quatre présentations et sa double fonction mélodique et harmonique –, cette définition prend toute sa valeur dans le contexte de *L'Échelle de Jacob,* où « chaque configuration musicale, chaque mouvement de sons doit être avant tout compris comme une relation mutuelle entre sons, de nature oscillatoire, apparaissant en différents endroits et à différents moments » ; idée mise en œuvre jusque dans l'ultime prière qui devait résonner symboliquement à partir de trois sources spatialisées pour en mieux traduire le sentiment d'éternité (cf. tableau ci-contre).

Le mysticisme juif qui s'exprime entre autres dans la *Kabbale* peut encore trouver ici une application, par « l'intégration de la cosmologie hekhalotique dans l'un des quatre univers spirituels qui se prolongent l'un l'autre de haut en bas : l'univers *atsilut* (émanation) formant l'anthropos primordial, l'univers *beriyah* (création), l'univers *yetsirah* (formation) comprenant les armées angéliques et l'univers *asiyah* (fabrication) en tant qu'archétype

---

45. *S & I,* 170. «L'ESPACE À DEUX OU PLUSIEURS DIMENSIONS DANS LEQUEL SONT PRÉSENTÉES LES IDÉES MUSICALES EST UNE UNITÉ. » Cette autre phrase capitale est donnée en majuscules dans l'édition originale (*Style and Idea,* p. 220), ce que l'éditeur de la traduction française n'a pas cru bon de respecter.

« Chœur d'en bas »	« Chœur principal »	« Chœur d'en haut »
Seigneur dans les cieux, Écoute notre imploration, Pardonne nos péchés, Accorde-nous ta grâce, Exauce nos prières, Accomplis nos vœux, Prête attention à nos lamentations, Accorde-nous l'amour et le salut éternels.	Seigneur dans les cieux, Écoute leur imploration, Pardonne leurs péchés, Accorde-leur ta grâce, Exauce leurs prières, Accomplis leurs vœux, Prête attention à leurs lamentations, Accorde-leur amour et salut éternels. Amen !	Seigneur dans les cieux, Qui écoute votre imploration, Qui comprend vos péchés, Qui vous accorde sa grâce, Qui entend vos prières, Qui entend vos vœux, Qui est attentif à vos lamentations, Qui vous accorde amour et salut éternels.

du monde visible [46] ». Bien que la reconversion officielle de Schoenberg au judaïsme n'intervienne qu'au moment de fuir l'Allemagne de Hitler, son « retour à la religion juive », ainsi qu'il s'en ouvrira à Berg (16 octobre 1933), aura trouvé ici sa première manifestation.

Bien qu'inachevé dans la partition qui nous est parvenue, le vaste projet de *L'Échelle de Jacob* consiste encore en l'application du principe formel de *Herzgewächse,* ici plus étendu que dans *La Main heureuse,* et surtout dans une œuvre « monumentale » — au sens kandinskyen — rassemblant l'ensemble des thèmes précédemment traités et constituant ainsi l'apogée de l'expressionnisme schoenbergien.

Seule composition achevée pendant cette période, les superbes *Quatre Lieder* op. 22 — dont le premier s'intitule « Séraphîta » (poème de Ernest Dowson) —, sont à mettre en relation avec *L'Échelle de Jacob,* entre autres par le choix, en apparence surprenant, de poèmes de Rilke pour les trois Lieder suivants :

---

46. D'après M. Eliade et I. Couliano, *Dictionnaire des religions* (Plon, 1990).

« Tous ceux qui te cherchent, te tentent. Et ceux qui te trouvent te lient à l'image et au geste » (n° 2, *Alle welche dich suchen*). Le texte du *Chemin biblique*, et plus encore *Moïse et Aaron*, ne seront, à leur tour, compréhensibles qu'à la lumière de cette époque, la plus riche et la plus essentielle de toute l'œuvre de Schoenberg.

Ainsi la synthèse du parcours entre forme et expression est illustrée par une trajectoire explorant les problématiques de l'inconscient, avec la fulgurance pour corollaire *(Erwartung)*, celle de l'homme et de l'artiste au sein de la société *(Pierrot lunaire, Die glückliche Hand)*, jusqu'à la réflexion intériorisée sur l'humanité, dans le rapport entre foi et création.

Parvenu à ce point, l'expressionnisme de Schoenberg aura finalement consisté à prendre en charge un nombre considérable de questions fondamentales dont aucun autre musicien n'a proposé d'équivalent. « C'est moi le coupable[47] », dira encore Schoenberg en 1949, irrémédiablement fidèle à son engagement.

---

47. Titre d'un court article repris dans *Le Style et l'Idée*.

CHAPITRE VII

Le lied expressionniste et ses dérivés

Si le genre du Lied constitue l'un des révélateurs les plus intéressants d'une esthétique, c'est non seulement en raison de l'importante tradition du Lied germanique qui se manifeste de façon quasi ininterrompue de Schubert à Mahler et à Strauss, mais également par le choix des textes et l'orientation musicale qui en découle. Dans le cadre de l'expressionnisme, le Lied permet surtout de démontrer des attitudes opposées, voire contradictoires dans l'intervalle qui définit les extrêmes : du genre littéralement absorbé par le théâtre jusqu'à l'abstraction, ou, si l'on veut, de la poésie théâtralisée aux discours parallèles entre poème et musique, le Lied expressionniste, dont nous donnons quelques-uns des exemples les plus remarquables ci-dessous, se réalise effectivement à l'intérieur d'un champ de possibilités plus que jamais écartelé.

Berg et le théâtre implicite

Si l'on en croit Schoenberg, le jeune Berg qu'il a connu en tant qu'élève était incontestablement très doué mais possédait une imagination qui refusait manifestement de composer rien d'autre que des Lieder : « Même les accompagnements de piano de ses mélodies étaient de style chanté. » Les très nombreux Lieder qui précèdent la *Sonate pour piano* op. 1 de 1908 suffiraient à le démontrer. Ayant fortement orienté Berg vers l'écriture instrumentale, Schoenberg n'en pressentait pas moins le talent dramatique de Berg jusqu'à lui conseiller d'écrire pour le théâtre : « J'ai souvent pensé que vous y seriez bon ! » (3 octobre 1912). Si Berg répond qu'il a déjà pensé aux « Pièces de chambre » de Strindberg – dont la plus célèbre est *La Sonate des spectres* –, il garde en mémoire les représentations privées de *La Boîte de Pandore* de Wedekind – qui deviendra *Lulu* –, accompagnées des conférences de Kraus en 1905 [1], et découvrira bientôt le *Wozzeck* de Büchner lors des premières représentations viennoises en mai 1914. C'est parallèlement à cette attirance pour le théâtre que Berg aborde en 1912 les poèmes aphoristiques des « Cartes postales » d'Altenberg. Familier du poète, qui écrira même quelques vers inspirés par Hélène Berg, le compositeur emprunte cinq textes très courts au recueil *Neues Altes* paru l'année précédente [2]. S'agissant, rappelons-le, de sa première expérience orchestrale, Berg franchit le premier pas vers la combinaison voix et orchestre, peu avant qu'il ne découvre *Le Chant de la Terre* de Mahler créé à la fin de l'année 1912.

Les *Altenberg-Lieder* op. 4 sont encore tributaires du modèle schoenbergien du *Deuxième Quatuor* op. 10 avec voix, en

---

1. K. Kraus, *La Boîte de Pandore*.
2. Une anthologie de poèmes et textes en prose d'Altenberg en français due à M. Couffon a été regroupée sous le double titre *Esquisses et nouvelles esquisses viennoises* (1989). Nous y empruntons la traduction des *Textes sur cartes postales*.

particulier par le fait que Berg choisit le texte «Au-delà des limites de l'univers» pour son troisième Lied, lentement déclamé sur une harmonie d'un accord de douze sons donné aux vents: «l'air d'une autre planète» du poème de George (op.10/IV) est ici prolongé au-delà des limites de l'univers tonal, dans une orchestration miroitante directement inspirée de «Farben» des *Pièces pour orchestre* op. 16. La musique illustre moins le poème que ce dernier ne révèle, par-delà son sens premier, l'esthétique musicale qui est, à cette époque, commune aux trois Viennois: l'exploration d'un nouveau monde sonore consacrant l'éloignement du tonal, la «vie ici-bas» qui s'effondre au centre du poème, là où le chant s'efface pour n'être plus qu'un murmure *a cappella* («*plötzlich ist alles aus*»).

Über die Grenzen des All blicktest du sinnend hinaus ;	Au-delà des limites de l'univers s'envolait ton regard pensif;
Hattest nie Sorge um Hof und Haus! Leben und Traum vom Leben... plötzlich ist alles aus...	Sans souci pour ta vie ici-bas! Une source et les rêves d'une vie... soudain tout s'effondre...
Über die Grenzen des All blickst du noch sinnend aus!	Au-delà des limites de l'univers s'envole encore ton regard pensif!

La construction poétique, avec le premier et le dernier vers renvoyant l'un à l'autre dans un miroir gauchi par l'opposition des conjugaisons — passé et présent —, impose au cadre formel du Lied son équivalent musical en l'espace de vingt-cinq mesures: aux vents exclusifs du début répondent les seules cordes divisées, et à la présentation harmonique initiale répond l'arpège qui égrène un à un les douze sons jusqu'à reconstituer l'accord initial. Parallèlement, la voix dévide la quasi-totalité des douze sons avec, pour le quatrième vers, le stupéfiant geste vocal d'un cri étouffé *(contre-ut pianissimo!)* :

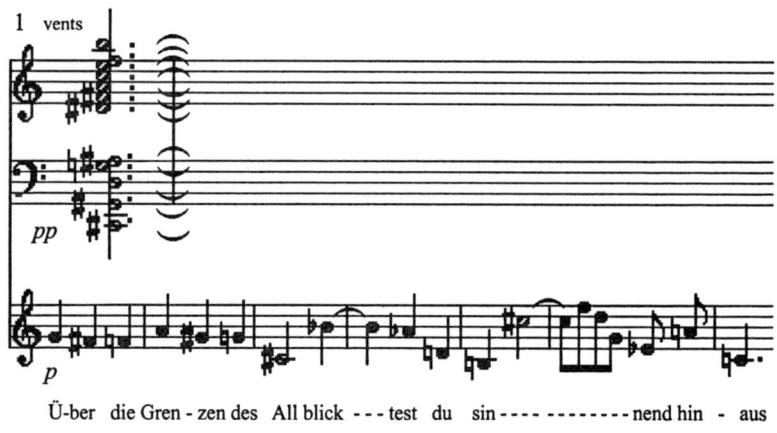

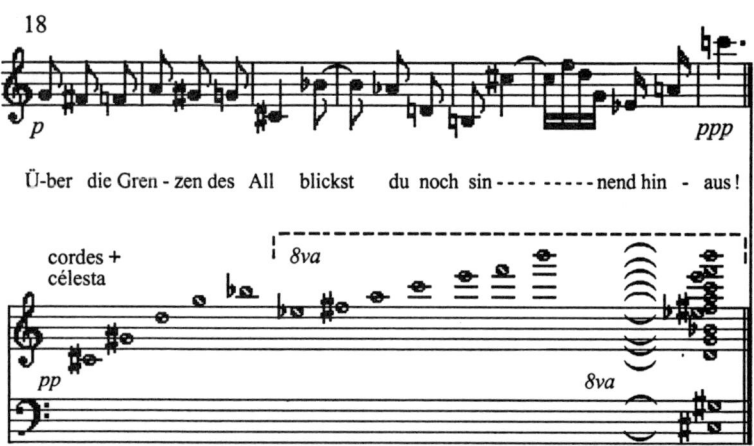

Aux accords dodécaphoniques qui caractérisent les vers extrêmes correspondront les harmonies dispersées des deux vers médians, marquées par les intervalles connotés tonalement avec le saut de sixte descendant auquel répond, dans le même esprit d'un miroir gauchi, la permanence de l'intervalle de tierce. La relation entre une expressivité concentrée et les avancées du langage musical ne sera jamais mieux illustrée que dans ce Lied qui pourrait à lui seul prendre valeur de manifeste expressionniste.

Annonçant plus encore les caractéristiques de la vocalité que les futures constructions complexes de *Lulu,* le premier Lied du recueil se distingue du précédent par l'importance donnée à l'orchestre dans la première moitié du Lied avant que n'intervienne la voix. Au travers d'une évocation érotisée des tempêtes de neige, image que le second Lied approfondira («Toi aussi, femme, tu as besoin de pluies d'orage»), le poème concentre une progression en «préparation, climax et dissipation» en à peine quatre vers :

> Âme, comme tu es belle, profonde après les tempêtes...
> Tu es comme la nature, tu connais ses déchaînements...
> Et sur l'une et l'autre plane encore un souffle de brume,
> Quand les nuages ont disparu !

L'illustration de la tempête est rendue subtilement par le procédé de *simultanéité*, dans une polyrythmie apparemment désordonnée résultant de la superposition d'un seul motif avec lui-même dont Mosco Carner a montré la complexité[3]. Le déroulement de la partie orchestrale mérite d'être commenté : un motif initial de cinq sons (*sol − mi − fa − si − la*), répété d'abord textuellement puis transposé vers l'aigu, évolue parallèlement à un crescendo généralisé.

Avec l'épuisement du motif qui disparaît bientôt dans le déchaînement orchestral, un second motif, encore indifférencié, se forme dans les cordes en trois amorces successives − progression très caractéristique chez Berg −, chacune se nourrissant de la précédente par des extensions chromatiques en mouvement contraire, pour aboutir au motif initial (encadré dans l'exemple) :

---

3. *Berg,* p. 139.

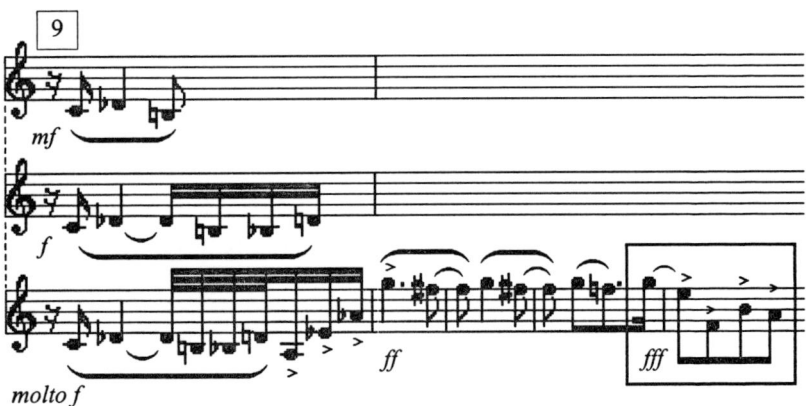

Il s'agit là d'un second degré de simultanéité, non pas d'événements thématiques cette fois mais bien de *déroulements dramatiques*, le motif principal disparaissant au moment où l'on assiste à sa propre genèse...

Le cheminement général de cette partie, qui répond déjà au célèbre schéma « exposition / péripétie / catastrophe » de *Wozzeck* [4], cédera la place au texte après la « dissipation des brumes » précédant l'entrée de la voix.

La deuxième moitié du Lied reproduira le même parcours *avec* le texte, celui-ci justifiant rétrospectivement la première mise en musique purement orchestrale. Entre prémonition et souvenir, la conception de Berg charge ainsi le genre du Lied d'une dimension fondamentalement théâtrale, jusque dans l'apparition de la voix qui évolue du son inarticulé jusqu'au chant en trois étapes :

 * « bouche fermée » : naissance de la voix
 ** « bouche ouverte » : naissance du son chanté
 chant : naissance du texte articulé.

---

4. Selon les propres termes de Berg dans sa « Conférence sur *Wozzeck* » reprise dans Berg, *Écrits*.

Le cycle des cinq Lieder étant agencé symétriquement, on retrouvera, non pas le motif initial, mais les arrêtes de sa progression qui formeront le thème de la passacaille dans le cinquième : « Ici la neige qui fond en gouttes devient flaques d'eau... » dira le dernier texte :

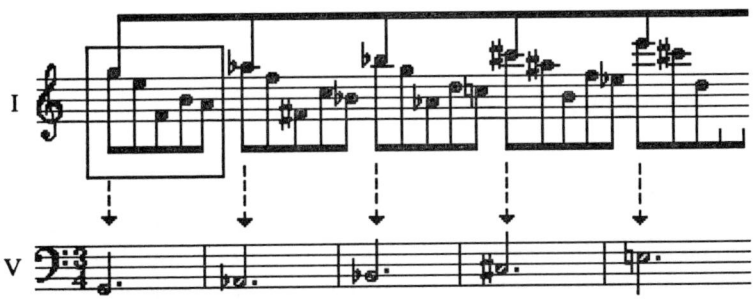

Passacaille

La notion d'« opéra latent » (Adorno) qui a été appliquée à une œuvre instrumentale telle que la *Suite lyrique* pour quatuor à cordes (1926) pourrait fournir encore un exemple des rapports multiples qu'entretiennent texte et musique. Dans cette œuvre à dimension autobiographique révélée grâce à une partition annotée de la main du compositeur[5], le final, *Largo desolato*, apparaît en fin de compte comme la mise en musique sous-

---

5. Cf. G. Perle, « The secret Programme of the *Lyric Suite* », *Musical Times* (septembre 1977).

jacente du *De profundis* de Baudelaire dont le texte est noté de la main du compositeur sous les parties instrumentales. On peut en suivre à la trace l'application musicale dans ce mouvement abritant un Lied inavoué, jusqu'aux dernières mesures où «l'écheveau du temps lentement se dévide». Là encore, l'ambivalence des lectures ne permet plus d'affirmer si la musique suit le poème ou si celui-ci justifie le déroulement d'un discours purement musical... qui n'en conserve pas moins sa totale autonomie.

Lied à dimension opératique, structure musicale induite par le poème ou esthétique compositionnelle que le texte est chargé d'expliciter ? le Lied chez Berg est investi d'une multiplicité de dimensions qui définissent une forme d'expressivité qui trouvera sa magistrale application dans les deux opéras.

L'EMBLÈME DU *PIERROT LUNAIRE*

Les raisons de l'impact considérable de *Pierrot lunaire* sont essentiellement dues à la qualité particulière du « mixage » entre un *texte*, une *diction* et une *écriture* complexe et fouillée pour un ensemble instrumental réduit et soigneusement choisi. On sait combien l'œuvre a marqué les esprits à l'époque même, des *Trois Poésies de la lyrique japonaise* de Stravinsky aux *Poèmes de Mallarmé* et *Chansons madécasses* de Ravel, et plus tard dans le *Marteau sans maître* de Boulez. Dans ces quelques cas cités, les plus illustres, c'est la particularité d'une formation instrumentale souple et malléable qui retiendra le plus l'attention, dans la combinaison entre une voix et un ensemble *variable* d'une pièce à l'autre qui permet un renouvellement, et non à la surcharge expressive due au mode de *récitation*, le fameux *Sprechgesang*. Quant au choix du texte, il révélera le goût des compositeurs pour une poésie souvent raffinée et complexe dont la mise en musique mettra en évidence la singularité tantôt par le dépouillement, tantôt par la recherche de combinaisons aussi inédites que remarquables. Que les élèves de Schoenberg aient subi l'influence de la partition sous ce dernier angle correspond à un degré d'influence directe : Webern en fournira les exemples les plus caractéristiques ; que la génération de l'après-guerre ait pris en compte *Pierrot lunaire* mérite que soient examinées les conditions d'une influence au second degré.

Aborder en premier lieu la spécificité de l'écriture vocale conduit à ne relever les applications directes que comme exceptions : dans un seul et rare exemple, Webern utilisera timidement la *Sprechstimme* (« voix parlée » : Schoenberg n'a jamais utilisé le terme *Sprechgesang*) en 1913 dans une courte pièce de treize mesures pour voix et quatuor à cordes, encadrée par deux miniatures purement instrumentales qui deviendront les première et sixième de la version définitive des *Bagatelles* op. 9. Sur un texte secondaire dû au compositeur lui-même *(« Schmerz, immer blick nach oben »),* cette pièce conserve surtout un intérêt documentaire.

Plus intéressante est la tentative de Wladimir Vogel (1896-1984), un compositeur suisse de père allemand et de mère russe, qui écrit en 1922 ses trois *Sprechlieder* (littéralement « Lieder parlés ») pour voix et piano sur des poèmes d'August Stramm. Élève de Busoni à Berlin, et sensible à la musique de Schoenberg (il adoptera la série dodécaphonique après 1937), Vogel combine ici le chant, le parlé et le *Sprechgesang* avec la notation généralisée dans le *Pierrot* (un « x » placé sur la hampe de la note), dans un style musical et pianistique tantôt proche de Berg, tantôt du Schoenberg des pièces aphoristiques. C'est cette même recherche d'un élargissement de l'expressivité vocale qui justifie le *Sprechgesang* dans les deux opéras de Berg qui en exploitera le potentiel théâtral en l'intégrant en tant que *stade intermédiaire* dans la gamme complète du parlé au chanté le plus pur.

Se référant plus explicitement à *Pierrot lunaire,* le *Palmström* op. 5 de Hanns Eisler s'en inspire autant par l'usage de la *Sprechstimme* que par la conception d'un ensemble instrumental composé d'une flûte (aussi piccolo), d'une clarinette, d'un violon (aussi alto) et d'un violoncelle. Sous-titrés « Études sur des séries de douze sons », ces cinq Lieder, écrits en 1924, reposent sur la technique dodécaphonique avec laquelle Eisler était familiarisé depuis peu, après avoir travaillé pendant quatre ans avec Schoenberg. Le choix des poèmes de Christian Morgenstern (1871-1914), également retenu quelques années plus tôt par Hindemith dans sa *Lustige Sinfonietta* op. 4 (1916), est caractéristique d'un sens de la parodie qui prend, chez Eisler, une dimension critique à l'égard de son maître : Palmström est le nom d'un des deux personnages grotesques qui, avec son comparse von Korf, fait preuve d'une fantaisie et d'un humour peu communs et dignes du cabaret satirique (Morgenstern a été l'un des animateurs du *Club des Pendus*). L'agencement des cinq poèmes, plaçant symboliquement au centre celui intitulé *L'Art pour l'art,* illustre le sentiment de contestation grandissante qui anime Eisler : von Korf, inspiré par le sifflement d'un moineau apeuré, décida de commettre une « œuvre d'art » composée seulement « de regards et d'expressions » (Schoenberg peintre !), mais après l'avoir réalisée, ne se souvient plus ni de son œuvre, ni de son sujet (Schoenberg compositeur) : une satire que le récitant amplifiera de façon théâtrale « en hochant la tête d'un air pensif » à la dernière mesure ! Quant à l'oiseau effrayé, il est évidemment tenu par le piccolo sur des *si* et *mi* narquois, soit H et E, les initiales du compositeur dans la terminologie musicale allemande, pendant que celles de Schoenberg, A et Es (*la, mi bémol*), passent rapidement dans les autres parties :

Le lied expressionniste et ses dérivés 231

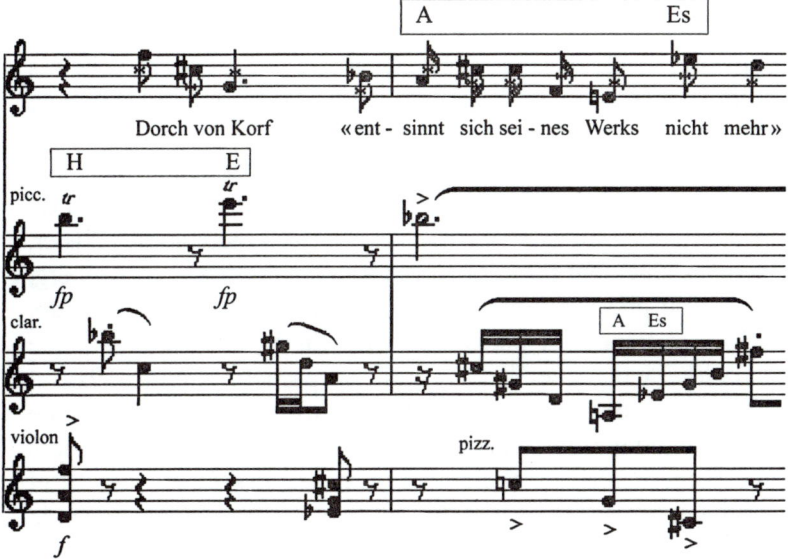

Ainsi, la conception d'une musique détachée de toute fonction sociale («L'art pour l'art»), la surenchère psychologisante des textes tels qu'ils sont «récités» dans *Pierrot* et la dépendance des élèves envers le maître largement entretenue par Schoenberg sont désormais jugées inacceptables par Eisler. L'attitude de plus en plus distante du jeune compositeur avec son ancien maître qui ira jusqu'à l'accuser de trahison, aboutira en 1926 à un échange de lettres aigres-douces entérinant l'inévitable rupture entre les deux hommes[6]. La partition n'en est pas moins remarquable musicalement, tant par la couleur instrumentale qu'Eisler avait appréciée dans le modèle schoenbergien, que dans la courbe vocale également marquée par celle de Webern avec lequel il avait travaillé en 1921. *Palmström* constitue surtout l'une des premières manifestations de l'utilisation de la musique en tant

---

6. Cf. A. Betz, *Musique et politique, Hanns Eisler*, p. 44 sq. Voir également les lettres de Schoenberg dans *Correspondance*, p. 118 sq.

qu'instrument polémique, ce qu'Eisler développera dans les années suivantes en orientant plus encore le texte à des fins non contemplatives, mais engagées. Bien que reniant par la suite ses premières œuvres qu'il ne jugeait plus conformes à ses choix esthétiques et politiques, Eisler a réalisé avec ce recueil une subtile caricature de l'expressionnisme schoenbergien. Quant aux allusions à la couleur instrumentale de la *Sérénade* op. 24 que l'on peut entendre par endroits, elles montrent aussi combien Eisler, incontestablement l'un des élèves les plus doués de Schoenberg, suivait de près les innovations les plus récentes de son maître.

Si la distance est polémique chez Eisler, elle est stylistique dans les Lieder que Webern écrit, en particulier entre 1917 et 1922. Le choix même d'une poésie difficile et exigeante telle que celle du dernier Trakl semble être un critère important alors que Webern écrit parallèlement le recueil des *Lieder* op. 14 et celui empruntant des chants sacrés dans l'opus suivant: une voie qui le mènera bientôt à traiter des textes d'abord latins (*Canons* op. 16) et plus encore anonymes dans les *Textes populaires* op. 17. Ces années de transition sont donc celles à la fois d'une orientation religieuse, souvent qualifiée de naïve et provinciale, et de celle d'un expressionnisme qui se réfugiera de plus en plus dans l'*abstraction* de l'écriture. Cette distanciation s'opère donc au travers de la primauté d'une expressivité musicale de plus en plus exclusive qui agira par conséquent aux dépens de l'intelligibilité du texte: à partir des *Trakl-Lieder* de l'op. 14, la combinaison entre vocal et instrumental sera désormais moins comprise en tant que celle d'une voix et trois instruments que comme une écriture à quatre parties. La spécificité du Lied perdra dans la confrontation d'un texte et d'une musique ce qu'elle gagnera avec la nouvelle vocalité du «chant instrumentalisé» dans un langage qui évoluera prochainement vers la série dodécaphonique à partir de l'op. 17. Il est cependant incontestable que Webern considérait la rigueur contrapuntique de l'écriture canonique mise en œuvre dans les *Canons* op. 16 comme le moyen le plus efficace de traduire sa propre ferveur religieuse:

Le lied expressionniste et ses dérivés 233

S'ils sont profondément marqués par l'empreinte *instrumentale* de *Pierrot lunaire,* ces recueils de Lieder ne se situent pas moins à l'opposé du modèle schoenbergien dont le sens du texte était renforcé par la théâtralisation.

Contemporains de ceux de Webern, les six poèmes de Trakl qu'Hindemith met en musique en 1922 dans le recueil *Die junge Magd* op. 23 n° 2 (« La jeune servante ») pour voix d'alto, flûte, clarinette et quatuor à cordes, constituent un dernier cas de figure de Lied expressionniste. Formant un cycle, les six poèmes, écrits entre 1910 et 1912, décrivent le lent et inexorable parcours sur le thème de la mort si fréquent chez Trakl, dont on peut suivre la progression toujours plus forte d'un poème à l'autre : dès la présentation initiale, la jeune femme puise l'eau, « pareille à une ombre », jusque dans le miroir où son seul reflet « La regarde, étranger » : « Elle s'effraie de sa pureté ». La nuit accentue le malaise avec la terre qui « sent la pourriture » jusqu'à ce que, alitée, « elle respire péniblement dans l'oreiller » pour finalement demeurer « couchée toute blanche dans l'ombre ». On imagine aisément la dimension tragique qu'aurait pu développer tout compositeur qui aurait conçu une musique dans le but de souligner et d'intensifier l'agonie de la jeune servante. Là où la poésie de Trakl impose une progression glaciale et quasi clinique du mal reflété par l'environnement, Hindemith propose un univers musical qui s'organise sur deux plans parallèles : le climat instauré dès le début qui forme déjà l'essentiel du drame plus qu'il ne l'annonce, se raréfie au cours des six Lieder, alors que les éléments thématiques, privés de tout développement, font plus l'objet de répétitions et s'inscrivent dans des schémas formels clos sur eux-mêmes, conservant ainsi leur propre part d'« objectivité », indépendamment du drame qui se joue. Pour exemple, le premier Lied présente une évolution dramatique sensible au cours des trois quatrains, alors que le traitement musical consiste à superposer une forme à tendance concentrique :

A (prélude)	quatuor	
B	quatuor	Près du puits souvent, quand le soir [tombe, On la voit se tenir ensorcelée,
C	quatuor + flûte	Puiser de l'eau, quand le soir tombe. Le seau descendre et remonter.
D	flûte + clarinette (cordes)	Dans les hêtres les choucas volent Et elle est pareille à une ombre. Sa chevelure jaune vole Et dans la cour crient les rats.
B	quatuor	Et caressée par le dépérissement Elle baisse les paupières enflammées.
C	quatuor + flûte	L'herbe sèche de dépérissement Se couche à ses pieds.
A (postlude)	quatuor	

Du point de vue thématique, un seul élément unifie l'ensemble, constituant une inflexion par broderie qui apparaît tantôt à la voix, tantôt aux instruments à vent. La fin du cinquième Lied

Le lied expressionniste et ses dérivés 235

symbolisera le proche aboutissement par une étrange paralysie de la musique dans l'échange du motif entre voix et flûte :

> Et elle respire péniblement dans l'oreiller
> Et sa bouche est comme une blessure.

Bien que l'illustration ne soit pas exclue pour autant, du moins de façon ponctuelle (le chant du merle ou le marteau sur la forge par exemple), la double lecture proposée par Hindemith a pour effet principal de démultiplier le potentiel dramatique du texte. L'examen des œuvres scéniques permettra de mieux comprendre le sens et la portée de cette attitude.

L'autre recueil de cette époque, *Des Todes Tod* op. 23a emprunte à Eduard Reinacher, poète secondaire influencé par l'expressionnisme dont Hindemith fait la connaissance en 1921 lors de la création de *Mörder, Hoffnung der Frauen*. Écrits pour une voix de femme, un quatuor formé de deux altos et de deux violoncelles, les trois Lieder — « Visage de la mort et de la misère », « Mort de Dieu » et « Mort de la mort » — sont plus tributaires du *Deuxième Quatuor* op. 10 de Schoenberg que de *Pierrot lunaire,* le choix des couleurs et des registres instrumentaux (le dernier Lied est pour voix et alto solo) accentuant le caractère du texte. D'une moins grande originalité que ceux de *Die junge Magd,* ils décrivent la transition entre un héritage encore proche et une nouvelle esthétique répondant mieux à l'esprit des années vingt. Comparé au langage des Lieder d'Eisler ou de Webern, celui d'Hindemith peut paraître infiniment plus modéré alors que le compositeur est ici dans une phase de transition vers la nouvelle simplicité qu'il développera bientôt dans les œuvres suivantes.

CHAPITRE VIII

L'opéra expressionniste

Tenter de cerner l'opéra expressionniste implique d'abord que soient rapidement brossées en toile de fond les conditions du répertoire d'une époque : les critères expressionnistes se dégageront d'autant plus que les ouvrages en marge de cette esthétique permettront d'accentuer les différences. Par ailleurs, un certain nombre d'opéras, éventuellement aux antipodes de l'expressionnisme, n'en contiennent pas moins des caractéristiques que l'on pourra retrouver intégrées sous la plume d'un Berg par exemple. Un tel panorama appelle donc quelques remarques générales.

Les opéras de Strauss tout d'abord, qu'il s'agisse d'*Elektra* ou du *Chevalier à la rose,* sont les seuls à s'être imposés en tant qu'« œuvres du répertoire », alors que les scènes lyriques sont occupées à cette époque par de nombreux auteurs à la mode tels qu'Eugène d'Albert, Ermanno Wolf-Ferrari ou Max von Schillings qui restent les principaux représentants du vérisme germanique. Il est vrai que Strauss savait mieux que personne assurer l'avenir de ses propres œuvres, comme le démontrent les difficiles tractations au sujet de la création du *Chevalier à la rose* : la direction de l'Opéra de Dresde refusera de monter le nouvel opéra en 1910 dans les conditions posées par le compositeur, celui-ci exigeant que soient jouées *Salome* et *Elektra* quatre fois par an pendant dix ans !

Ensuite, la tendance courante de «l'opéra littéraire», empruntant des sujets à des œuvres préexistantes est le plus souvent révélatrice d'une esthétique conservatrice «où le genre ancien, comme l'analyse Jürg Stenzl [1], a été repris tel quel sans être remis en question, répondant par là aux besoins du public, à l'exigence de la pure et simple reproduction». Dans la plupart des cas, l'œuvre, ainsi en parfaite conformité avec les conventions de l'opéra, est prisonnière d'une qualité littéraire susceptible de cautionner l'œuvre musicale. Si la correspondance entre Strauss et Hofmannsthal montre à quel point les deux auteurs étaient conscients de cet écueil, les grands ouvrages nés de cette collaboration fertile ne transgresseront pas plus les codes traditionnels de l'opéra à partir du *Chevalier à la rose* dans lequel les auteurs entendaient renouer avec les modèles mozartiens. L'autre attitude consiste dans l'ambition de renouveler la notion de livret, comme l'ont tenté avec plus ou moins de bonheur Schreker, Schoenberg ou Krenek en se voulant eux-mêmes maîtres du texte *et* de la musique: l'expérience wagnérienne n'est cependant pas si facile à reconduire.

Strauss ne reste pas seulement l'auteur recueillant le succès auprès du public: il incarne également le seul modèle susceptible de remplacer désormais celui de Wagner dont il a lui-même emprunté et adapté nombre de traits. Ainsi, *Die Tote Stadt* («La ville morte», 1917) d'Erich Wolfgang Korngold, et surtout *Eine Florentinische Tragödie* («Une tragédie florentine», 1915-1916) ou *Der Zwerg* («Le nain» ou «L'anniversaire de l'Infante», 1920-1921) d'Alexandre von Zemlinsky sont, à des degrés divers, étroitement tributaires de *Salome*. S'inscrivant dans la catégorie d'opéras littéraires — respectivement inspirées par Rodenbach *(Bruges la morte)* et Oscar Wilde pour ceux de Zemlinsky — ces partitions, si réussies soient-elles, reconduisent un modèle qui a prouvé son efficacité sans remettre en question les conditions du genre straussien. L'accumulation de thèmes

---

1. *Dichtung und Musik, Kaleidoskop ihrer Beziehungen*, p. 224 sq.

exploités par le romantisme, dont le fantastique avec l'apparition du spectre de l'épouse défunte dans le plus célèbre opéra de Korngold, aboutit à une combinaison entre la maîtrise orchestrale héritée de Strauss et un vérisme musical proche de celui de Puccini. Dans le cas des deux remarquables ouvrages de Zemlinsky, l'efficacité tient d'abord dans la concentration en un acte pour des partitions d'une durée d'environ une heure chacune, avec une prédilection pour les sujets offrant une progression dramatique continue jusqu'au dénouement, et due à la lutte entre deux forces psychiques dont l'issue sera la mort ; ensuite, dans la façon de servir la cruauté particulière des sujets aboutissant à une scène finale tantôt dramatique *(Le nain),* tantôt imprévisible *(Une tragédie florentine)* : dans le premier cas, un gnome difforme devenu le jouet d'une infante et prenant brutalement conscience de son aspect physique, et dans le second, une femme ayant assisté au duel entre son mari jaloux et son amant potentiel, prise soudainement d'admiration amoureuse pour la bravoure du premier après la mort du second ! Enfin, dans la qualité exceptionnelle de la somptueuse orchestration d'une musique qui épouse fidèlement les multiples rebondissements du drame. Quant aux éléments « nouveaux » du langage de *Salome,* on a vu qu'ils avaient plus marqué les contemporains de Strauss que les musiciens que nous venons d'évoquer.

Ce n'est donc pas directement dans le prolongement des premières expériences straussiennes que se réalisera l'opéra expressionniste : la force d'expressivité d'*Erwartung* n'a pu être réalisée qu'au prix de l'évitement des schémas formels, des conventions de la vocalité, autant que de la conduite d'un argument.

Avant d'aborder les manifestations les plus remarquables d'un expressionnisme musical scénique, il convient de mentionner l'opéra *Die Ersten Menschen* («Les premiers hommes») mettant en scène Adam, Ève, Caïn et Abel, que Rudi Stephan achève en 1914, un an avant d'être tué au front à l'âge de vingt-huit ans. Élève à Francfort de Bernhardt Sekles (qui sera également le professeur d'Hindemith), Stephan n'a produit que peu d'œuvres : à côté de quelques Lieder, les trois partitions instrumentales intitulées *Musik für*... («Musique pour sept instruments», «pour orchestre», «pour violon et orchestre») sont caractéristiques par l'anonymat, voire la dimension abstraite de leur titre, ainsi que par leur discours formel original, qui n'ont pas manqué d'attirer l'attention du jeune Hindemith, futur auteur de la série des *Kammermusiken* («Musiques de chambre»). De même, le recours au procédé de la variation dans certaines scènes de l'opéra de Stephan peut constituer un élément d'influence appréciable pour la conception formelle qu'Hindemith mettra en œuvre dans *Sancta Susanna* : on rappellera que le compositeur est encore le premier violon de l'orchestre de l'Opéra de Francfort lorsque *Die Ersten Menschen* y sera donné en 1920.

Le cas de Franz Schreker est autrement plus complexe. Auteur de quelque neuf opéras écrits entre 1901 et 1932, Schreker est considéré comme l'un des représentants de la musique nouvelle au lendemain de la création de *Der ferne Klang* («Le son lointain») à Francfort en 1912. Schoenberg en cite un fragment comme exemple de dissonance non résolue dans son *Traité d'Harmonie,* et Paul Bekker, le critique influent du *Frankfurter Zeitung*, le désigne publiquement comme «le compositeur le plus important depuis Wagner[2]». De fait, cet opéra, dont l'immense succès faisait concurrence à ceux de Strauss, avait de quoi séduire tant par la conduite de l'argument, encore entaché de clichés romantiques, que par la subtilité de l'orchestration ou les audaces d'écriture polytonale. Le livret rédigé par le compositeur décrit la quête incessante du compositeur Fritz, qui, malgré son amour pour Grete, partira à la recherche d'un idéal entrevu

---

2. Cf. H. Schreker-Bures, H.H. Stuckenschmidt et W. Œhlmann, *Franz Schreker* (1970), C. Dahlhaus, «Schreker und die Moderne» dans *Schoenberg und die andere,* et T.W. Adorno «Schreker» dans *Quasi una fantasia.*

en rêve. L'irrésistible appel du « son lointain » le mènera en vain à travers le monde, et ce n'est qu'après de longues années qu'il retrouvera Grete, devenue alors une misérable prostituée dans « la casa di maschere » à Venise, pour réaliser trop tard qu'elle représentait son idéal. Opéra de la déchéance et de l'espoir perdu (Fritz meurt dans les bras de Grete), *Der ferne Klang* s'engageait autant dans une voie mêlée de symbolisme (Bekker) et de naturalisme (Dahlhaus) dans l'antithèse entre art et vie quotidienne, qu'il exaltait le désir d'un homme nouveau. La distinction importante qu'opère Schreker entre l'action extérieure et l'expression musicale d'un tourment intérieur inclut une dimension spirituelle que seule la musique est capable de traduire : si la conclusion n'est compréhensible qu'à la lumière du message wagnérien, dans la conjonction entre amour et mort, c'est grâce au rôle de la musique qui peut seule dépasser la dimension naturaliste. Bien que plus proche musicalement de l'impressionnisme que de l'expressionnisme, l'opéra de Schreker n'en sera pas moins apprécié en particulier par Berg, qui réalisera la réduction de la partition pour les éditions Universal en 1911 : l'intégration stylistique d'éléments extérieurs et leur superposition musicale (le chant du gondolier, la Csardas tzigane et la sérénade du comte au début du deuxième acte), l'utilisation de musiques de scène et la présence de formes symphoniques dans l'acte II constitueront quelques-uns des procédés que l'on retrouvera en particulier dans la scène du bal de *Wozzeck*[3]. Après *Die Gezeichneten* (« Les stigmatisés », 1913-1915) et *Der Schatzgräber* (« Le chercheur de trésors », 1915-1918), tout autant caractéristiques d'un compromis entre un arrière-plan érotique et une dimension spirituelle, les œuvres de Schreker ont progressivement perdu de leur impact à la suite de critiques jugeant cette musique finalement trop extérieure : « Dès 1920, témoigne Hans Curjel, on commence à sentir que cette musique

---

3. Cf. N. Chadwick, « F. Schreker's orchestral style and its influence on A. Berg » dans *Music Review*, XXXV (1974).

n'est qu'un geste et que sa force apparente ne provient pas de la substance musicale. On remarque alors que les textes écrits par Schreker lui-même sont de mauvais goût et primitifs, que la musique est une façade et rien de plus, que la grande impression éprouvée au premier abord à l'audition des œuvres n'était qu'illusion[4].» Ce jugement sévère, en bonne partie justifié, ne doit cependant ni occulter la réussite de certaines scènes dans les trois opéras cités, ni réduire l'influence de Schreker sur ses contemporains. Si l'on tient compte de l'introduction de formes symphoniques dans l'opéra – également pratiquée par Franz Schmidt dans *Notre-Dame* (1904, d'après le roman de Victor Hugo) –, on mesurera l'importance d'une telle orientation, certes secondaire dans les cas des œuvres de Stephan et de Schmidt, mais qui reste intéressante chez Schreker avant de devenir primordiale dans les opéras de Hindemith et de Berg.

Trois noms – Schoenberg, Hindemith, Berg – et trois conceptions peuvent donc illustrer à eux seuls les méandres de l'opéra expressionniste. Nous avons commenté les œuvres scéniques du premier qui consacrent le glissement de l'expressivité maximale à la scène *(Erwartung)* vers l'expression théâtralisée d'une option spirituelle *(La Main heureuse)*. Si *Erwartung* reste une partition fascinante et unique en son genre, Schoenberg sera à la fois trop engagé par la suite dans l'expression de sa foi pour prolonger cette première expérience et probablement pas assez compositeur d'opéra. Hindemith et Berg, au contraire, feront preuve d'un sens théâtral autrement plus probant, tout en proposant deux approches incontestablement originales, mais finalement opposées.

---

4. « Le théâtre expressionniste et sa mise en scène » dans *L'Expressionnisme et le théâtre européen*, p. 227.

Hindemith et la stylisation

À plusieurs reprises, on a eu l'occasion de mentionner Francfort où ont été créés les trois opéras de Schreker déjà cités, ainsi que *Sancta Susanna* de Hindemith par la suite. La vie musicale y connaît effectivement une activité intense surtout après les années vingt: Wilhelm Furtwängler, Hermann Scherchen, Clemens Krauss et Hans Rosbaud se succèdent comme chefs principaux et Bartók y donnera son *Deuxième Concerto pour piano* en création. Dans le domaine de l'opéra, c'est encore à Francfort que seront joués *Le Château de Barbe-Bleue* en première audition allemande en 1922 et, en création, le *Von Heute auf Morgen* de Schoenberg en 1930.

On a déjà dit qu'Hindemith a occupé la place de Konzertmeister de l'orchestre de l'Opéra, de 1915 à 1923, et que Paul Bekker s'affiche comme l'un des commentateurs les plus avisés de la vie musicale entre 1911 et 1925, comme le sera Adorno dans le cadre de l'«École de Francfort» avec ses écrits sur la musique de son temps. L'importance de Francfort est encore remarquable dans le domaine théâtral où ont travaillé Walter Hasenclever, Paul Kornfeld, Fritz von Unruh ou encore Alfred Döblin, en collaboration avec des metteurs en scène de premier plan tel que Richard Weichert ou des décorateurs comme Ludwig Sievert, et tout particulièrement pendant la période de 1917 à 1920 alors que le Neues Theater est dirigé par Carl Zeiss. C'est dans ce contexte qu'Hindemith envisagera notamment son triptyque scénique avec *Mörder, Hoffnung der Frauen, Das Nusch-Nuschi* et *Sancta Susanna* entre 1919 et 1921. Plus encore, et selon Giselher Schubert, c'est dans les idées prônant le «renoncement à la réalité» en faveur d'une abstraction scénique qui caractérise principalement l'«expressionnisme de Francfort[5]»

---

5. G. Schubert, «Expressionnisme et musique utilitaire; l'évolution de la musique scénique d'Hindemith dans les années vingt» dans *Contrechamps* n° 4 (avril 1985).

qu'Hindemith semble trouver les bases d'une nouvelle attitude musicale : une recherche formelle d'autant plus concise et rigoureuse qu'elle s'applique à des textes au sens soit obscur et caractérisé par la raréfaction du mot (Kokoschka), soit lapidaires (Stramm) ou évoquant la pantomime (Franz Blei), et dont l'expressivité sera dédoublée dans les deux domaines désormais distincts, la scène et le texte d'un côté, la partition de l'autre.

Cette nouvelle approche théâtrale constitue ainsi une étape capitale entre le traumatisme de la Première Guerre mondiale dont l'insupportable « réalité » hante tous les peuples d'Europe et la future position de la « Nouvelle Objectivité » qui s'opposera violemment à toute forme de pathos au milieu des années vingt. De même, le goût prononcé de cette époque pour la pantomime n'est pas sans rapport avec les recherches théâtrales abstraites qu'Hugo Ball avait menées pendant la guerre au *Cabaret Voltaire* à Zurich, en travaillant notamment sur les silhouettes ou plus encore en exploitant le recours à des masques [6].

Redécouvertes après la mort du compositeur et réhabilitées récemment, les œuvres scéniques de cette période offrent à la fois l'avantage de montrer la position d'Hindemith dans le contexte de l'après-guerre et d'expliquer son évolution future : son goût prononcé, voire la jubilation qu'il manifestera pour l'écriture de musique « pure », trouve son origine à cette époque. De même, son esthétique de la distanciation pourra être justifiée par ces partitions d'un expressionnisme débarrassé d'une grande partie de sa subjectivité. Ce qu'Hans Curjel qualifie d'« expressionnisme clandestin » chez Hindemith à propos de ces opéras renvoie à une forme d'abstraction cachée consistant à superposer au livret et au déroulement dramatique une construction musicale possédant sa *propre logique* de façon autonome : il s'agit de ce que nous avons qualifié de « troisième phase » d'un expressionnisme musical.

---

6. Voir D. Plassard, *L'acteur en effigie : figures de l'homme artificiel dans le théâtre des avant-gardes historiques*.

L'opéra expressionniste

Mörder, Hoffnung der Frauen («Assassin, espoir des femmes») de Kokoschka que nous avons commenté plus haut[7] constitue la première application de cette attitude dans le domaine de l'opéra avec une partition concentrée en une vingtaine de minutes. La «stylisation de la réalité» est ici mise en œuvre dans le cadre de la forme sonate bithématique reconstituant parallèlement les quatre mouvements de la symphonie[8] : exposition, développement, mouvement lent et récapitulation traitée librement dans une combinaison encore proche de celle de la *Symphonie de chambre* de Schoenberg. La distanciation entre le drame très lâche au symbolisme obscur et la précision de l'agencement formel constitue l'innovation principale d'une partition musicalement inégale mais qui inaugure une conception aux antipodes de la surenchère expressive d'*Erwartung*.

Cette construction en quatre parties constituant l'ossature de la partition est combinée avec les éléments conventionnels de l'opéra tels que le récitatif, l'aria ou les ensembles qui sont clairement mis en évidence. De même, l'opposition Homme / Femme chez Kokoschka est interprétée dès l'introduction orchestrale par une dissonance jouée par les cuivres placés directement sur la scène :

La concentration du matériel thématique, enchaîné à un geste orchestral très brucknérien dans les premières mesures, offre un contraste saisissant à l'image de la confrontation des styles très

---

7. Cf. chap. II, p. 54 sq.
8. Cf. A. Laubenthal, «Ausgerechnet der frühe Hindemith» dans *Hindemith Jahr-buch XII* (1983).

divers (tonal/polytonal) de l'ensemble de la partition[9]. La brutalité du frottement (*do*—*ré* bémol) renvoie, à un autre niveau, à la structure harmonique dont les axes principaux sont contenus dans cette annonce liminaire : les fréquents passages en polytonalité opposeront souvent les tonalités correspondantes (*ut* majeur/*ré* bémol majeur), dont le premier exemple conclut le chœur initial des guerriers — «Sois notre chef, toi à la figure blême» — dans un grand tutti orchestral martelant violemment le motif de l'Homme :

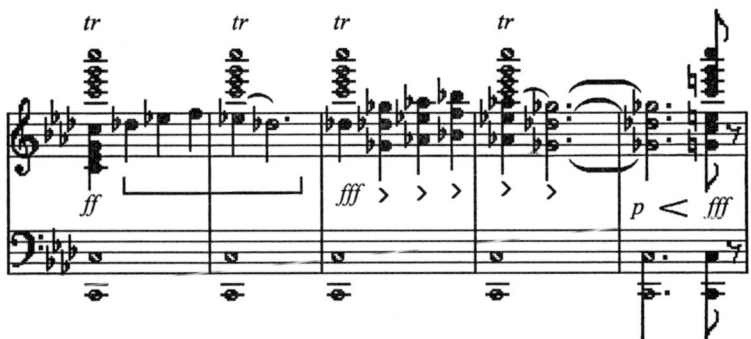

Le second thème, qui introduira un long dialogue entre les suivantes («Notre maîtresse! son souffle nous porte») et les guerriers («Notre maître vient avec le jour»), est traité avec une distance stylistique plus grande encore puisque la musique adopte soudainement un caractère quasiment trivial, plus familier au contexte de l'opérette viennoise qu'à celui d'un conflit basé sur la lutte des sexes :

---

9. Cf. Manfred Wagner, «Zum Expressionismus des Komponisten P. Hindemith», in *Frankfurterstudien/II* (1978).

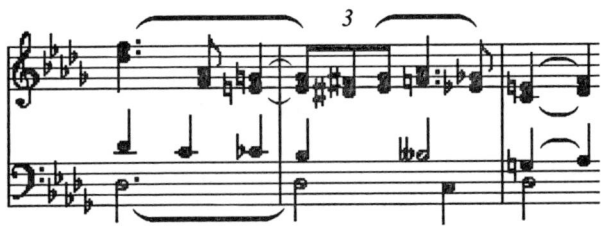

De semblables contradictions stylistiques ne le sont qu'en apparence : le traitement d'un tel sujet, primitif tant dans son expression que dans les pulsions, amène Hindemith à travailler sur une typologie thématique – héroïque dans l'introduction, faussement naïve dans les dialogues – qui constitue le véritable matériau de la composition, et surtout une autre manifestation de la distance qui sépare l'auteur de son sujet. La scénographie d'Oskar Schlemmer pour la première à Stuttgart allant dans le sens de l'abstraction réalisée par Hindemith, le résultat consistait plus dans la combinaison des ressources théâtrales présentes dans le «scénario» (le mot, le mouvement, la couleur, la musique) qu'en un véritable opéra, du moins au sens où on l'entendait jusque-là. Le manque d'intérêt avoué de Kokoschka pour l'adaptation de son œuvre par Hindemith n'est probablement pas étranger à cette accumulation d'intentions abstraites.

Le second opéra du triptyque, *Das Nusch-Nuschi,* consiste en une application directe des idées du sculpteur Benno Eklan, l'un des théoriciens du théâtre de l'expressionnisme de Francfort, sur la nécessité de contourner toute forme de réalité scénique. La pièce originelle de Franz Blei est conçue comme une pantomime chantée dans l'esprit du théâtre de marionnettes birmanes : Zatwai, au service duquel est attaché le valet Tum-Tum, séduit les quatre femmes de l'empereur par ses danses lascives. L'empereur trompé exige une enquête qui accuse Tum-Tum ; celui-ci se démarque en accusant à son tour le général Kyce Waing qui sera alors condamné à la castration (citation musicale de *Tristan*!); celle-ci n'aura finalement pas lieu car le général était un eunuque! Au-delà du sujet qui privilégie un érotisme souvent outrancier, Hindemith franchit un nouveau degré de distanciation en combinant des rôles muets (Zatwai) et chantés, dans un contexte stylisé autant par une gestique inspirée des marionnettes que par une esthétique résolument antiromantique.

D'une qualité musicale nettement supérieure, et surtout plus égale, la *Sancta Susanna* d'après Stramm [10] gagne en unité, ne serait-ce que par l'option *monothématique* qui gère l'ensemble de la partition : à l'opposé en cela de *Mörder* et de *Das Nusch-Nuschi, Sancta Susanna* annonce plus clairement les conditions de l'écriture néobaroque de Hindemith. Le motif essentiel, présent dès le début du prélude, donnera lieu à une série de variations, parfois entrecoupées d'un récitatif ou d'un court dialogue parlé :

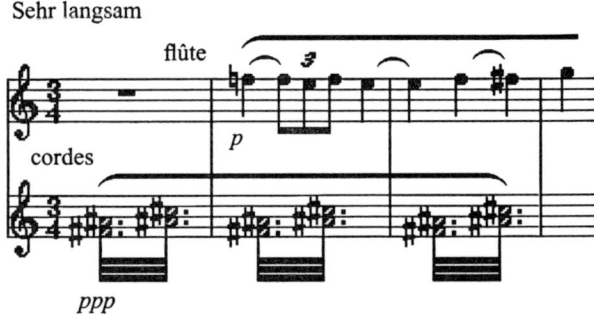

Le fait de recourir à un tel type d'écriture peut être interprété au travers de l'idée conductrice du texte qu'est la sexualité refoulée, présentée tantôt implicitement, tantôt explicitement lors du récit de la vieille nonne Klementia au sujet d'une sœur qui, quarante ans auparavant, avait cédé à ses pulsions enfouies.

---

10. Cf. chap. II, p. 66 sq.

L'opéra expressionniste

Ce récit, placé au centre de l'œuvre, délimite nettement les deux phases disposées de part et d'autre, avec respectivement la situation et la préparation au drame (sexualité implicite), Susanna manifestant déjà des troubles hallucinatoires auditifs, et l'accomplissement lorsque Susanna, dans une extase à la fois divine et charnelle, se jettera à son tour, nue, sur le crucifix (sexualité explicite). On reconnaît sans peine quelques-uns des thèmes qui composaient le parfum de scandale des ouvrages de l'époque antérieure, de *Salome* à *Erwartung* inclus.

À cette première attitude compositionnelle, et ainsi que l'analyse Annegrit Laubenthal, Hindemith superpose une construction d'une précision remarquable, en agençant la musique en sept sections de façon concentrique, et dont l'ordonnance symétrique est interprétée par Giselher Schubert comme « le reflet de l'institution rigide de l'église » (voir tableau page suivante).

Si la combinaison de deux grandes phases regroupant sept sections a peut-être été remarquée par Hindemith dans l'*Elektra* de Strauss [11], elle constitue surtout un deuxième schéma fermé sur lui-même et superposé au procédé linéaire des variations. Plus encore, les deux schémas se contredisent dans leur déroulement, tout comme la progression du délire de Susanna, avec son cortège d'hallucinations et d'extases, s'inscrit à l'encontre de la mortification du désir prônée par Klementia. Loin de contourner le sujet par un tel traitement musical, Hindemith parvient ainsi à mettre d'autant plus en évidence les arêtes du drame en démultipliant les facteurs de tension. Outre la réussite incomparable de cette partition par rapport aux précédentes, et en dépit d'un argument difficilement défendable, on notera combien Hindemith distribue efficacement ses effets orchestraux (avec notamment un orgue et trois flûtes derrière la scène), renforce les moments

---

[11]. La partition de Strauss est explicitement présentée en deux parties, la seconde développant et récapitulant les éléments de la première. Quant à l'analyse en sept sections, voir T. Carpenter, « The musical language of *Elektra* » dans D. Puffett, *Elektra*.

		SEXUALITÉ REFOULÉE (implicite)	
1	105 mes.	• Susanna en prière • entrée de Klementia • hallucinations auditives de Susanna	AMOUR DIVIN
2	105 mes.	• Susanna et la jeune fille (qui évoque l'amour avec un homme) • suite des hallucinations (tempête au dehors, porte qui claque, bougie qui s'éteint)	AMOUR CHARNEL
		RÉCIT DE KLEMENTIA	
3	62 mes.	• parallélisme des situations : « Il y a quarante ans... une nuit comme celle-là... Elle était agenouillée comme toi... »	AMOUR DIVIN / CHARNEL
4	50 mes.	• « Entièrement nue... son corps couché sur la croix... Elle l'embrassait »	
5	62 mes.	• « en extase... évanouie...le visage vers Jésus Christ ... Elle a été murée derrière l'autel... » • hallucinations de Susanna	
		SEXUALITÉ REFOULÉE (explicite)	
5	110 mes.	• reproduction de la même situation : Susanna cède à ses pulsions	AMOUR CHARNEL
6	109 mes.	• entrée des nonnes : appel au repentir et refus de Susanna • les nonnes en chœur : « Satana ! »	CONDAMNATION AU NOM DE L'AMOUR DIVIN

dramatiques par la polytonalité, autant qu'il utilise une grande variété dans l'écriture vocale du *parlando* à la *Sprechstimme* pour la jeune fille qui s'exprime dans un dialecte populaire. Il n'est pas interdit de penser enfin qu'Hindemith a pu concevoir son triptyque scénique dans un esprit satirique et provocateur pour contrebalancer celui de Puccini, créé peu avant en 1918. Bien qu'on ne puisse mener plus avant le parallèle, et mis à part leurs traitements respectifs, les thématiques restent comparables : le conflit des sexes dans *Mörder, Hoffnung der Frauen* et celui entre le mari trompé et sa femme dans *Il Tabarro,* l'expiation d'un amour coupable dans le cadre d'un monastère ou d'un couvent dans *(Sancta Susanna* et *Suor Angelica)* ou le jeu burlesque de marionnettes birmanes dans *Nusch-Nuschi* et la fourberie triomphante dans *Gianni Schicchi.*

La non-coïncidence recherchée entre ces sujets brûlants – le sujet de *Sancta Susanna* a évidemment déclenché un violent scandale lors de sa création – et leur mise en œuvre musicale restera une caractéristique des œuvres suivantes d'Hindemith qui appliquera cette attitude de distanciation, ici encore expressionniste, dans des contextes cependant différents. Pour exemple, la scène finale du premier acte de *Cardillac* (d'après *Mademoiselle de Scudéry* de E.T.A. Hoffmann, 1926) présente un duo d'amour entre le chevalier et la Prima Donna, violemment interrompu par le meurtre du jeune homme par Cardillac : la solution retenue par Hindemith consiste à styliser l'échange amoureux par une pantomime seulement illustrée par le « duo pour deux flûtes » auquel succède immédiatement et brutalement le cri de la demoiselle découvrant le cadavre de son amoureux. Évitant ainsi toute représentation musicale directe, Hindemith entend encore creuser l'écart entre la musique et les états psychologiques par une approche qui n'aurait pu être traitée de cette manière sans les ouvrages scéniques de sa période expressionniste. Avec le genre de ce que l'on appelle parfois le *Musikoper,* instaurant délibérément une distance entre l'action et la musique, les conditions de la future collaboration avec Brecht sont d'ores et déjà posées.

Par ailleurs, le goût d'Hindemith pour l'écriture et la rigueur de la construction musicale l'amènera à exploiter ces moyens avec une virtuosité peu commune dans un court opéra, *Hin und zurück* composé en 1927 en pleine période de la «Nouvelle objectivité». Écrit sur un sujet empruntant au quotidien, l'argument de ce *Zeitoper* repose sur une scène de ménage qui tourne au drame jusqu'au moment où un vieux sage intervient pour renverser le destin, après quoi l'action se déroule exactement en sens inverse... ainsi que la musique. Indépendamment du tour de force d'écriture contrapuntique, cet exemple de construction formelle abstraite établit, au-delà des intentions esthétiques, un parallèle inattendu entre Hindemith et Berg qui affirmera plus d'une fois sa prédilection pour l'écriture en miroir dans l'*Adagio* du *Concerto de chambre*, l'*Allegro misterioso* de la *Suite lyrique*, ou dans le deuxième Lied de *Der Wein* (d'après Baudelaire), jusqu'à son application dramatique dans diverses pages de *Lulu*.

BERG ET LA CONVERGENCE

«Je fus surpris lorsque Berg, cet adolescent au cœur tendre, s'engagea dans une aventure qui paraissait condamnée au désastre: la mise en chantier de *Wozzeck,* drame d'une action si tragique qu'il semblait exclu qu'on pût le mettre en musique. Objection plus grave: l'action comportait des scènes de la vie de tous les jours, en contradiction avec les canons de l'opéra qui reposaient encore sur l'emploi de costumes de théâtre et de personnages conventionnels. Et pourtant Alban Berg réussit. *Wozzeck* fut l'un des plus grands succès qu'ait connus l'opéra.» Si ce commentaire tardif de Schoenberg (1949) n'est pas exempt d'une forme de jalousie, il n'en pose pas moins le problème de l'opéra expressionniste en termes d'esthétique: le naturalisme paraissait incompatible avec le genre de l'opéra aux yeux de celui qui avait approché la scène lyrique plus pour délivrer un message que pour dépeindre la misère sociale, et, bien qu'il ait lui-même succombé à la mode du *Zeitoper* avec *Von Heute auf Morgen,* Schoenberg restait loin des intentions qui ont guidé Berg dans son choix : « La musique est l'affaire des anges, non celle des ordonnances d'officier », aurait-il encore renchéri [12].

À la stylisation chez Hindemith correspondra ici la *convergence* dont les degrés sont à définir dans leur multiplicité, au sens où les deux opéras de Berg offrent la puissance de compositions originales tout en s'inspirant largement du passé ou de contextes divers, qui précisément convergent au service d'une rare cohérence au service du théâtre.

Dans le cas de *Wozzeck*[13], la convergence est tout d'abord *esthétique* à partir du choix même du texte de Georg Büchner (1813-1837), dont le *Woyzeck* a été redécouvert en 1913 avec les premières représentations à Munich et à Berlin, puis à Vienne l'année suivante : c'est à cette occasion que Berg décide d'adapter les fragments qui composent la pièce [14]. À beaucoup d'égards le texte est prénaturaliste dans cette mise en scène d'un crime passionnel. On pourrait s'étonner de l'extraordinaire succès que rencontre l'œuvre au moment où triomphe l'anti-naturalisme d'un Strindberg si l'on ne tenait compte de la lecture réactualisée, et expressionniste, qu'en réalise l'homme de 1914. Au-delà du fait divers, l'œuvre dénonce l'injustice d'un pouvoir qui s'acharne sur un personnage anonyme et perdu dans une société

---

12. Cité par E. Barilier, *Berg, essai d'interprétation,* p. 120.
13. Les deux opéras de Berg ont donné lieu à une importante bibliographie dont nous citons ici quelques-uns des ouvrages de base : outre les monographies de référence (W. Reich, T.W. Adorno, H. Redlich, M. Carner, E. Barilier...) ou les études incluant d'importants chapitres sur les opéras (L. Rognoni), on consultera les analyses de P.J. Jouve et M. Fano, l'*Avant-Scène Opéra n°31* (1981) et les études détaillées de T. Ertelt, *Lulu,* G. Perle, *The Operas of Alban Berg* et, de D. Jarman, *Wozzeck, Lulu* et *The Music of A. Berg.*
14. Voir les commentaires critiques concernant les différents états du texte et les restitutions, in G. Büchner, *Œuvres complètes, Inédits et lettres* publiés sous la direction de B. Lortholary (Seuil, 1988), p. 605 sq.

qui l'a condamné d'avance, et incarne une révolte contre l'autorité dominatrice : ici la hiérarchie militaire, imposant la supériorité d'un capitaine, d'un tambour-major ou d'un docteur, comme ailleurs à la même époque, l'emprise aliénante du père dans le théâtre de Sorge (*Le Mendiant,* 1912), et de Hasenclever (*Le Fils,* 1912), ou de la société dans celui de Kaiser (*De l'aube à minuit,* 1913). « Là où le naturalisme français n'a vu que des problèmes sociaux, écrit Camille Demange, l'Allemagne, influencée par les pensées scandinave et slave, a prétendu découvrir une crise fondamentale de civilisation [15]. » C'est aussi, dans un autre domaine, l'affirmation du *« O Mensch »* (Ô Homme) qu'illustre Franz Werfel à la même époque dans ses poèmes, et qui prendra la forme d'un appel à l'humanité :

> Laisse donc les puissances t'écraser sous leur joug,
> Et même si le mal te fait d'innombrables entailles,
> Vois la flamme du juste te jaillir des scories [16]

un appel qui semble faire écho aux propos apparemment incohérents de Wozzeck : « Pour nous autres, c'est malheur dans ce monde et quand nous arriverons au ciel, c'est nous qui devrons faire marcher le tonnerre ! » (acte I, scène 1).

Un naturalisme qui ne constituera donc qu'une dimension secondaire dans l'opéra de Berg, par l'action d'un traitement musical hautement subjectif. Plus précisément, on constatera que l'expressionnisme de *Wozzeck* tient dans l'écart entre le fonds naturaliste et la puissance d'expressivité que lui confère la musique. Berg gardera toute sa vie un goût pour certains textes naturalistes, dont celui de *Und Pippa tanzt* de Gerhart Hauptmann qu'il envisagera sérieusement comme projet d'opéra avant d'opter finalement pour *Lulu*.

---

15. « Le drame en Allemagne et en Autriche » dans *L'année 1913*, p. 727.
16. Extrait de *Appel à la révolution (Revolutions-Aufruf), Anthologie bilingue de la poésie allemande,* p. 991.

L'opéra expressionniste

Dans le cas de *Lulu,* les deux pièces de Wedekind, *L'Esprit de la Terre* et *La Boîte de Pandore,* seront également retravaillées par Berg afin d'en tirer l'argument d'un opéra en trois actes, ainsi qu'il le précise à Schoenberg le 7 août 1930 :
«Indépendamment du travail de détail, l'argument principal du livret pour un opéra est évidemment clair pour moi depuis longtemps. Il concerne les proportions autant musicales que dramatiques. En particulier la succession des scènes qui est, brièvement, la suivante :

		LES DEUX DRAMES	L'OPÉRA
L'ESPRIT DE LA TERRE	Acte I	Le studio du peintre où le docteur Goll, le mari de Lulu, meurt d'une attaque cardiaque.	Acte I 3 scènes
	Acte II	L'appartement de Lulu et de son second mari, le peintre, qui se suicidera.	
	Acte III	La loge de théâtre de Lulu danseuse, où Schön lui promet le mariage.	
	Acte IV	L'appartement de Schön, où celui-ci est tué par Lulu. Elle est arrêtée. Après dix années d'emprisonnement, libérée par Alwa (le fils de Schön) et Geschwitz, Lulu revient dans :	Acte II Une scène scindée par un long interlude.
LA BOÎTE DE PANDORE	Acte I	l'appartement de Schön. Elle devient la maîtresse d'Alwa.	
	Acte II	Un casino à Paris. Lulu doit s'enfuir.	Acte III 2 scènes
	Acte III	Dans une mansarde à Londres.	

Grâce aux accolades (à gauche et à droite), tu peux voir comment ce qui est *dissocié* chez Wedekind – après tout, il y a *deux* pièces – est délibérément réuni (par mon deuxième acte). L'interlude orchestral, qui dans ma version *forme le lien* entre l'acte final de *L'Esprit de la Terre* et le premier de *La Boîte de*

Pandore, est aussi le centre de toute la tragédie et — après l'ascension des premiers actes (ou scènes) — marque par la descente des scènes suivantes, le début de la rétrogradation (soit dit en passant : les quatre rôles d'hommes qui rencontrent Lulu dans sa mansarde sont tenus par les mêmes chanteurs qui ont été ses victimes dans la première moitié de l'opéra. En ordre toutefois inversé) [17]. »

Les proportions dont parle Berg lui permettent d'adopter une construction en arche en deux volets, tout comme les interludes de *Wozzeck* étaient également conçus symétriquement de part et d'autre de l'interlude central (acte II, scène 3), délimitant ainsi deux fois sept scènes [18].

Wozzeck et Lulu partageront avec le personnage unique d'*Erwartung* le même poids de l'anonymat et de la solitude. Ce qui pourrait cependant rapprocher ces différents rôles les oppose par la nature de leurs situations respectives : d'un côté *une* femme dont on ne sait rien ou presque *(Erwartung)*, de l'autre un simple soldat victime d'une société hiérarchisée et une femme naviguant dans les eaux troubles de la société bourgeoise. La solitude de Wozzeck et de Lulu est une conséquence de leur position sociale, l'un et l'autre supportant les pires humiliations qui les conduiront à la déchéance et à la mort. Autrement dit, à l'exploration d'un psychisme perturbé *(Erwartung)* ou à la fonction symbolique de l'artiste *(La Main heureuse)* dans les œuvres scéniques de Schoenberg, Berg oppose le combat inégal de l'*individu* dans une société qui le rejette. S'inscrivant ainsi dans les thématiques expressionnistes théâtrales, l'étonnante actualité des sujets retenus par Berg, associée à leur efficacité dramatique et musicale expliquera pour une part le succès des deux ouvrages.

---

17. Berg-Schoenberg, *Correspondence*, p. 405.
18. C'est cette diversification des changements de scènes que George Perle a judicieusement rapprochée de la variété des pauses qui séparent les vingt et un poèmes de *Pierrot lunaire*, dans *The Operas of Berg : Wozzeck*, p. 91.

Dans les deux opéras, l'attitude première de Berg est donc bien de «composer» le texte, dans le but de lui conférer une double cohérence, dramatique *et* musicale : «En décidant d'écrire un opéra, commente Berg au sujet de *Wozzeck,* je formais le vœu de composer de la bonne musique, d'exprimer par les sons le contenu spirituel du drame immortel de Büchner, de transposer son langage poétique dans le langage musical. Mais à part cela, je n'eus nulle autre intention, fût-elle compositionnelle, que de donner au théâtre une œuvre qui lui convienne entièrement, de façonner ma musique dans une conscience constante de sa subordination à l'action, de mettre en elle tout ce qui était nécessaire à la réalisation du drame sur les planches [19].» Ainsi, c'est l'orientation particulière que donne le compositeur aux deux livrets qui leur confère une puissance expressionniste qui était latente dans les textes originels.

Dans sa remarquable étude sur *Wozzeck,* George Perle a commenté les deux aspects complémentaires — théâtre / musique — tels que Berg les a mis en œuvre, en distinguant trois degrés dans le choix des procédés musicaux, successivement déterminés par :

— une idée dramatique : l'ostinato sur une note pour la scène du meurtre au troisième acte soulignant l'imminence du drame ;

— la correspondance entre les formes musicales et les situations dramatiques : la suite (acte I, scène 1) établissant un rapport entre la conversation décousue du Capitaine et l'aspect successif des pièces musicales individualisées (prélude, pavane, gigue, gavotte, air), ou la forme sonate (acte II, scène 1) dans laquelle l'opposition thématique correspond aux sentiments partagés de Marie ;

— l'allusion à des formes et des styles identifiés : marche militaire, musiques de danse intégrées dans la scène du bal, ou encore le «chant populaire» d'Andres (acte I, scène 2) ou de Marie chantant une berceuse à l'enfant (acte I, scène 3).

---

19. Berg, «Le problème de l'opéra» (1928), repris dans *Écrits,* p. 108.

Si la correspondance étroite entre une situation dramatique et un procédé musical, composant le premier degré, est une des constantes du genre opéra, les deux autres degrés fondés sur l'inclusion d'éléments extérieurs à la tradition de l'opéra ou à l'option du langage méritent d'être commentés.

Le deuxième degré de convergence concerne donc les *genres* musicaux, entre celui de l'opéra et la présence de formes dites «symphoniques». Berg a lui-même longuement justifié son intention, en particulier dans l'indispensable «Conférence sur *Wozzeck*[20]» destinée à introduire une représentation en 1929 : «Suivant mon désir d'obtenir une certaine diversité, et afin de ne pas trop "développer" musicalement chacune des nombreuses scènes, selon la méthode en vigueur dans la production dramatique depuis Wagner, il ne me restait guère d'autre solution que de donner à chacune des quinze scènes une structure différente. En outre, la cohérence d'ensemble de ces scènes exigeait aussi une cohérence musicale ; de nouveau, la nécessité en découlait d'assurer la coordination appropriée à des structures d'aspects si divers ; en un mot, il fallait leur imposer des formes musicales définies.» Le texte de Büchner dont disposait Berg se présentait sous forme de scènes lâchement reliées qu'il fallait réorganiser en actes : la solution de ce problème, confie Berg, «relevait déjà de l'architectonique musicale plutôt que de l'art dramatique». De même que naturalisme et expressionnisme renvoient l'un à l'autre, impact dramatique et organisation musicale se trouvent placés en regard dans le fameux agencement en trois actes suivant le célèbre schéma «Exposition – Péripétie – Catastrophe[21]» :

---

20. Berg, *Écrits*.
21. Selon l'excellente présentation de W. Reich in *Berg*.

ACTE I : EXPOSITION

Wozzeck et ses rapports avec son milieu	Cinq études de caractère
1. Le Capitaine 2. Andres 3. Marie 4. Le Docteur 5. Le tambour-major	1. Suite 2. Rhapsodie 3. Marche militaire et berceuse 4. Passacaille 5. Andante affettuoso (quasi rondo)

ACTE II : PÉRIPÉTIE

Wozzeck est convaincu peu à peu de l'infidélité de Marie	Symphonie en cinq mouvements
1. Premiers soupçons de Wozzeck 2. Wozzeck est bafoué 3. Wozzeck accuse Marie 4. Marie danse avec le tambour-major 5. Le tambour-major rosse Wozzeck	1. Mouvement de sonate 2. Fantaisie et fugue 3. Largo 4. Scherzo 5. Rondo marziale

ACTE III : CATASTROPHE

Wozzeck tue Marie et expie en se suicidant	Cinq inventions
1. Remords de Marie 2. Mort de Marie 3. Wozzeck cherche l'oubli 4. Wozzeck se noie dans l'étang 5. Le fils de Marie joue insouciant	1. Invention sur un thème 2. Invention sur un son *(si)* 3. Invention sur un rythme 4. Invention sur une tonalité *(ré mineur)* 5. Invention sur un perpetuum mobile

Berg prendra soin lui-même de mettre en garde contre une attention trop grande donnée à ces procédés formels : « Quelque connaissance que l'on ait de la multiplicité des formes musicales contenues dans cet opéra, de la rigueur et de la logique avec laquelle elles ont été élaborées, de l'adresse combinatoire qui a été mise jusque dans leurs moindres détails, à partir du lever du rideau jusqu'au moment où il tombe pour la dernière fois, il ne peut y avoir personne dans le public qui distingue quoi que ce soit de ces diverses *fugues* et *inventions, suites* et *sonates, variations* et *passacailles,* dont l'attention soit absorbée par autre chose que par l'Idée de cet opéra, transcendante au destin individuel de Wozzeck[22]. » Cette remarque capitale pourrait tout autant s'appliquer à *Lulu* où l'élaboration des formes gagnera encore en complexité.

D'une durée déjà concentrée pour un opéra, *Wozzeck* rejoint, par cette conception de scènes individualisées, les conditions du drame expressionniste qui se présentera de plus en plus « comme une succession de séquences rapides qui ne sont en aucune manière des photographies, mais qui sont bien des notations instantanées d'une réalité transfigurée par la vision » (C. Demange). L'aspect fragmentaire du texte rendu cohérent par le recours aux formes musicales renvoie autant au « drame à stations » de Strindberg qu'aux procédés du cinéma naissant : le fait que Berg ait intégré un film pendant l'interlude qui sépare les deux scènes du deuxième acte de *Lulu* n'est en rien fortuit[23].

Les formes musicales utilisées dans *Lulu* se situent à la fois dans le prolongement du précédent opéra et d'une manière différente. George Perle a encore noté combien les formes sont plus individualisées dans Lulu, au point d'évoquer le classique « opéra à numéros » (dont les titres illustrent l'extrême diversification : Recitativo, Canzonetta, Arietta, Lied, Duo, Arioso,

---

22. « Le problème de l'opéra » (1928), dans *Écrits.*
23. L'examen détaillé du script est particulièrement instructif. Voir le livret de *Lulu,* p. 148.

L'opéra expressionniste

		SCÈNE 2	
(Duettino) (Musique de chambre)	Lulu - le peintre Lulu - Schigolch		
EXPOSITION	Schön - Lulu : — thème 1 — thème 2		désir de rupture de Schön Schön parle de sa fiancée
Exposition (reprise)	— thème 1 — thème 2		Schön : « Laisse-moi en dehors de ta vie » Lulu : « Serais-je jalouse de cette enfant ? »
(Monoritmica)	Schön - le peintre		Les révélations de Schön au sujet de Lulu conduisent le peintre au suicide.
Fin de la reprise			
		SCÈNE 3	
(Ragtime - Andante - Valse anglaise - choral - Ragtime - sextuor)	Schön - Alwa - Lulu - le prince - le directeur de théâtre - l'habilleuse		Évanouissement de Lulu sur scène
Développement	Schön - Lulu :		Schön veut que Lulu danse devant sa fiancée Lulu annonce que le prince veut l'emmener en Afrique Lulu défie Schön
Récapitulation	— thème 1 — thème 2		Découragement de Schön, domination de Lulu qui dicte à Schön une lettre de rupture à sa fiancée

Cavatine, Interlude)[24]. Par ailleurs, la correspondance entre formes musicales et situations dramatiques est ici plus nettement associée à un aspect dominant à l'intérieur d'un acte :

acte I	forme sonate	rupture de Schön avec Lulu
acte II	forme rondo	amour d'Alwa pour Lulu
acte III	thème et variations	déchéance de Lulu

La grande innovation de *Lulu* consistera dans l'interruption d'une de ces formes, en fonction de la situation dramatique, pour réapparaître ensuite. Pour exemple, la forme sonate de l'acte I coiffe à elle seule les deuxième et troisième scènes, interrompue à deux reprises par les interventions d'autres personnages[25] : Schön, fiancé à une jeune femme de la haute société et aspirant à une vie plus respectable, tente de rompre avec Lulu. Celle-ci, bien que mariée au peintre (scène 2) puis danseuse dans un théâtre (scène 3), affirmera son emprise sur Schön au point de lui dicter une lettre de rupture à sa fiancée (cf. tableau page précédente).

Ce que Berg formalise ainsi participe du même esprit que ce que Schoenberg *(Symphonie de chambre)* ou plus encore Mahler (deuxième mouvement de la *Neuvième Symphonie*) avaient réalisé dans d'autres contextes : une diversification à partir de plusieurs discours enchevêtrés dont la variété et l'apparente dispersion renvoient autant à l'éventail de situations imposées ici par le théâtre qu'à une tentative d'unifier des discours successifs, comparable une fois de plus à un « drame à stations » strindbergien.

En pénétrant plus encore la musique de Berg, la convergence apparaît enfin en termes de *style*, lorsque le compositeur intègre divers éléments tels qu'une marche militaire, une valse ou une chanson populaire, qui parviennent à conserver leur pouvoir

---

24. G. Perle, *The operas of Berg : Lulu*, p. 69 sq.
25. Voir D. Jarman, *The music of Berg*, chap. v.

d'évocation, non seulement grâce au texte qui en confirme le caractère, mais surtout grâce à leur rythme connoté : issus d'une « mémoire collective stylistique » dans leur schéma général, ces éléments restent identifiables, et ce, en dépit des distorsions mélodiques qui les affectent : « J'ai donné priorité, explique le compositeur dans sa Conférence sur *Wozzeck,* à la construction symétrique des périodes et des phrases, j'ai employé des harmonies de tierces et surtout de quartes, j'ai adopté un style mélodique essentiellement basé sur la gamme par tons et la quarte juste, par opposition aux intervalles diminués ou augmentés qui prédominent d'habitude dans la musique atonale de l'École de Vienne.» La berceuse qui fait suite à la marche militaire et que chante Marie au premier acte (scène 3) répond directement à ces conditions :

Mä-del, was fangst Du jetzt an? ——— Hast ein klein Kind und kein Mann!

La simultanéité des événements marqués stylistiquement trouvera son aboutissement tout particulièrement lors de la quatrième scène du second acte, dans la taverne où les personnages dansent (Marie et le Tambour-major), parlent (Wozzeck – Andres, Wozzeck – le fou) et chantent (chœur des compagnons et des soldats), par groupes rendus identifiables grâce à des musiques individualisées : un Ländler, une valse, l'orchestre de bal et celui de la fosse reconstituent la superposition virtuose des musiques de danse du premier final de *Don Giovanni.*

L'intégration d'un instrumentarium typé dans les musiques de scène – de l'accordéon et des violons de bastringue (II, 4) ou du piano désaccordé (III, 3) dans la taverne –, participe du même esprit, alors que la musique de Berg reste en accord avec son langage. *Lulu* absorbera également des idiomes stylistiques qui seront plus ceux à la mode avec le jazz et ses instruments caractéristiques au premier rang desquels le saxophone : la maîtrise de l'écriture de Berg associée à son sens dramatique lui permet d'assimiler ces idiomes dans un langage infiniment plus élaboré, au même titre que Mahler parvenait à intégrer des éléments musicaux de sources différentes, voire incompatibles au service d'une seule intention.

De même, le chant dans les deux opéras sera abondamment diversifié, Berg ayant recours à tous les degrés intermédiaires ainsi qu'il les détaille dans la préface aux deux partitions : les trois «attitudes vocales» réclamées dans *Wozzeck* (le parlé, la *Sprechstimme* inspirée de *Pierrot lunaire,* et le chant) seront étendues à six dans *Lulu* : le parlé sans musique, la prose libre sur la musique, le parlé indiqué rythmiquement, la *Sprechstimme,* la déclamation rythmique «mi-chantée», et le chant. Si le fait de recourir au chant le plus pur dans les moments les plus désespérés constitue une autre manifestation du cri par le décalage stylistique qu'il impose, le chant féminin incarne la dimension érotique des personnages de Marie et plus encore de Lulu.

Le début du troisième acte de *Wozzeck,* lorsque Marie lit l'épisode de Madeleine la pécheresse dans la Bible, est l'un des passages les plus fascinants à cet égard, au moment où elle est partagée entre la révolte contre un quotidien insupportable et son aspiration à une autre vie. Berg traduit les remords de Marie qui s'identifie à la femme adultère au moyen de changements très abrupts entre des univers musicalement antinomiques, entre la recherche d'une paix intérieure et le cri d'une réalité refusée. La conduite de ce passage, qui correspond formellement à un thème et sept variations enchaînés à une fugue, prend appui sur l'idée du péché obsédant que chaque variation présentera dans des contextes empruntés au passé (le Ländler, souvenir du bal), au présent (l'enfant et Marie) ou annonçant le drame à venir. Plus encore, la réussite de cette scène tient précisément dans la confrontation serrée entre les extrêmes : le temps de la lecture

(« Et on ne trouvait dans sa bouche aucune parole de tromperie ») et le temps du commentaire de Marie (« Seigneur Dieu, ne me regarde pas ! ») correspondent respectivement à une polyphonie tonale au travers de « la pureté du style de plain-chant » (Jouve-Fano), et à un éclat autant vocal (*Sprechstimme* / chant) qu'orchestral (musique de chambre / masse) :

C'est l'oscillation entre ces différentes caractéristiques qui forme la trame des variations qui se succèdent avec la même rapidité à partir du « thème » réduit à sept mesures (qui donnera lieu à diverses compressions dont celle de la deuxième variation où l'essentiel est donné en deux mesures). Quant à la fugue, elle symbolise plus que jamais la simultanéité entre les éléments musicaux, exacerbant les entrées en imitations qui ouvraient le thème.

La convergence s'exerce donc au plus haut niveau dans le *langage musical*, que ce soit dans la confrontation entre tonal et atonal dans *Wozzeck*, ou en y ajoutant le dodécaphonisme sériel dans *Lulu*. Si, des trois Viennois, Berg a été incontestablement le plus attaché à la tradition, et tout particulièrement à Mahler, son expressionnisme musical se manifeste encore dans cette manière si personnelle d'exploiter les confrontations dont la pertinence sera toujours de servir l'efficacité dramatique. Le point culminant de cette rencontre concerne évidemment l'Interlude orchestral en *ré* mineur situé après la noyade de Wozzeck, dans lequel Berg traduit l'idée de simultanéité des événements thématiques parallèlement à celle de concentration des éléments du langage : « Dans la partie centrale de ce morceau, à son point culminant, les entrées se resserrent en une espèce de strette et donnent un résultat sonore qui, pour contenir les douze sons de la gamme chromatique, n'en fait pas moins, dans le cadre de cette tonalité, fonction de dominante, ce qui conduit tout naturellement à la reprise en *ré* mineur » (Conférence sur *Wozzeck*).

À l'âpreté de *Wozzeck*, *Lulu* répondra par l'*esthétisation* : non moins fascinant, le second opéra approfondira un certain nombre de conditions mises en œuvre dans le premier, démultipliera les qualités du théâtre de Wedekind, tout en développant la même apparente contradiction, à la base de l'expressionnisme bergien, entre un texte noir et profondément critique à l'égard d'une société et une musique d'une luxuriance inégalée. La réussite la plus exceptionnelle de Berg tient d'abord dans le fait de conférer une dimension lyrique à une expressivité exacerbée, et ensuite d'établir les cadres susceptibles de la contrôler: le succès de *Wozzeck* qui, pour en revenir au début de ce chapitre, est le seul ouvrage germanique à être inscrit au répertoire à côté de certains opéras de Strauss, est d'avoir rendues «accessibles» les principales thématiques de l'expressionnisme, dans un langage et un cadre formel plus familiers que ceux des œuvres lyriques de Schoenberg. Selon Pierre Souvtchinsky, c'est «l'emploi systématique de formes et de formules d'écriture classique, apparemment abstraites, qui deviennent, en quelque sorte, l'élément intermédiaire, une *rhétorique musicale* entre le sujet littéraire et la musique choisie pour l'exprimer. Cette musique ne cherche pas à "doubler" ou à illustrer le drame, elle ne le poétise pas, elle le *rhétorise* musicalement grâce à des procédés qui résultent, dans le cas de *Wozzeck,* du traitement d'un langage nouveau par les formes traditionnelles. L'efficacité de cette retransmission, de cette rhétorique, joue dans les deux sens: le langage musical se transforme, s'enrichissant au contact du drame, et le texte de ce drame, en passant à travers la conscience d'un grand art et de ses artifices, y gagne une sur-signification, une valeur de réalité abstraite [26].»

La magistrale solution adoptée par Berg ne serait alors pas fondamentalement éloignée de celle d'Hindemith si ces multiples degrés de convergence n'étaient tous au service d'un cri dans lequel Berg s'identifiait lui-même: celui d'un homme déchiré.

---

26. In «Alban Berg ou le pouvoir d'une rhétorique» dans *L'Arc* n° 27 (1965).

CONCLUSION

L'esthétique et les moyens

> Le devoir du créateur est d'établir des lois, non pas de les suivre.
>
> Ferruccio BUSONI

En vertu de quoi une musique peut-elle être qualifiée d'expressionniste ? Libre à chacun en effet de voir une manifestation « expressionniste » dans une chanson de Lassus ou un madrigal de Gesualdo, étonnants par leurs audaces chromatiques, ou encore dans la *Cinquième Symphonie* de Beethoven dont les arêtes tranchantes et la concentration du discours sont le résultat de la libération d'une énergie qui balaie tout sur son passage. Si ces œuvres constituent les exemples probants d'un déploiement nouveau d'une expressivité par le biais de moyens inhabituels, elles concernent essentiellement des manifestations d'autant plus remarquables qu'elles sont souvent isolées.

D'autre part, il s'agit là d'analogies dans le langage courant qui, si elles conservent un degré de pertinence, restent indépendantes du contexte historique qui nous occupe. Si nous avons insisté sur l'environnement culturel, social et politique des musiciens, c'est, rappelons-le encore une fois, dû au fait que l'expressionnisme s'est manifesté *parallèlement* et non *successivement* dans divers domaines artistiques. En termes de « catégorie esthétique », l'expressionnisme est caractéristique d'une époque dans laquelle de nombreux artistes ont parfois poursuivi des buts différents : tous n'ont pas cherché systématiquement à refaire le monde. En guise de prolongement, nous tenterons d'identifier les *moyens* susceptibles de cerner l'expressionnisme musical ainsi que ses principales manifestations en dehors des compositeurs déjà abordés, non sans avoir discuté auparavant l'idée reçue la plus répandue, consistant à associer systématiquement « expressionnisme » et expression d'une violence musicale.

La violence et l'expression

Le début du XXe siècle semble célébrer la fin du monde tonal dans la violence. La production de Debussy mise à part, on assiste à un déferlement de musiques et de sujets marqués par diverses thématiques qui entretiennent parfois l'amalgame avec l'expressionnisme. Quels rapports peut-on en effet établir entre les délires paroxystiques de *Salome* ou d'*Elektra* et *Le Sacre du printemps* ? Entre le troisième acte de *Wozzeck* et *Arcana* de Varèse ? Aucun précisément si ce n'est que ces œuvres ont vu le jour à la même époque et qu'elles véhiculent, chacune à leur manière, certains thèmes récurrents. Parmi ceux-ci, on mentionnera d'abord la présence fréquente de l'érotisme et de la sexualité, que le symbolisme avait exploité d'une façon plus stylisée : à partir de la *Salome* de Strauss, les œuvres lyriques explorent abondamment les figures féminines sous cet angle, de *Der ferne Klang* et *Die Gezeichneten* de Schreker, *Sancta Susanna* d'Hindemith à *Lulu* de Berg et *Lady Macbeth de Mzensk* de Chostakovitch, avec les dérèglements psychiques qui peuvent en découler, jusque dans *L'Ange de feu* de Prokofiev (dont la *Troisième Symphonie* constituera l'écho instrumental).

Autre thématique importante à cette époque, le goût pour le rituel qui puise son origine soit dans la recherche d'une nouvelle spiritualité (du *Poème de l'extase* à *Prométhée* de Scriabine), dans l'illustration d'un sacrifice primitif *(Le Sacre du printemps),* ou encore dans l'expression d'un délire collectif issu d'une Grèce réactualisée (Bacchanale finale de *Daphnis et Chloé* de Ravel). Il s'agit bien là d'expressions multiples et diverses d'une même époque, et que l'on prendra soin de ne pas assimiler à des manifestations expressionnistes.

Les distinctions suivantes, cherchant à délimiter ce qui oppose la «violence de l'expression» et «l'expression de la violence», ne doivent pas plus être confondues avec l'entretien de la tradition de la caricature «ironisante», souvent mêlée de fantastique, dans le sillage de «l'idée fixe» désarticulée chez Berlioz ou des *Mephisto-Valses* de Liszt: les *Sarcasmes* et autre *Suggestion diabolique* (op. 4 n° 4) de Prokofiev, les *Burlesques* de Bartók, et indirectement le fameux *Scarbo* de Ravel relèvent évidemment d'une tout autre intention.

Entre la violence brute et la violence esthétisée, nous traiterons d'abord de la violence de l'expression au travers du «geste de la catastrophe» qui concerne autant la musique symphonique que l'opéra : ce qu'illustre le développement central du premier mouvement de la *Neuvième Symphonie* de Mahler, avec deux tutti d'orchestre consacrant à chaque fois un échec, constituera un modèle d'expression pour Berg dans ses opéras. C'est l'intensité d'un drame intérieur qui est bien, dans ces deux cas, à la fois le moteur et l'élément principal de l'expression dont la musique traduit la violence : la *Suite lyrique* de Berg pour quatuor à cordes en formera l'écho le plus tragique dans le domaine instrumental.

À l'opposé, on constatera une autre forme de violence résultant de la libération d'une énergie guidée par des forces primitives. Qu'il s'agisse du *Sacre du printemps* ou de la *Suite scythe* de Prokofiev, le déchaînement orchestral est à chaque fois au service d'un argument dépeignant un «primitivisme sauvage» et dont le rythme, combiné à la puissante densité orchestrale, sera le révélateur le plus marquant. Le fait qu'il s'agisse de musiques dues à des musiciens russes et destinées à des ballets, toutes deux composées à la demande de Diaghilev, n'est évidemment pas fortuit : l'illustration, dans un cas comme dans l'autre, est à la hauteur des sujets. Dans le cas du *Sacre* il s'agissait, selon Stravinsky, d'un grand rite sacral païen : « Les vieux sages, assis en cercle et observant la danse à la mort d'une jeune fille, qu'ils sacrifient pour leur rendre propice le dieu du printemps. » On conviendra qu'il y a loin entre la « danse sacrale » finale et celle d'exaltation et de triomphe qu'Elektra entreprend à la fin de l'opéra de Strauss. Quant à la partition de Prokofiev, elle répondait, dans son état originel *(Ala et Lolly),* à une illustration d'un paganisme tout aussi « sauvage » que celui du *Sacre*. Ce n'est en rien faire insulte à Stravinsky ou à Prokofiev que d'éviter l'appellation expressionniste pour ces œuvres : l'un comme l'autre restent de prodigieux créateurs sachant trouver la musique qui convient à de tels sujets.

En tant qu'excroissance particulière dans ce contexte, l'« esthétique de la violence » des bruitistes italiens offre un cas extrême avec les manifestes futuristes de Filippo Tommaso Marinetti ou de Balilla Pratella qui fleurissent entre 1911 et 1913. Lorsque le peintre et musicien Luigi Russolo, s'adressant à Pratella, réclame l'élargissement des « sons purs » au domaine des « sons-bruits », il propose autant une nouvelle approche « musicale » qu'il inaugure la voie d'un nouvel instrumentarium directement en rapport avec son époque et véhiculant une forme de violence particulière : « Chaque son porte en soi un noyau de sensations déjà connues et usées qui prédisposent l'auditeur à l'ennui, malgré les efforts des musiciens novateurs. Nous avons tous aimé et goûté les harmonies des grands maîtres. Beethoven et Wagner ont délicieusement secoué notre cœur durant bien des années. Nous en sommes rassasiés. *C'est pourquoi nous prenons infiniment plus de plaisir à combiner idéalement des bruits de tramways, d'autos, de voitures, et de foules criardes qu'à écouter encore, par exemple l'*Héroïque, *ou la* Pastorale[1]. » Les

---

1. L. Russolo *L'art des bruits, Manifeste futuriste* (1913) repris dans *L'année 1913,* vol. 3, p. 297 sq.

premiers auditeurs des œuvres futuristes aux titres volontairement iconoclastes *(Réveil de Capitale, On dîne à la terrasse du Casino)* auront ainsi entendu des «bourdonneurs, éclateurs, tonneurs, siffleurs, bruisseurs, glouglouteurs et autres renâcleurs» chargés de traduire la vie trépidante de leur époque...

Après ces expériences sans lendemain, Varèse, qui souhaitera ne pas se voir associé aux futuristes italiens, travaillera plus sérieusement au rapprochement entre son et bruit, en particulier en développant la percussion dans ses œuvres: «Dès que la mélodie domine, la musique devient soporifique. On est contraint de suivre la mélodie dès qu'elle se manifeste, et, avec la mélodie, pénètre l'anecdote [...] La percussion ne saurait raconter une histoire[2].» Quant à *Arcana,* partition dépendant plus précisément d'une dimension métaphysique (l'auteur cite Paracelse), elle participe indirectement de cet esprit de violentes ruptures chargées de dissonances.

De même, les «constructivistes» russes chercheront à représenter la vie moderne en une musique qui favorisera le «motorisme» dont les *Fonderies d'acier* de Mossolov (1926), rendant hommage au nouveau programme d'industrialisation soviétique, constituent l'archétype le plus célèbre d'une musique «objective» éloignée de toute émotion. Les *Toccatas* de Khatchatourian ou de Prokofiev, ainsi que la *Deuxième Symphonie* de ce dernier, que l'auteur disait «faite de fer et d'acier», ou indirectement l'*Allegro barbaro* de Bartók participeront largement à cette orientation.

Ces quelques exemples servent moins à montrer ce qui rapproche la violence intérieure d'un Mahler ou d'un Berg et celle essentiellement extérieure de la plupart des œuvres citées que ce qui les oppose fondamentalement: Stravinsky n'a jamais eu l'intention de traduire le malaise de l'homme ou d'une société au travers d'un cri dans *Le Sacre du Printemps,* et si l'apparente

---

2. Dans G. Charbonnier, *Entretiens avec Edgar Varèse.*

identité des moyens peut éventuellement faire illusion, elle ne résiste pas longtemps à un examen sérieux. Au-delà des conséquences touchant au langage, nombre des procédés évoqués sont encore comparables dans la confrontation entre musique «savante» et musique «populaire», comme le souligne André Schaeffner : « Par l'emploi systématique du leitmotiv ou par la recherche de l'unité thématique, le compositeur moderne s'est rapproché paradoxalement d'un état de la musique où, sur le plan technique, la répétition et la variation l'emportent sur le développement. Cet état de la musique étant celui où des sociétés "inférieures" sont restées, nous aurions à nous demander si l'analogie ne s'étend pas hors du champ purement technique [3]. »

Les voies parallèles

L'expressionnisme musical peut être défini par rapport à la fréquence de certains critères prenant valeur d'archétypes : les brusques changements dans la conduite mélodique, les lignes aiguisées par l'emploi de larges intervalles, les registres éclatés et une harmonie éloignée des consonances tonales composent quelques-uns des éléments les plus fréquents, d'autant plus quand ils s'inscrivent dans le cadre de formes concentrées.

Les œuvres que Scriabine écrit entre 1910 et 1915 présentent nombre de ces caractéristiques. La nervosité des brefs motifs et les sauts mélodiques rapides accentuant une instabilité harmonique basée sur des accords altérés définit autant l'écriture des sonates que celle des *Préludes* op. 74. Ramassées en un seul mouvement de courte durée, les trois dernières sonates accumulent en effet les juxtapositions de séquences contrastées dans lesquelles l'abondance des trilles, *trémolos* ou *ostinatos*, ajoute à la sensation de suspension harmonique *(Dixième Sonate)* :

---

[3]. «Musique populaire et art musical» repris dans *Essais de musicologie et autres fantaisies*.

Le fait de favoriser l'éclatement ou la pulvérisation des lignes qui semble rapprocher Scriabine du Schoenberg des *Pièces pour piano* op. 11, n'est qu'un indicateur supplémentaire de préoccupations communes sans que l'on puisse parler d'influence directe pour autant. De même, les conceptions ésotériques qui se traduisent chez Scriabine par la couleur si particulière qu'il donne à l'harmonie n'ont qu'un rapport éloigné avec la nature des orientations spirituelles de l'auteur de *L'Échelle de Jacob*. Les parallèles entre Scriabine et Schoenberg pourraient être encore développés au travers de leur prédilection pour les intervalles inhabituels (quartes, septièmes ou neuvièmes) qui jalonnent leur production de cette époque : le rapprochement entre les accords de quartes de la dernière des *Petites Pièces* op. 19 (1911) et du deuxième *Prélude* op. 67 (1912-1913) ne sont que la démonstration des chemins parallèles que suivaient les deux compositeurs :

Plus encore, et ainsi que l'a démontré le musicologue Detlev Gojowy, les successeurs de Scriabine développeront les échelles symétriques de ce dernier au point d'aboutir chez Nikolaï Roslavets à des conclusions proches de la série schœnbergienne [4].

A l'inverse, on pourrait s'interroger sur la pertinence qu'il y aurait à rattacher indirectement les œuvres contemporaines de

---

4. D. Gojowy, *Neue sowjetische Musik der 20er Jahre*.

Charles Ives, Ferruccio Busoni ou Karol Szymanowski à une esthétique expressionniste, œuvres qui, en dépit de certains moyens comparables, n'en demeurent pas moins d'une tout autre nature.

Hormis les auteurs cités dans le cours de cette étude, l'accumulation de thèmes expressionnistes concerne plus précisément certaines compositions de Bartók qui témoignent du même malaise de l'homme dans la société. La pression frénétique que traduisent les villes distordues des tableaux de Ludwig Meidner et la quête d'un homme régénéré par de nouvelles valeurs se rejoignent précisément dans le ballet *Le Mandarin merveilleux* composé en 1918-1919. L'argument pourrait surprendre par son sujet ancré dans le quotidien : dans un faubourg miséreux, trois crapules sans envergure forcent une fille à attirer les passants dans le but de les dépouiller. Alors que les deux premières victimes sans le sou sont vigoureusement éconduites, apparaît un mandarin solennel et imposant que la fille tente de séduire par une danse lascive. La poursuite de la fille s'enchaîne à une bagarre au cours de laquelle les trois hommes tentent d'assassiner le mandarin à trois reprises sans y parvenir : bien que successivement étouffé, transpercé par une arme blanche et pendu, l'homme mystérieux se relève à chaque fois jusqu'à ce que la fille accède enfin à son désir en l'étreignant. C'est alors seulement que ses blessures saignent et que le mandarin peut mourir apaisé.

Tel un conte philosophique, l'œuvre traduit la recherche d'un équilibre intérieur d'un compositeur hongrois convaincu de l'importance d'une culture nationale et concerné au premier chef par les derniers bouleversements de la guerre. Incontestablement marquée par *Le Sacre du printemps,* la musique retrace ce long parcours vers la vérité en recourant abondamment à la polyrythmie et à la polytonalité qui permettent à Bartók d'exposer avec une puissance peu commune sa vision de la crise de l'homme moderne. Aux jeux de séduction successifs de la fille (confiés à une clarinette sensuelle) répondront les appels poignants du mandarin (donnés aux cuivres en glissando) qui atteindront le cri maintes fois répété dans la deuxième moitié de la partition, avant que seul le chœur final (dans la version originale) n'en donne la résolution dans une coda aux allures de prière :

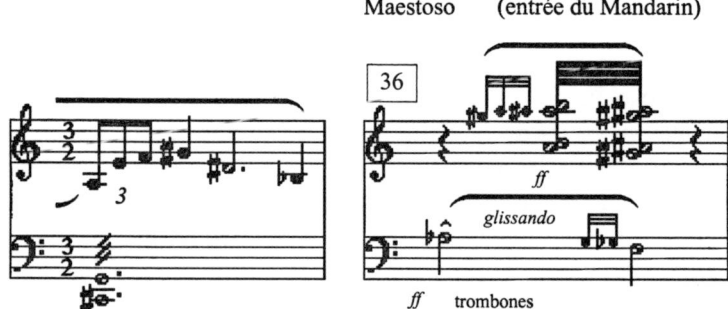

Pressentie dès les *Quatre Pièces pour orchestre* op. 12 (1912) et reconduite dans certaines partitions instrumentales telles que les deux *Sonates pour violon et piano* (1921-1922), les *Trois Études pour piano* op. 18 (1918) jusque dans l'*ostinato* final de la suite *En plein air* (1926), cette écriture traduit une attitude transcendant une énergie intérieure qui lui confère sa dimension expressionniste.

L'histoire musicale du XXe siècle sera encore secouée par ces violents soubresauts politiques qui amènent l'homme à espérer en un monde meilleur et plus juste, comme l'exprime l'œuvre de Karl Amadeus Hartmann (1905-1963) qui fut un temps l'élève de Webern pendant la guerre. En s'opposant farouchement au nazisme, l'engagement de Hartmann est sensible dans sa musique au travers des prises de position que révèlent d'abord son opéra *Simplicius Simplicissimus,* écrit en 1934-1935 d'après le «roman éducatif» de Hans von Grimmelshausen (*Les aventures de Simplex Simplicissimus,* 1669) qui dénonce la violence de la guerre à la manière d'un Till l'espiègle. Par ailleurs, sa *Première Symphonie,* d'abord intitulée *Lamento* (1935-1936) puis *Fragments symphoniques* (1947-1948) sera finalement sous-titrée *Essai pour un Requiem* dans sa version finale (1954-1955). L'œuvre, écrite pour voix de contralto et orchestre, consiste en cinq mouvements avec la mise en musique de quatre poèmes de Walt Whitman – dont Hindemith s'inspirera bientôt pour son propre *Requiem* – encadrant un thème et variations purement instrumental. Les vers du poète américain (successivement I. Introduction: Misère, II. Printemps, IV. Larmes et V. Épilogue: supplique) prolongent la méditation sur l'oppression et permettent au compositeur d'intensifier son message musical, jusqu'à recourir au *Sprechgesang* sur fond de percussions dans le final. Cette cantate prend place dans l'ensemble remarquable des huit symphonies dans lesquelles Hartmann apparaît comme l'un des héritiers les plus directs de l'expressionnisme musical du début du siècle.

De même, l'opéra *Il Prigioniero* (Le prisonnier) de Luigi Dallapiccola (1944-1948) peut être considéré comme l'un des chefs-d'œuvre d'un expressionnisme tardif. Écrit d'après un conte de Villiers de l'Isle-Adam *(La Torture par l'espérance)* et d'un texte de Charles de Coster *(La Légende d'Ulenspiegel et de Lamme Goedzak), Le Prisonnier* est composé à partir d'un sérialisme dodécaphonique propre à l'auteur qui adapte la rigueur de l'écriture à une expressivité vocale italienne. Le sujet repose sur l'espoir que donne le geôlier au prisonnier (baryton) de voir bientôt le pays libéré du joug de Philippe II, et par conséquent de sa prochaine grâce. Allant jusqu'à s'adresser au prisonnier en le nommant «Frère» (Fratello), le geôlier se révélera dans toute sa cruauté lorsque le condamné réalisera qu'il s'agit du Grand Inquisiteur lui-même peu avant d'être conduit au bûcher. Le double rôle du geôlier/Inquisiteur étant tenu par la même voix (ténor), Dallapiccola conçoit une architecture en arche comparable à celles des opéras de Berg pour symboliser successivement l'espoir de la liberté et la progression vers la mort :

Prologue	Scène 4
La mère du prisonnier exprime son mauvais pressentiment.	Le Grand Inquisiteur se dévoile et lui révèle son odieux stratagème.
Intermède choral 1	**Intermède choral 2**
Louange au Seigneur (latin).	Louange au Seigneur (latin).
Scène 1	**Scène 3**
Dialogue du prisonnier avec sa mère : il reprend espoir depuis que le geôlier l'appelle «Frère».	La cellule du prisonnier restant ouverte, celui-ci rencontre un tortionnaire et deux moines.

Scène 2
Le geôlier donne l'espoir au prisonnier de la libération.

L'écriture vocale, partagée entre le parlé rythmique et le chant est renforcée par la tension harmonique et par la thématique qui tient pour une bonne part dans le motif d'introduction et dans celui du «Fratello» qui parcourent l'œuvre :

L'esthétique et les moyens

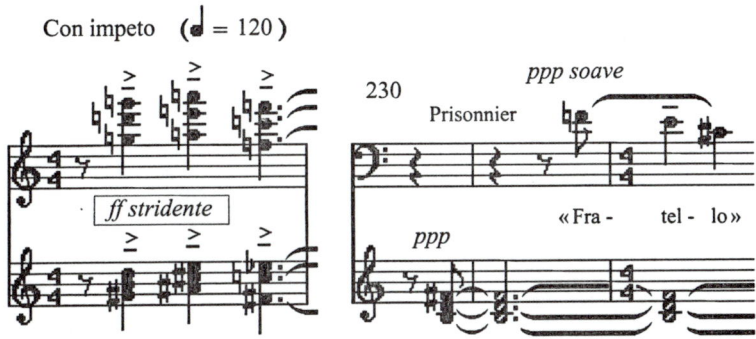

Œuvre intemporelle par l'objet même de sa révolte, à laquelle il faut adjoindre les *Canti di prigionia*[5], cet opéra essentiel s'inscrit à mi-chemin entre le *Wozzeck* de Berg et *Les Soldats* de Bernd Alois Zimmermann ou encore *Intolleranza 1960* de Luigi Nono : la musique de ce siècle conçue comme un engagement s'est nourrie plus que toute autre des leçons de l'expressionnisme.

« Le dernier Schoenberg, écrit encore Charles Rosen, devint un modèle suivi tant de fois qu'on l'entend très souvent sans en être conscient. En revanche, on n'a pas encore épuisé les œuvres de 1908 à 1913, la grande période expressionniste[6]. » Puisse cette étude avoir contribué à une meilleure connaissance de l'un des mouvements esthétiques les plus fascinants de ce siècle.

---

5. Pour chœur mixte et instruments (1938-1941) d'après Marie Stuart, Boèce et Savonarole. Voir « Genèse des *Chants de prison* et du *Prisonnier* » dans L. Dallapiccola, *Paroles et musique* (Minerve, 1992).
6. « Schœnberg et l'expressionnisme » dans *Critique* 339-340 (1975), p. 912.

Remerciements

Cette étude n'aurait pu être menée à bien sans la patience et le soutien de Jean Nithart et les judicieux conseils de Sophie Debouverie. Je souhaite également remercier Yves Gérard, André Lischke, Xavier Pasdeloup, Georges Himelfarb et Jean-Louis Paul pour leur aide précieuse, ainsi que Charles Rosen avec lequel les sujets abordés dans ces pages ont fait l'objet d'échanges très fructueux.

Je tiens tout particulièrement à exprimer ma plus vive reconnaissance à mes premiers lecteurs, André Boucourechliev, Anne Bongrain et Marie Webbart, qui m'ont chaleureusement aidé et encouragé et sans lesquels ce livre n'aurait pu voir le jour.

Bibliographie sélective

1. ANTHOLOGIES DE TEXTES EXPRESSIONNISTES

Theorie des Expressionismus (Stuttgart, Reclam 1976) [Écrits de Ball, Benn, Blass, Bloch, Buber, Däubler, Döblin, Edschmid, Einstein, Goll, Hasenclever, Hatvani, Herzog, Heynicke, Hiller, Hübner, Kaiser, Kandinsky, Kayser, Kokoschka, Leonhard, Mirendorff, Otten, Picard, Pinthus, Rubiner, Schickelé, Schreyer, von Sydow, Walden, Werfel et Ziegler].

Einakter und kleine Dramen des Expressionismus (Stuttgart, Reclam 1976) [Pièces en un acte de Becher, Benn, Britting, Brust, Döblin, Goll, Hasenclever, Johst, Jung, Kaiser, Kandinsky (*Der gelbe Klang*), Kasack, Koffka, Kokoschka (*Mörder, Hoffnung der Frauen*), Sorge et Werfel].

Prosa des Expressionismus (Stuttgart, Reclam 1970) [Textes en prose de Becher, Benn, Brod, Döblin, Edschmid, Ehrenstein, Einstein, Heym, Kafka, Kokoschka, Lemm, Lichtenstein, Lörke, H. Mann, Meidner, Mynona, Schwitters, Sternheim, Trakl, Wolfenstein et Zech].

Gedichte des Expressionismus (Stuttgart, Reclam 1966) [Poésies de H. Arp, Ball, Becher, Behrens, Benn, Blass, Boldt, Brecht, Britting, Däubler, Edschmid, Ehrenstein, Einstein, Engelke, Goll, Gumpert, Hadwiger, Hardekopf, Haringer, Hasenclever, Hastzfeld, Herrmann-Neisse, Heym, Heynicke, Hoddis, Holz, Hülsenbeck, Kasack, Klabund, Klemm, Kölwel, Lasker-Schüler, Lautensack, Leonhard, Lichtenstein, Lörke, Lotz, Mombert, Otten, Rubiner, Runge, Schickelé, Schnack, Schwitters, Stadler, Stramm, Toller, Trakl, Wegner, Werfel, Wolfenstein et Zech].

Expressionnistes allemands sous la direction de L. Richard (Maspero, 1974).*Anthologie bilingue de la poésie allemande*, édition établie par Jean-Pierre Lefebvre (La Pléiade, Gallimard, 1993).

2. Catalogues d'exposition et ouvrages collectifs

L'Expressionnisme, L'Arc n° 25 (1964).
L'Expressionnisme dans le théâtre européen, études réunies par D. Bablet et J. Jacquot (CNRS, 1971).
L'Année 1913, les formes esthétiques de l'œuvre d'art à la veille de la Première Guerre mondiale sous la direction de L. Brion-Guerry, 3 vol. (Klincksieck, 1971-1973).
Vienne, début d'un siècle, Critique n° 339-340 (août-sept. 1975).
L'expressionnisme allemand, sous la direction de Lionel Richard, *Obliques* n° 6-7 (1976).
Encyclopédie de l'expressionnisme sous la direction de L. Richard (Somogy, 1978).
Paris-Berlin sous la direction de P. Hulten (Centre Pompidou, 1978).
Almanach du Blaue Reiter, présentation et notes de Klaus Lankheit (1912, trad. fr., Klincksieck, 1981).
Berlin 1910-1933 sous la direction de E. Roters (Fribourg, 1982).
Vienne 1880-1938, L'apocalypse joyeuse sous la direction de J. Clair (Centre Pompidou, 1986).
Le Cavalier bleu (Musée des beaux-arts de Berne, 1986).

3. Ouvrages cités et références générales

ADORNO Theodor Wiesengrund, *Alban Berg* (Gallimard, 1989).
— , *Quasi una Fantasia* (Gallimard, 1982).
ALTENBERG Peter, *Esquisses et nouvelles esquisses viennoises* (Actes Sud, 1989).
ARNAUD Jean-Pierre, *Freud, Wittgenstein et la musique* (P.U.F., 1990).
BARILIER Étienne, *Alban Berg, essai d'interprétation* (L'Âge d'Homme, 1978).
BARTÓK Bela, *Essays* (New York, 1976).
BELLER Steven, *Vienne et les juifs 1867-1938* (Nathan, 1991).
BERG Alban, *Écrits* (Bourgois / Seuil 1984).
— , livret de *Lulu* (Opéra de Paris-Lattès, 1979).
BERG Alban - SCHOENBERG Arnold, *Correspondence* (New York / Londres, 1987).
BENN Gottfried, *Un poète et le monde* (Gallimard, 1965).

Bibliographie sélective 287

BETZ Albrecht, *Musique et politique, Hanns Eisler* (Le Sycomore, 1982).
BISCHOFF Ulrich, *Edvard Munch* (Taschen, 1990).
BOUCOURECHLIEV André, « Le Ring, forme ou programme », *Entretemps n° 7* (déc. 1988).
BOUILLON Jean-Paul, *Klimt : Beethoven* (Skira, 1986).
BOULEZ Pierre, *Paul Klee, le pays fertile* (Gallimard, 1989).
BOUVERESSE Jacques, *L'homme probable, Robert Musil* (éd. de l'Éclat, 1993).
—, *Philosophie, Mythologie et pseudo-science : Wittgenstein lecteur de Freud* (éd. de l'Éclat, 1991).
BREICHA Otto, *Gerstl und Schönberg, Eine Beziehung* (Galerie Weltz, Salzbourg, 1993).
BROCH Hermann, *Création littéraire et connaissance* (Gallimard, 1966).
BUCHNER Georg, *Œuvres complètes, Inédits et lettres* publiés sous la direction de B. Lortholary (Seuil, 1988).
CAMMAROTA Lionello, *L'espressionismo e Schœnberg* (Bologne, 1965).
CANETTI Elias, *Le Flambeau dans l'oreille, Histoire d'une vie* (Albin Michel, 1982).
CARNER Mosco, *Alban Berg* (Lattès, 1979).
CHADWICK Nicholas, « F. Schreker's orchestral style and its influence on A. Berg », *Music Review*, XXXV (1974).
CRAWFORD John C., *The relationship of Text and Music in the vocal works* (Harvard University, Ph. D. dissertation, 1963).
—, « *Die glückliche Hand* : Schœnberg's Gesamtkunstwerk », *Musical Quarterly* IX (1974).
DAHLAUS Carl, *Schœnberg und andere : Gesammelte Aufsätze zur Neuen Musik* (Mainz, 1978) ; trad. ang., *Schœnberg and the new music* (Cambridge University Press, 1987).
—, *Richard Wagners Musikdramen* (1971) ; trad. fr., *Les drames musicaux de Richard Wagner* (Mardaga, 1994).
DALLAPICCOLA Luigi, *Paroles et musique* (Minerve, 1992).
DÖBLIN Alfred, *Sur la musique, Conversations avec Calypso* (Rivages, 1989).
EDSCHMID Kazimir, « Über Expressionismus » (1917) dans *Frühe Manifeste* (Hambourg, 1957).
ELGER Dietmar, *L'expressionnisme* (Cologne, Taschen, 1988).
EISNER Lotte H., *L'écran démoniaque* (Ramsay, 1981).
ERTELT Thomas F., *Alban Bergs Lulu*, Alban Berg Studien, Band III (Vienne, 1993).
GLIKSOHN Jean-Michel, *L'expressionnisme littéraire* (P.U.F., 1990).
GODÉ Maurice, *Der Sturm de Herwarth Walden ou l'utopie d'un art autonome* (Presses Universitaires de Nancy, 1990).
GOJOWY Detlef, *Neue Sowjetische Musik der 20er Jahre* (Regensburg, 1980).

HADERMANN Paul, « Parallélismes de démarche et de structure dans l'expressionnisme artistique et littéraire », *Publications de l'Institut de formation et de recherches en Littérature* (Université de Louvain-la-Neuve, 1979), fascicule 4.
— , « Musique et espace chez Kandinsky. A propos du *Spirituel dans l'art* » dans Musique et société, Hommages à Robert Wangermée (Ed. de l'Université de Bruxelles, 1988).
HANSLICK Eduard, *Du beau dans la musique* (Bourgois, 1986).
HOUGH Bonny, « Schœnberg's *Herzgewächse* and the *Blaue Reiter Almanac* », *Journal of the Schœnberg Institute* (vol. VII / 2, nov. 1983).
HUYNH Pascal, *Kurt Weill, de Berlin à Broadway* (Plume, 1993).
JACCARD Roland, *Freud, Jugements et témoignages* (P.U.F., 1976).
JAMEUX Dominique, *Richard Strauss* (Seuil, 1971).
— , *Alban Berg* (Seuil, 1980).
JARMAN Douglas, *The Music of Berg* (Londres, 1979).
— , *Alban Berg: Wozzeck* (Cambridge University Press, 1989).
— , *Alban Berg: Lulu* (Cambridge University Press, 1991).
JOHNSTON William M., *L'esprit viennois, une histoire intellectuelle et sociale, 1848-1938* (P.U.F., 1985).
Jouve Pierre-Jean et FANO Michel, *Wozzeck d'Alban Berg* (Bourgois, 1985).
KANDINSKY Wassily, *Du Spirituel dans l'art* (Denoël, 1989).
— , *Regards sur le passé*, édition établie et présentée par J.P. Bouillon (Hermann, 1974 / 1990).
— , *Écrits complets* (Denoël-Gonthier, 1970).
— , *Klänge* (Bourgois, 1987), ed. bilingue.
— , *Hommage à Kandinsky*, n° spécial de XXe siècle (1974).
— , *Kandinsky* (MNAM Centre Pompidou, 1984).
KELKEL Manfred, *Alexandre Scriabine* (Champion, 1984).
KLEE Paul, *Journal* (Grasset, 1959).
— , *Théorie de l'art moderne* (Denoël-Gonthier, 1975).
KLEMPERER Otto, *Ecrits et entretiens* (Hachette, 1985).
KOKOSCHKA Oskar, *Ma vie* (P.U.F., 1986).
— , *Schriftlichen Werke*, vol. 1 (Hambourg, 1973).
KRAUS Karl, *Dits et Contredits* (Gérard Lebovici, 1975 / Ivrea, 1993).
— , *La Boîte de Pandore* (Ludd et Pierre Gallissaires, 1985).
— , *La littérature démolie* (Rivages, 1990).
— , *Cette grande époque* (Rivages, 1990).
— , *La Nuit venue* (Gérard Lebovici, 1986).
— , *Les derniers jours de l'humanité* (Publications de l'université de Rouen, 1986).
— , *Pro Domo et Mundo* (Gérard Lebovici, 1985).
— , *Les Cahiers de l'Herne: Karl Kraus* (1975).

Bibliographie sélective 289

LA GRANGE Henry-Louis de, *Gustav Mahler*, 3 vol. (Fayard, 1984).
— , *Vienne, histoire musicale,* t. II : *De 1848 à nos jours* (Bernard Contaz, 1990 ; rééd. Fayard, 1995).
LAQUEUR Walter, *Weimar, une histoire culturelle de l'Allemagne des années 20* (Robert Laffont, 1978).
LAUBENTHAL Annegrit, « Ausgerechnet der frühe Hindemith » dans *Hindemith. Jahr-buch XII* (1983).
LENSING Leo A., « Gesichter und Gesichte : Kokoschka, Kraus und der Expressionismus », *Oskar Kokoschka Symposion* (Salzbourg / Vienne, 1986).
LE RIDER Jacques « Lulu de Wedekind à Berg, métamorphoses d'un mythe » dans *Critique* n°401 (oct.1980).
— , *Le cas Otto Weininger* (P.U.F., 1982).
— , *Modernité viennoise et crises de l'identité* (P.U.F., 1990).
LOOS Adolf, *Paroles dans le vide - Malgré tout* (Champ libre, 1979 / Ivrea, 1994).
MCGUINNESS Brian, *Ludwig Wittgenstein* (Seuil, 1991).
MAHLER Gustav - STRAUSS Richard, *Correspondance 1888-1911*, rassemblée et commentée par Herta Blaukopf (Bernard Coutaz, 1989).
MOLDENHAUER Hans, *Anton von Webern* (Londres, 1978).
MUSIL Robert, *Journaux* (Seuil, 1981).
PALMIER Jean-Michel, *L'expressionnisme comme révolte* (Payot, 1978).
— , *L'expressionnisme et les arts*, 2 vol. (Payot, 1979-1980).
— , *Georg Trakl* (Belfond, 1987).
— , *L'art dégénéré* (Bertoin, 1992).
PERLE George, « The secret Programme of the *Lyric Suite* », *Musical Times* (septembre 1977).
— , *The Operas of Alban Berg, vol.1 : Wozzeck* (University of California Press, 1980), *vol.2 : Lulu* (idem, 1985).
PIERRE José, *Le Futurisme et le Dadaïsme* (Lausanne, 1967).
PLASSARD Didier, *L'acteur en effigie : figures de l'homme artificiel dans le théâtre des avant-gardes historiques* (L'Âge d'Homme, 1992).
POIRIER Alain, « De quelques types d'écriture dans *Salome* », *Avant-Scène-Opéra* n° 47-48 (fév. 1983).
PUFFETT Derrick, *Richard Strauss : Elektra* (Cambridge, 1989).
RAGON Michel, *L'Expressionnisme* (Lausanne, 1966).
RATHERT Wolfgang, « Paysage imaginaire et perception totale - l'idée et la forme de la Symphonie *Universe* », *Contrechamps* n° 7 (L'Âge d'Homme, 1987).
REDLICH Hans F., *Alban Berg, Versuch eine Würdigung* (Vienne, 1957).
REICH Willi, *Alban Berg, Leben und Werk* (Zürich, 1963).
RICHARD Lionel, *D'une apocalypse à l'autre* (U.G.E., 1976).
— , *Cabaret Cabarets* (Plon, 1991).

RINGER Alexander L., « A. Schœnberg and the prophetic image in music » dans *Journal of the Arnold Schœnberg Society*, vol. I / 1 (1976).
— , « A. Schœnberg and the politics of jewish Survival », *Journal of the Arnold Schœnberg Society*, vol. III / 1 (1979).
ROLLAND Romain, *Richard Strauss et Romain Rolland : Correspondance, fragments de journal, Cahiers Romain Rolland n°3* (Albin Michel, 1951).
ROSEN Charles, *Schoenberg* (Ed. de Minuit 1979).
ROVINI Robert, *Georg Trakl* (Seghers, 1964).
SCHAEFFNER André, *Essais de musicologie et autres fantaisies* (Le Sycomore, 1980).
SCHLŒZER Boris de, *Alexandre Scriabine* (Librairie des Cinq Continents, 1975).
SCHOENBERG Arnold, Les *Lieder op. 22* (1932), trad fr. dans *Musique en jeu* n° 16, (Seuil, nov. 1974).
— , *Journal de Berlin* (Bourgois, 1990).
— , *Traité d'Harmonie* (Lattès 1983).
— , *Structural Functions of Harmony* (Londres, 1970).
— , *Style and Idea* (Belmont Music Publishers, 1975); trad. fr. : *Le style et l'idée* (Buchet-Chastel 1977).
— , *Correspondance 1910-1951* (Lattès 1983).
— , *Das Bilderische Werk* (allemand / anglais), (Klagenfurt, 1991).
— , « Entretien sur la peinture » avec Halsey Stevens (1950), trad fr. dans *Musique en jeu* n° 16, (Seuil, nov. 1974).
SCHOENBERG Arnold - BERG Alban, *Correspondence* (New York / Londres, 1987).
SCHOENBERG - KANDINSKY : correspondance et écrits in *Contrechamps* n°2 (1984).
SCHORSKE Carl E., *Vienne, fin de siècle* (Seuil, 1983).
SCHREKER-BURES Haidy - STUCKENSCHMIDT Hans Heinz - ŒHLMANN Werner, *Franz Schreker* (Vienne, 1970).
SCHUBERT Giselher, « Expressionnisme et musique utilitaire ; l'évolution de la musique scénique d'Hindemith dans les années vingt » dans *Contrechamps n°4* (avril 1985).
SOUVTCHINSKY Pierre, « Alban Berg ou le pouvoir d'une rhétorique » dans *L'arc* n° 27 (1965).
STENZL Jürg, *Dichtung und Musik, Kaleidoskop ihrer Beziehungen* (Stuttgart, 1979).
STRAVINSKY Igor, *Chroniques de ma vie* (Denoël-Gonthier, 1962).
STRAUSS Richard, *Betrachtungen und Erinnerungen* (Munich, 1949 / 1981); trad. fr. partielle, *Anecdotes et souvenirs* (Ed. du Cervin, 1951).
STRAUSS Richard - HOFMANNSTHAL Hugo von, *Correspondance 1900-1929* (Fayard, 1992).
STRAUSS Richard - MAHLER Gustav, *Correspondance 1888-1911*, rassemblée et commentée par Herta Blaukopf (Bernard Coutaz, 1989).

Bibliographie sélective

STUCKENSCHMIDT Hans Heinz - POIRIER Alain, *Arnold Schoenberg* (Fayard, 1993).
TRAKL Georg, *Œuvres complètes* (Gallimard, 1972).
VALLIER Dora, *L'art abstrait* (Hachette, 1980).
VARNEDOE Kirk, *Vienne 1900* (Taschen, 1989).
WAGNER Manfred, « Zum Expressionismus des Komponisten P. Hindemith », in *Frankfurterstudien / II* (1978).
WEININGER Otto, *Sexe et caractère* (L'Âge d'Homme, 1975).
WELLESZ Egon, *Arnold Schœnberg* (1921); trad. ang. (Londres, Galliard, 1971); trad. fr. partielle dans *La Revue musicale* (Richard-Masse, 1989).
WILLETT John, *L'esprit de Weimar, Avant-gardes et politique, 1917-1933* (Seuil, 1991).
YOUENS Susan, « Excavating an Allegory : The texts of *Pierrot lunaire* », *Journal of the Arnold Schœnberg Society*, vol. VIII / 2 (1984).
ZEMLINSKY Alexandre von, *Briefwechsel mit Schœnberg, Webern, Berg und Schreker* (Darmstadt, 1995).

Index

ADLER, Guido (1855-1941), musicologue, ami de Mahler et de Schoenberg: 33.
ADORNO, Theodor Wiesengrund (1903-1969), philosophe allemand, élève de Berg: 185, 204, 227, 243.
Aktion, Die: 23, 35, 42-43, 59, 208.
ALBÈRA, Philippe: 200, 203.
ALBERT, Eugène d' (1864-1932), compositeur et pianiste allemand: 237.
ALTENBERG, Peter (1859-1919), écrivain autrichien, ami de Kraus et de Loos: 36, 37, 44, 84, 101, 222.
Neues Altes: 222.
APPIA, Adolphe (1862-1928), metteur en scène suisse: 127.
ARISTOTE: 78.
ARNAUD, J.-P.: 77.
ARP, Hans (1887-1966), peintre, sculpteur et poète: 58, 121.
ARTAUD, Antonin (1896-1948), écrivain français: 54.

BABLET, Denis: 63-64, 127.
BACH, Jean-Sébastien (1685-1750): 133, 184, 216.
Cantate BWV 32: 216.
Cantate BWV 60: 216.
BAHR, Hermann (1863-1924), écrivain, dramaturge et critique autrichien: 48, 51, 84.

Expressionismus: 48.
BALL, Hugo (1886-1927), poète allemand, principal animateur du Cabaret Voltaire à Zurich: 128, 130, 244.
BALLA, Giacomo (1871-1958), peintre italien: 38.
BALZAC, Honoré de (1799-1850), écrivain français: 78-79, 209-210, 212-213.
Séraphita: 79, 210, 218.
BARILIER, Étienne: 253.
BARLACH, Ernst (1870-1938), peintre, sculpteur et dramaturge allemand: 58, 60.
Die Sündflut (Le déluge): 58.
Der tote Tag (Le jour mort): 58.
BARTÓK, Bela (1882-1945): 133, 153, 243, 271, 273, 277.
Allegro barbaro: 273.
Burlesques: 271.
Château de barbe-Bleue (Le): 243.
Concerto n° 2 pour piano: 243.
En plein air: 278.
Études pour piano op. 18 *(Trois)*: 278.
Mandarin merveilleux (Le): 277-278.
Pièces pour orchestre op. 12 *(Quatre)*: 278.
Sonates pour violon et piano: 278.
BAUDELAIRE, Charles (1821-1867): 101, 228, 252.

De profundis: 228.
Vin (Le): 101.
BEARDSLEY, Aubrey (1872-1898), dessinateur et graveur anglais : 156.
BECHER, Johannes : 59, 61, 64.
Homme, lève-toi: 61.
Zion: 61.
BECHTEIEFF, Vladimir, peintre russe : 14.
BECKMANN, Max (1884-1950), peintre allemand : 99.
BEETHOVEN, Ludwig van (1770-1827) : 33, 133, 156, 272.
Symphonie n° 3: 133, 272.
Symphonie n° 5: 269.
Symphonie n° 6: 272.
Symphonie n° 9: 156.
BEKKER, Paul (1882-1937), critique musical à Francfort, musicologue : 98, 240, 241, 243.
BELLER, Steven : 91.
BENJAMIN, Walter (1892-1940), philosophe allemand : 10.
BENN, Gottfried (1886-1956), poète et essayiste allemand : 10, 12, 50, 59, 68, 77, 102.
Das Unaufhörliche: 102.
BERG, Alban (1885-1935) : 16, 23, 28, 34, 68, 70, 86-87, 89, 95, 100-103, 105, 121, 136, 138, 141, 146, 152-153, 163, 166-168, 170, 176, 181, 188, 190, 194, 210, 219, 222-223, 225-226, 228-229, 237, 241-242, 252-267, 270-271, 273, 280-281.
Altenberg-Lieder op. 4 : 43, 78-79, 89-90, 101, 105, 138, 166, 168, 176, 181, 222-227.
Concerto de chambre: 252.
Lieder (Quatre) op. 2 : 101, 121, 168.
Lulu: 70, 86, 89, 100-102, 176, 188, 222, 225, 252, 254-256, 260, 262, 264, 266, 270.
Pièces pour clarinette et piano (Quatre) op. 5 : 168.
Pièces pour orchestre (Trois) op. 6 : 70, 105, 146, 152, 168.
Quatuor à cordes op. 3 : 168.
Sonate pour piano op. 1 : 168, 222.
Suite lyrique: 227, 252, 271.
Wein (Der): 101.
Wozzeck: 15-16, 28, 68, 71, 101, 102, 105-106, 167, 184, 188, 190, 194, 222, 226, 241, 252-254, 256-260, 263-264, 266-267, 270, 281.
Conférence sur *Wozzeck:* 226, 258, 263, 266.
BERG, Hélène : 222.
BERGSON, Henri (1859-1941), philosophe français : 78.
BERLIOZ, Hector (1803-1869) : 271.
BIENENFELD, Elsa (1877-194 ?), élève de G. Adler et de Schoenberg, critique musical : 125.
BIERBAUM, Otto Julius (1865-1910), écrivain allemand : 44.
BISCHOFF, Ulrich : 64.
Blaue Reiter, Der (Le Cavalier bleu) : 14, 30-31, 37, 39, 48, 57, 75, 97, 111-112, 118, 121, 180.
Blaue Reiter, Almanach du: 32, 60, 87, 101, 110-111, 115, 118, 120-121, 127, 128, 155, 175, 177-178, 200, 202.
BLAVATSKY, Helena Petrovna (1831-1891), théosophe russe : 114.
BLEI, Franz (1871-1942), essayiste et critique littéraire allemand : 244, 247.
BLEYL, Fritz peintre allemand, a participé au groupe *Die Brücke* : 30.
BLÜMNER, Rudolf (1873-1945), acteur de théâtre et ami de Walden : 36.
BOCCIONI, Umberto (1882-1916), peintre italien : 12, 38, 68.
BÖCKLIN Arnold (1827-1901), peintre suisse : 26.
BOISSEL, Jessica : 128.
BOUCOURECHLIEV, André : 138, 177, 190.
BOUILLON, Jean-Paul : 25, 38, 118, 128.

BOULEZ, Pierre: 110, 228.
Marteau sans maître (Le) : 228.
BOURLIOUK, Wladimir (1886-1917), peintre russe, a participé au groupe du *Blaue Reiter* : 121.
BOUVERESSE, Jacques : 76, 84, 93, 96.
BRAHMS, Johannes (1833-1897) : 74, 136, 157, 192.
BRAQUE, Georges (1882-1963), peintre français : 48, 121.
BRECHT, Bertolt (1898-1956), dramaturge et metteur en scène allemand : 28, 45, 99, 102, 252.
Décision (La) : 100.
Lehrstück : 99.
Mahagonny Songspiel : 99.
BREICHA Otto : 123.
Brenner (Der) : 43.
BRETON, André (1896-1966), écrivain français, auteur du *Manifeste du surréalisme* : 23.
BROCH, Hermann (1886-1951), écrivain autrichien : 75, 81.
Apocalypse joyeuse (L') : 75.
BRONNEN, Arnolt (1895-1959), écrivain autrichien : 59.
Brücke, Die (Le Pont) : 14, 25, 30, 32, 37-38, 40, 48, 75, 97.
BRUCKNER, Anton (1824-1896) : 133.
BÜCHNER, Georg (1813-1837), dramaturge allemand : 101, 222, 253, 257-258.
Woyzeck : 253.
BUSCH, Fritz (1890-1951), chef d'orchestre allemand : 29.
BUSONI, Ferruccio (1866-1924), compositeur allemand d'origine italienne : 27, 182, 229, 269, 277.

Cabaret néopathétique : 45.
Cabaret Voltaire : 45, 130, 244.
CAMMAROTA, Lionello : 185, 202.
CANETTI, Elias (1905-1994), écrivain d'expression allemande : 83.
CARNER, Mosco : 223, 225.

CARRÀ, Carlo (1881-1966), peintre futuriste italien : 38.
CASSIRER, Paul (1871-1926), critique d'art, mécène et directeur d'une galerie à Berlin : 25, 48.
CHAGALL, Marc (1887-1985), peintre français : 13.
CHOSTAKOVITCH, Dimitri (1906-1975) : 270.
Lady Macbeth de Mzensk : 270.
Club des Pendus : 230.
COSTER, Charles de (1827-1879), écrivain belge : 279.
La Légende d'Ulenspiegel et de Lamme Goedzak : 279.
CRAFT, Robert : 103.
CRAIG, Edward Gordon (1872-1966), écrivain anglais : 128.
L'Art du théâtre : 128.
CRAWFORD, John C. : 190, 202.
CURJEL, Hans : 241, 244.

Dada : 38.
DAHLHAUS, Carl : 137, 158, 163-164, 173, 175, 183, 187, 191, 205, 211, 216, 241.
DALLAPICCOLA, Luigi (1904-1975) : 279.
Canti di prigionia : 281.
Il Prigioniero : 279-281.
DAMISCH, Hubert : 80.
DÄUBLER, Theodor (1876-1934), critique d'art : 14, 43, 68.
DEBUSSY, Claude (1862-1918) : 42, 51, 74-75, 112, 175, 270.
Jeux : 75.
Pelléas et Mélisande : 175.
DEHMEL, Richard (1863-1920), poète allemand : 36, 44, 78, 91, 157, 195, 201, 210-212.
DELACROIX, Eugène (1798-1863), peintre français : 121.
DELAUNAY, Charles (1816-1872), peintre français : 121.
DEMANGE, Camille : 206, 254.
DEMIERRE, Jacques : 203.

DERAIN, André (1880-1954), peintre français: 48, 121.
DIAGHILEV, Serge de (1872-1929), impresario des *Ballets russes*: 127, 272.
DIETRICH, Marlène (1901-1992), chanteuse et actrice allemande: 45.
DIX, Otto (1891-1969), peintre allemand: 99.
La Grande Ville: 99.
Portrait de la journaliste Sylvia von Harden: 99.
DÖBLIN, Alfred (1878-1957), écrivain allemand: 14, 38, 40, 68, 243.
Conversations avec Calypso: 41-42.
DOSTOIEVSKI, Fiodor M. (1821-1881), écrivain russe: 57, 78.
DOWSON, Ernest (1867-1900), poète anglais: 219.
DUFY, Raoul: 48.
DÜRER, Albrecht (1471-1528): 184.
École de Vienne: 33, 75, 78, 96.

EDSCHMID, Kasimir (1890-1966), écrivain allemand: 13-14, 62, 186.
EHRENSTEIN, Albert (1886-1950), poète autrichien: 43.
EINEM, Gottfried von (1918), compositeur autrichien: 53.
EISLER, Hanns (1898-1962), compositeur allemand: 27, 34, 98-100, 102, 230-232, 236.
Coupures de journaux: 99.
Décision (La): 100.
Palmström op. 5: 230-232.
EISNER, Lotte H.: 49.
EKLAN, Benno, sculpteur: 247.
ELLINGTON, Duke: 99.
ENSOR, James (1860-1949), peintre belge: 13.
ERTELT, Thomas F.: 253.
EYSOLDT, Gertrud (1870-1955), actrice au Deutches Theater de Berlin: 143.

Fackel (Die): voir à Kraus.
FALKE, Gustav: 44.
FANNING, David: 190.
FECHTER, Paul (1880-1958): 40.
FICKER, Ludwig vonn (1880-1967), éditeur de la revue *Der Brenner*: 43.
FREUD, Sigmund (1856-1939), neurologue et inventeur de la psychanalyse: 76, 84-85, 88, 96, 123, 185-186.
Délires et rêves dans la Gradiva *de Jensen*: 185.
L'Interprétation des rêves: 76, 123.
FRIEDRICH, Götz: 194.
FURTWÄNGLER, Wilhelm (1886-1954), chef d'orchestre allemand: 28, 243.

GAUGUIN, Paul: 13, 31.
Gebrauchsmusik: 100.
GEORGE, Stefan (1868-1933), poète symboliste allemand: 50, 70, 78, 84, 83, 101, 105, 161, 176-177, 188, 201, 208, 223.
Jardins suspendus (Les): 188.
Septième Anneau: 208.
Tapis de la vie (Le): 208.
GERHARD, Roberto (1896-1970), compositeur anglo-espagnol, élève de Schoenberg: 27, 34.
GERRON, Kurt, artiste de cabaret: 45.
GERSTL, Richard (1883-1908), peintre autrichien: 96, 122, 123, 125, 186, 206.
Homme riant: 123.
Famille Schoenberg (La): 123.
Sœurs (Les): 123, 125.
GESUALDO, Carlo (1560-1613), compositeur italien: 269.
GILMAN, Sander L.: 92.
GIRAUD, Albert (1860-1929), poète symboliste belge: 101, 159, 208.
Pierrot lunaire: 101, 159, 208.
Gnou: 45.

GODÉ, Maurice: 41, 208.
GOEBBELS, Joseph (1897-1945): 59.
GOETHE, Johann Wolfgang (1749-1832): 10, 15, 121, 125.
GOJOWY, Detlev: 276.
GOLL, Yvan (1891-1950), poète et dramaturge franco-allemand: 12, 35, 49-50, 67-68, 94, 102.
Royal Palace: 102.
GRIMMELSHAUSEN, Hans Jakob von (1625-1676): 279.
Les Aventures de Simplex Simplicissimus: 279.
GROSZ, Georg (1893-1959), peintre allemand: 99.
GUIOMAR, Michel: 145, 159.

HABA, Aloys (1893-1973), compositeur tchèque, pionnier des quarts de ton: 28.
HADERMANN, Paul: 34.
HAHL-KOCH, Jelena: 116.
HANSLICK, Eduard (1825-1904), critique musical: 74, 157.
HARTMANN, Karl Amadeus (1905-1963), compositeur allemand: 279.
Simplicius Simplicissimus: 278.
Symphonie n° 1: 279.
HARTMANN, Thomas von (1885-1956), compositeur russe: 118, 121,128.
HASENCLEVER, Walter (1890-1940), dramaturge allemand: 11, 60, 64, 68, 101, 243, 254.
Le Fils (Der Sohn): 11, 64, 254.
HATVANI, Paul (1892-1975), critique et essayiste autrichien: 47, 50, 85-86.
HAUER, Josef Matthias (1883-1959), compositeur autrichien: 135.
HAUPTMANN, Gerhart (1862-1946), dramaturge naturaliste allemand: 15, 78-79, 254.
Und Pippa tanzt: 79, 254.
HAYDN, Joseph (1732-1809): 33.

HECKEL, Erich (1883-1970), peintre allemand, a participé au groupe *Die Brücke:* 30.
HEINE, Heinrich (1787-1856): 85.
HELLER, Hugo, libraire et marchand de tableaux à Vienne: 124.
HERTZKA, Emil (1869-1932), directeur des Éditions Universal à Vienne: 25, 123.
HERTZL, Theodor (1860-1904), fondateur du sionisme: 61.
HERVÉ, Julien-Auguste, peintre français: 11.
HERZOG, Oswald (1881-194?), critique littéraire: 155.
HEYM, Georg (1887-1912), poète et dramaturge allemand: 12, 45.
HEYNICKE, Kurt (1891-1985), dramaturge allemand: 60.
HILLER, Kurt (1885-1972), principal du Cabaret néopathétique à Berlin: 11, 45, 207.
HINDEMITH, Paul: 17, 22-23, 28-29, 57, 73, 98-100, 102, 106, 145, 230, 233-236, 240, 242-244, 247-249, 251-253, 267, 270, 279.
Cardillac: 29, 251.
Der Todes Tod: 28, 235.
Hin und Zurück: 252.
Junge Magd (Die): 102, 233-236.
Kammermusiken: 240.
Lehrstück: 99.
Lieder op. 9: 102.
Lieder op. 18: 102.
Lustige Sinfonnietta op. 4: 230.
Mörder, Hoffnung der Frauen (Assassin, espoir des femmes): 28, 57, 102, 106, 235, 243, 245-248, 251.
Neues vom Tage (Nouvelles du jour): 29, 100.
Nusch-Nuschi (Das): 243, 247-248, 251.
Quatuor à cordes n° 3: 28.
Requiem « for those we love »: 279.

Sancta Susanna : 28, 57, 102, 106, 240, 243, 248-251, 270.
Unaufhörliche (Das) : 102.
HITLER, Adolf (1889-1945) : 13, 29, 45, 59, 100.
HODDIS, Jakob van (1887-1942), poète allemand : 45, 64, 65.
Weltende : 64.
HODLER, Ferdinand (1853-1918), peintre suisse : 13.
HOFFMANN, E.T.A. (1776-1822) : 251.
Mademoiselle de Scudéry : 251.
HOFMANNSTHAL, Hugo von (1874-1929), poète et auteur dramatique autrichien : 50, 81, 84, 142-143, 175, 238.
HÖLDERLIN, Friedrich (1770-1843), poète allemand : 10.
HOUGH, Bonny : 177.
HÜBNER, Friedrich (1886-1964), écrivain allemand : 14.
HUGO, Victor (1802-1885), poète français : 242.
Notre-Dame : 242.
HUMPERDINCK, Engelbert (1854-1921), compositeur allemand : 27.
Hansel und Gretel : 27.
IBSEN, Henrik (1828-1906), auteur dramatique norvégien : 24, 78.
Ichdrama : 63, 67.
IVERNEL, Philippe : 10.
IVES, Charles (1874-1954), compositeur américain : 117, 277.
Universe Symphony : 117.

JACCARD, Roland : 77.
JACQUOT, Jean : 10, 86, 186.
JANACEK, Leos (1854-1928), compositeur tchèque : 29.
JANICK, Allan : 76.
JAWLENSKY, Alexeï von (1864-1941), peintre russe, a participé au groupe du *Blaue Reiter* : 14, 31.
JENACZEK, Friedrich : 86.
JOHNSTON, William M. : 17, 22.

JOHST, Hanns (1890-1978), auteur dramatique allemand : 59.
Jugendstil : 30, 80, 97.

KAFKA, Franz (1883-1924), auteur tchèque d'expression allemande : 57.
KAISER, Georg (1878-1945), auteur dramatique allemand : 60, 64, 68, 101-102.
De l'aube à minuit (Von Morgens bis Mitternacht) : 64, 254.
Protagonist, Der (Le protagoniste) : 102.
Zar (Der) lässt sich photographieren (Le tsar se laisse photographier) : 102.
KALLIR, Jane : 125.
KANDINSKY, Wassily (1866-1944) : 14, 17, 25, 31, 32, 37-41, 43, 50, 52-53, 57, 60, 68, 76, 78-79, 87, 94, 96-97, 103, 109-124, 126-130, 131, 134, 148, 155, 160, 172, 176-178, 181, 201-202, 204, 210, 212, 218.
Compositions : 111, 116, 130.
Du Spirituel dans l'art : 37, 41, 57, 111, 113-114, 118, 120, 127, 155, 178, 181, 202, 212.
Impressions : 115.
Improvisations : 111, 115, 126, 130.
Klänge (poèmes) : 52, 111, 129-130.
Noir et Blanc : 111, 128.
Regards sur le passé : 112, 115, 116, 118.
Résonance verte : 111, 128.
Sonorité blanche : 111.
Sonorité jaune : 111, 122, 127-129.
KANT, Emmanuel (1724-1804), philosophe allemand : 78, 209.
KARPATH, Ludwig, critique musical viennois : 88.

KESTENBERG, Leo, conseiller musical du ministère prussien de la Culture : 27.
KHATCHATOURIAN, Aram (1903-1978) : 273.
KHNOPFF, Fernand (1858-1921), peintre allemand : 26.
KIERKEGAARD, Sœren (1813-1855), philosophe danois : 43.
KIRCHNER, Ernst Ludwig (1880-1938), peintre allemand, l'un des membres du groupe *Die Brücke* : 30, 31, 103, 121.
Scènes de rue : 31.
Klangfarbenmelodie : 95, 170.
KLEE, Paul (1879-1940), peintre suisse : 32, 39, 49-50, 68, 109, 121.
KLEIBER, Erich (1890-1956), chef d'orchestre allemand : 28.
KLEIST, Heinrich von : 10, 54, 57.
Penthésilée : 54.
KLEMPERER, Otto (1885-1973), chef d'orchestre allemand : 29, 182.
KLIMT, Gustav (1862-1918), peintre viennois : 30, 54, 90, 96.
KLINGER, Max (1857-1920), graveur allemand : 15.
KOKOSCHKA, Oskar (1886-1980), peintre viennois : 25-26, 34, 36-39, 43-44, 48, 53-54, 56-57, 60, 63, 66, 68, 73, 78-80, 87-90, 96-97, 102-103, 121, 123, 127, 176, 204, 244-245, 247.
Fiancée du vent (La) : 57.
Garçons rêveurs (Les) (Die Träumenden Knaben) : 53.
Menschenköpfe : 96.
Mörder, Hoffnung der Frauen (Assassin, espoir des femmes) : 37, 54, 57, 90, 102, 127, 245.
Orpheus und Eurydike : 102.
Pieta : 54.
KORNFELD, Paul (1889-1942), auteur dramatique allemand : 103, 243.
KORNGOLD, Erich Wolfgang (1897-1957), compositeur autrichien : 146, 238-239.
Die Tote Stadt : 146, 238.
KOULBINE, Nicolay (1868-1917), peintre russe : 121.
KRAUS, Karl (1874-1936), critique viennois, principal animateur de *Die Fackel* : 37-38, 41-44, 56, 68, 71, 75, 78-81, 83-97, 101- 102, 119, 176, 183, 185-186, 195, 222.
Fackel (Die) : 37, 42, 44, 82-83, 85, 87-88, 90, 186, 195.
Derniers jours de l'humanité (Les) : 75.
Littérature démolie (La) : 84.
KRAUS, Werner : 67.
KRAUSS, Clemens (1893-1954), chef d'orchestre autrichien : 243.
KRENEK, Ernst (1900-1992), compositeur autrichien : 28-29, 54, 98-100, 102, 106, 238.
Jonny spielt auf (Jonny mène la danse) : 99.
Air de concert op. 68 : 102.
Lieder op. 67 : 102.
Orpheus und Eurydike : 102.
Zwinsburg : 102.
KUBIN, Alfred (1877-1959), dessinateur et écrivain de langue allemande : 57, 121.
Die andere Seite (L'autre côté) : 57.

LA GRANGE, Henry-Louis de : 25, 33, 78, 125, 126, 147, 151, 175.
LANG, Fritz (1890-1976), réalisateur : 67.
Metropolis : 67.
LASKER-SCHÜLER, Else (1869-1945), poète allemand : 36-38, 43-45, 57, 60, 66, 84, 102.
Mein Volk (Mon peuple) : 61.
LASSUS, Roland de (1532-1594) : 269.
LAUBENTHAL, Annegrit : 249.
LE RIDER, Jacques : 90, 92, 186.
LEGAL, Ernst, directeur du Kroll-Oper de Berlin : 29.

LENSING, Léo A. : 97.
LENYA, Lotte, chanteuse et compagne de Kurt Weill : 29.
LENZ, Jakob (1751-1792) : 15.
LICHTENSTEIN, Alfred (1889-1914), poète allemand : 12, 208.
Le Crépuscule : 208.
LILIENCRON, Detlev von (1844-1909), poète allemand : 44.
LISZT, Franz (1811-1886) : 156, 181, 209-211, 271.
Mephisto-Valses : 271.
LŒWENSON, Ernst, animateur du Cabaret néopathétique à Berlin : 45.
LOOS, Adolf (1870-1933), architecte viennois : 37, 39, 56, 76, 79-83, 85, 87, 89-95, 97, 101, 119, 196.
Das Andere : 26, 80.
LOTZ, Ernst Wilhelm (1890-1914), poète allemand : 12.
LOURIÉ, Arthur (1892-1966), compositeur russe : 58, 135.
LUEGER, Karl (1844-1910), maire de Vienne : 26.

MACKE, August (1887-1914), peintre allemand, a participé au groupe du *Blaue Reiter* : 12, 32, 121, 134.
MAETERLINCK, Maurice (1862-1949), poète et auteur dramatique belge : 78, 91, 101, 157, 175, 178-179.
Alladine et Palomidès : 101.
Feuillage du cœur : 178-179.
Sept Princesses (Les) : 101.
Serres chaudes : 178.
MAHLER, Gustav (1860-1911) : 12, 17, 23, 25-26, 28, 32, 33, 37, 41-43, 70, 74, 78-79, 88, 98, 124-125, 132, 138-139, 141, 146-152, 156-157, 163, 175, 181, 189, 195, 200, 204-205, 211, 221-222, 262, 264, 266, 273.
Chant de la Terre (Le) : 151, 222.
Kindertotenlieder : 138.
Symphonie n° 4 : 157.
Symphonie n° 7 : 139.
Symphonie n° 8 : 152, 181, 200, 211.
Symphonie n° 9 : 149, 262, 271.
Symphonie n° 10 : 70, 150.
MAHLER, Alma : 57, 147-148, 169.
MAÏAKOVSKI, Vladimir (1893-1930), poète et peintre futuriste russe : 127.
MALEVITCH, Casimir (1878-1935), peintre russe : 121, 127.
MANN, Heinrich (1871-1950), écrivain allemand : 36.
MARC, Franz (1880-1916), peintre allemand, a participé au groupe du *Blaue Reiter :* 12, 14, 32, 60, 97, 118, 120-121, 134.
MARINETTI, Filipo Tommaso : 272.
MARX, Karl (1818-1883), théoricien allemand du socialisme : 42.
MATIOUCHINE, Mikhail (1861-1934), compositeur russe : 127.
MATISSE, Henri (1869-1954), peintre français : 31, 48.
MCGUINNESS, Brian : 92.
MEIDNER, Ludwig (1884-1966), peintre et écrivain allemand : 58, 277.
Chant du croissant de lune (Le) : 58.
MEYERHOLD Vsévolod E. (1874-1942), metteur en scène russe : 127.
MILHAUD, Darius (1892-1974), compositeur français : 29.
MODIGLIANI, Amedeo (1884-1920), peintre italien : 13.
MOLDENHAUER, Hans : 169.
MOMBERT, Alfred (1872-1942), poète et écrivain allemand : 36, 101.
MORGENSTERN, Christian (1871-1914), poète allemand : 230.
Palmström : 230.
MOSSOLOV, Alexandre (1900-1973), compositeur russe : 273.
Fonderies d'acier : 273.

MOZART, Wolfgang Amadeus (1756-1791): 33, 133, 144, 184.
Don Giovanni: 263.
Flûte enchantée (La): 141.
Noces de Figaro (Les): 184.
MÜLLER, Otto (1874-1930), peintre allemand, a participé au groupe *Die Brücke*: 30.
Baigneuses: 31.
MUNCH, Edvard (1863-1944), peintre norvégien: 13, 24, 30, 36, 37, 59, 63-64, 71, 123, 125.
Cri (Le): 63, 71, 123, 126.
Soirée sur l'avenue Karl-Johann: 125.
MÜNTER, Gabriele (1877-1962), peintre allemand, a participé au groupe du Blaue Reiter: 31, 121.
Musikoper: 251.
MUSIL, Robert (1880-1942), écrivain autrichien: 15, 21, 51, 84.
Désarrois de l'élève Törless (Les): 84.
Neue Klub (Der): 45, 207.
Neue Kunst (Die): 43.
Neue Pathos (Das): 43.
Neue Sachlichkeit (Nouvelle objectivité): 27, 98, 158, 252.
NIETZSCHE, Friedrich (1844-1900), philosophe allemand: 10, 15, 77-78, 117.
NIKISCH, Arthur (1855-1922), chef d'orchestre austro-hongrois: 28.
NOLDE, Emil (1867-1956), peintre allemand, a participé au groupe *Die Brücke*: 30, 31, 51, 59, 97, 121.
Dans une boîte de nuit: 31.
NONO, Luigi (1924-1990), compositeur italien: 281.
Intolleranza 1960: 281.

OFFENBACH, Jacques (1819-1880), compositeur français: 86, 183.
Onze Bourreaux (Les): 44.
OPPENHEIMER, Max (1885-1954), peintre autrichien: 96.

PALMIER, Jean-Michel: 13, 17, 22, 30, 43, 45, 59, 65.
PAPPENHEIM, Marie (1882-1966), dermatologue, proche du cercle de Schoenberg: 101, 159, 185-186.
PARACELSE: 273.
PECHSTEIN, Max (1881-1955), peintre allemand, a participé au groupe *Die Brücke*: 30, 121.
La Ronde de femmes: 31.
Portrait de la femme de l'artiste: 31.
PERLE, George (1915-), compositeur et musicologue américain: 257, 260.
PFÄFFLIN, Friedrich: 88.
PFEMFERT, Franz (1879-1954), principal animateur de la revue *Die Aktion*: 42.
PFITZNER, Hans (1869-1949), compositeur allemand: 27, 98, 139.
Palestrina: 139.
Phalanx: 112.
PICASSO, Pablo (1881-1973), peintre espagnol: 13, 48, 121.
PINTHUS, Kurt (1886-1975), critique, auteur de l'anthologie poétique *Crépuscule de l'humanité*: 14, 30, 35, 47, 61-62.
Crépuscule de l'humanité: 61.
PIPER, Reinhard, éditeur allemand (Munich), a notamment publié l'*Almanach du Blaue Reiter*: 43, 129.
PISCATOR, Erwin (1893-1966), metteur en scène: 99.
PLATON (428-347 av. J.-C.): 78, 209.
POLLOCK, Jackson (1912-1956), peintre américain: 13.
PRATELLA, Francesco Balilla (1880-1955), compositeur italien: 272.
PROKOFIEV, Serge (1891-1953), compositeur russe: 270-273.
Ala et Lolly: 272.
L'Ange de feu: 270.
Sarcasmes: 271.
Suggestion diabolique: 271.

Suite scythe : 271.
Toccata : 273.
Symphonie n° 2 op. 40 : 273.
Symphonie n° 3 op. 44 : 270.
PRZYBYSZEWSKI, Stanislaw (1868-1927), écrivain polonais : 186.
Le Sexe : 186.
PUCCINI, Giacomo (1858-1924), compositeur italien : 207, 239, 251.
Gianni Schicchi : 251.
Il Tabarro : 251.
Suor Angelica : 251.
RAGON, Michel : 13.
RAVEL, Maurice (1875-1937) : 228, 271.
Chansons madécasses : 228.
Daphnis et Chloé : 271.
Scarbo : 271.
Poèmes de Mallarmé : 228.
REGER, Max (1873-1916), compositeur allemand : 98, 133.
REICH, Willy (1898-1980), musicologue, biographe de Berg : 188.
REINACHER, Eduard (1863-1920), poète allemand : 235.
Des Todes Tod op. 23a : 28, 235.
REINHARDT, Max (1873-1943), metteur en scène autrichien au Deutsche Theater : 29, 41, 45, 58.
RICHARD, Lionel : 11, 12, 16-17, 22, 45, 47, 48, 50, 62, 66, 68.
RILKE, Rainer Maria (1875-1926), poète et écrivain autrichien : 36, 50, 78, 84, 101, 219.
RODENBACH, Georges (1855-1898), écrivain belge : 238.
ROGNONI, Luigi : 15, 253.
ROLLAND, Romain (1866-1944), écrivain français : 23, 146.
ROLLER, Alfred (1841-1935), peintre et décorateur, ami et collaborateur de Mahler : 25, 204.
ROSBAUD, Hans (1895-1962), chef d'ochestre autrichien : 243.
ROSÉ, Arnold (1863-1946), violoniste autrichien, fondateur du Quatuor Rosé, beau-frère de Mahler : 124.
ROSEN, Charles : 134, 164, 166, 187, 281.
ROSENBERG, Alfred (1893-1946), homme politique allemand : 59.
ROSLAVETS, Nikolaï (1881-1944), compositeur russe : 135, 276.
ROUAULT, Georges (1871-1958), peintre français : 13.
ROUSSEAU, Henri, dit le Douanier (1844-1910), peintre français : 121.
ROVINI, Robert : 65.
RUBINER, Ludwig (1881-1920), poète et dramaturge allemand, a collaboré à la revue *Die Aktion :* 12, 59.
RUSSOLO, Luigi (1885-1947), compositeur et peintre italien : 38, 272.

SABANEEV, Leonid (1881-1968), compositeur russe, a collaboré au groupe du *Blaue Reiter :* 118, 121, 202.
SAKHAROFF, Alexandre, danseur russe : 118.
SCHAAF, Johannes : 57.
SCHAD, Christian (1894-1982), peintre allemand : 99.
SCHAEFFNER, André (1895-1980), historien et sociologue français : 274.
SCHEEBART, Paul (1863-1915), écrivain allemand : 36.
SCHERCHEN, Hermann (1891-1966), chef d'orchestre allemand : 98, 243.
SCHICKELÉ, René (1883-1940), franco-allemand, journaliste et éditeur de la revue *Die Weißen Blätter :* 43.
SCHIELE, Egon (1890-1918), peintre autrichien : 12, 56, 96, 123.
SCHILLINGS, Max von (1868-1933), compositeur et chef d'orchestre allemand : 27, 207, 237.
Hexenlied (Das) : 207.

SCHLEMMER, Oskar, décorateur allemand : 247.
SCHMIDT, Franz (1874-1939), compositeur autrichien : 26, 242.
Notre-Dame : 242.
SCHMIDT-ROTTLUFF, Karl (1884-1976), peintre allemand, a participé au groupe *Die Brücke :* 30.
Portrait de Rosa Schapire : 31.
SCHNITZLER, Arthur (1862-1931), écrivain autrichien : 84-85.
SCHOENBERG, Arnold : 16-17, 21, 23-24, 26-27, 29, 32-34, 39, 41-44, 51-52, 56, 58, 60, 63, 68, 70-71, 73-76, 78-79, 81-82, 87-91, 93-98, 100-105, 109-115, 118-127, 129-135, 137-139, 141, 145-152, 154-165, 167-179, 181-186, 188, 191-192, 194-197, 200-202, 204-212, 216-220, 222, 229-232, 236, 238, 240, 242-243, 245, 252-253, 255-256, 262, 267, 275, 281.
Brettl-Lieder : 44.
Échelle de Jacob (L') (Die Jakobsleiter) : 60, 79, 172, 180-181, 195, 201, 209-213, 218-219, 275.
Erwartung : 15-16, 29, 63, 68, 70, 75-77, 101, 105, 126, 130, 135, 142, 154, 157-159, 162-163, 168, 171-173, 177, 182-192, 194-197, 200, 220, 239, 242, 245, 249, 256.
Gurre-Lieder : 136, 159, 162, 164, 172-173, 195.
Herzgewächse op. 20 : 101, 121, 177-181, 200, 202, 219.
Lieder (Quinze) op. 15 *(George-Lieder) :* 101, 104-105, 161, 163, 169, 176, 177, 180, 187-188, 206.
Lieder (Quatre) op. 22 : 101, 103, 219.
Main heureuse (La) (Die glückliche Hand) : 15, 26, 29, 56, 60, 68, 90, 101, 105, 111, 117-118, 121, 126, 129-130, 160, 162, 164, 171-173, 181-184, 195-197, 200-202, 205-206, 209-211, 216-217, 219-220, 242, 256.
Moïse et Aaron : 159, 176, 195, 201, 220.
Musique d'accompagnement pour une scène de film op. 34 : 191.
Nuit transfigurée (La) (Verklärte Nacht) : 74, 76, 157.
Pelléas et Mélisande op. 5 : 42, 146, 157.
Petites Pièces (Six) pour piano op. 19 : 105, 171, 276.
Pièces (Trois) « 1910 » : 167, 171, 181.
Pièces (Cinq) pour piano op. 23 : 171.
Pièces (Cinq) pour orchestre op. 16 : 70, 105, 135, 147, 148, 152, 154, 158, 162, 165, 168, 171, 190, 191, 223.
Pièces (Trois) pour piano op. 11 : 134, 162, 165, 275.
Pierrot lunaire op. 21 : 39, 44, 98, 101, 105, 156, 159, 162-164, 172-173, 181, 201, 206-210, 220, 228-231, 233, 236, 264.
Quatuor n° 1 op. 7 : 141.
Quatuor (avec voix) n° 2 op. 10 : 70, 134, 147, 154, 157, 161, 169, 172, 173, 176, 205, 222, 223, 236.
Sérénade op. 24 : 232.
Suite pour piano op. 25 : 171.
Survivant de Varsovie (Un) : 16, 213.
Symphonie : 152, 211.
Symphonie de chambre n° 1 op. 9 : 133, 138, 139, 141, 148, 157, 161, 211, 245, 262.
Von Heute auf Morgen (D'aujourd'hui à demain) : 100, 243, 253.

– Écrits.

Biblische Weg, Der (Le chemin biblique) : 126, 220.
Journal de Berlin : 25, 97, 158, 181, 191, 206.

Traité d'Harmonie: 41, 51, 81, 83, 87, 91, 109, 111, 113, 120, 131-136, 148-149, 151, 153, 156, 164, 172, 240.
– Peintures.
Autoportrait de dos: 126.
Christ agenouillé: 127.
Hände (Mains): 126.
Regard: 126.
Regards: 123.
Rote Blick, Der (Le Regard rouge): 125, 202.
Tränen (Pleurs): 126.
Visions: 123, 125, 126.
Visions du Christ: 127.
SCHOENBERG, Mathilde: 122, 186, 206.
SCHOPENHAUER, Arthur (1788-1860), philosophe allemand: 14, 77-78, 156.
Monde comme volonté et comme représentation (Le): 77.
SCHORSKE, Carl E.: 17, 22, 53-54, 90, 91, 176, 209.
SCHREIBER, Ulrich: 151.
SCHREKER, Franz (1878-1934), compositeur et chef d'orchestre autrichien: 27, 98, 185, 238, 240, 242-243, 270.
Ferne Klang, Der (Le son lointain): 98, 185, 240-241, 270.
Gezeichneten, Die (Les stigmatisés): 98, 241, 270.
Schatzgräber, Der (Le chercheur de trésors): 98, 241.
SCHREYER, Lothar (1886-1966), dramaturge allemand, a collaboré à la revue *Der Sturm*: 38.
SCHUBERT, Franz: 221.
SCHUBERT, Giselher: 243, 249.
SCHÜTZ, Friedrich, critique de la *Neue Freie Presse*: 92.
SCHWARZWALD, Eugénie (1874-1940), mécène, directrice d'une école publique viennoise: 95.

SCHWITTERS, Kurt (1887-1948), peintre et poète allemand: 58.
SCRIABINE, Alexandre (1872-1915), compositeur russe: 12, 74-75, 117-118, 121, 200-201, 271, 274-276.
L'Acte préalable: 117.
Poème de l'extase: 117, 271.
Préludes pour piano op. 67: 276.
Préludes pour piano op. 74: 274.
Prométhée: 75, 117, 200, 202, 271.
Sonate pour piano n° 10: 274.
Symphonie n° 3 « Divin Poème »: 117.
SEKLES, Bernhardt (1872-1934), compositeur allemand, professeur de composition à Francfort: 240.
SERS, Philippe: 128.
SEVERINI, Gino (1883-1966), peintre futuriste italien: 38.
SIEVERT, Ludwig (1887-1966), décorateur allemand: 243.
SKALKOTTAS, Nikos (1904-1949), compositeur grec, élève de Schoenberg: 34.
SORGE, Reinhard (1892-1916), auteur dramatique allemand: 12, 64, 101, 254.
Bettler, Der (Le mendiant): 64, 254.
SOUTINE, Chaïm (1893-1943), peintre russe: 13.
SOUVTCHINSKY, Pierre: 267.
STADLER, Ernst (1883-1914), poète allemand, a collaboré à la revue *Die Aktion*: 12, 64.
STEFFENS, Wilhelm: 67.
STEIN, Erwin (1885-1958), compositeur et musicologue autrichien, élève de Schoenberg: 34.
STEINER, Rudolf (1861-1925), philosophe et architecte autrichien d'origine hongroise: 114.
STENZL, Jürg: 238.
STEPHAN, Rudi (1887-1915), compositeur allemand: 98, 239-240, 242.

Ersten Menschen, Die (Les premiers hommes) : 239.
Musik für... : 240.
STERNBERG, Josef von (1894-1969), réalisateur autrichien : 45.
STEVENS, Halsey : 123.
STRAMM, August (1874-1915), poète et auteur dramatique allemand : 12, 38, 56-57, 65-66, 102, 229, 244, 248.
Kräfte (Forces) : 66.
Patrouille : 66.
Rudimentär : 66.
Sancta Susanna : 57, 66.
Urtod : 66.
STRAUSS, Richard (1864-1949) : 17, 23, 27, 41, 74, 92, 98, 132, 137, 139-143, 145-148, 150, 156, 163, 175, 194, 221, 237-240, 249, 270, 272.
Ainsi parla Zarathoustra : 140.
Capriccio : 175.
Chevalier à la rose, (Le) (Der Rosenkavalier) : 41, 98, 140, 143, 145, 237-238.
Don Quichotte : 140.
Elektra : 139, 141-145, 148, 150, 185, 188, 194, 237, 249, 270, 272.
Salome : 92, 139-145, 148, 150, 182, 185, 194, 237-239, 249, 270.
Une vie de héros (Ein Heldenleben) : 140.
STRAVINSKY, Igor (1882-1971) : 29, 75, 155-156, 228, 272-273.
Œdipus Rex : 29.
Oiseau de feu (L') : 156.
Poésies (Trois) de la lyrique japonaise : 228.
Sacre du printemps (Le) : 75, 270-271, 272, 273, 277.
Chroniques de ma vie : 155.
STRINDBERG, August (1849-1912), auteur dramatique suédois : 15, 54, 57, 63, 67, 78, 89-91, 102, 185-186, 195-196, 210, 212, 222, 253, 260.
Combat de Jacob (Le) : 210.

Grand-route (La) : 212.
Père : 63.
Pièces de chambre : 102, 222.
Sonate des Spectres, La : 102.
Le Songe : 185.
STUCKENSCHMIDT, Hans Heinz : 78, 147.
STUMPP, Emil, peintre autrichien : 96.
Sturm, Der : 22, 25, 35-38, 40-42, 45, 48, 51, 56, 66, 79-80, 82, 85, 96, 111, 118, 120, 155, 208.
SWEDENBORG, Emmanuel (1688-1772), écrivain suédois : 78, 209, 212, 218.
SZYMANOWSKI, Karol (1882-1937), compositeur polonais : 277.

TAGORE, Rabindranath (1861-1941), poète et écrivain hindou : 211.
TOLLER, Ernst (1893-1939), auteur dramatique allemand : 64.
Wandlung, Die (La conversion) : 64.
TOLSTOÏ, Lev (1828-1910), auteur dramatique russe : 84.
TOULMIN, Stephen : 76.
TOULOUSE-LAUTREC, Henri de (1864-1901), peintre français : 13.
TRAKL, Georg (1887-1914), poète autrichien : 12, 43, 57, 60, 65, 79, 84, 86-87, 89, 101-102, 232-234.
Grodek : 65.
Junge Magd, Die : 102, 233-234.
Nachts : 57.
Psaume : 86.

UNRUH, Fritz von (1885-1970), auteur dramatique allemand : 243.
VALLIER, Dora : 40, 112.
VAN GOGH, Vincent (1853-1890), peintre hollandais : 13, 24, 31, 36, 59, 123.
VARÈSE, Edgar (1883-1965), compositeur français : 270, 273.
Arcana : 270, 273.

VEIDT, Conrad, acteur allemand : 67.
VILLIERS DE L'ISLE-ADAM, Philippe (1838-1889) : 279.
VLAMINCK, Maurice de (1876-1958), peintre français : 48, 121.
VOGEL, Wladimir (1896-1984), compositeur russo-suisse : 104, 229.
Nature vivante, six pièces expressionnistes : 104.
Sprechlieder (Drei) : 229.

WAGNER, Richard (1813-1883) : 15, 42, 74, 127, 136-137, 145-146, 156-157, 161, 172, 174, 183, 195, 205, 238, 240, 258, 272.
Anneau du Nibelung (L') : 172.
Maîtres chanteurs de Nuremberg, Les : 138, 173, 183, 205.
Or du Rhin (L') : 164.
Tristan et Isolde : 74, 137-139, 141-142, 146, 183-184, 190, 195, 248.
WAGNER, Nike : 86.
WALDEN, Herwarth : 14, 36, 37-39, 42, 45, 47, 57, 66, 79, 85, 96, 118, 120.
WALTER, Bruno (1876-1962), chef d'orchestre autrichien : 28, 151, 175.
WEBERN, Anton von (1886-1945) : 23, 34, 71, 78, 87, 96-97, 101-102, 104-105, 121, 124, 138, 141, 146, 153, 162-163, 166-170, 172, 181, 210, 229, 231-232, 236, 278.
Bagatelles pour quatuor à cordes op. 9 : 105, 162, 169, 229.
Canons (Cinq) op. 16 : 232.
Lieder op. 4 : 121.
Lieder op. 12 : 102.
Lieder op. 14 *(Trakl-Lieder) :* 101, 232.
Mouvements (Cinq) op. 5 *pour quatuor à cordes :* 105.
Passacaille pour orchestre op. 1 : 146.
Petites Pièces pour violoncelle et piano (Trois) op. 11 : 105, 169, 170.
Pièces pour orchestre (Cinq) op. 10 : 71, 105, 169, 181.
Pièces pour orchestre (Six) op. 6 : 71, 138, 146, 166, 170.
Textes populaires op. 17 : 232.
Schmerz immer blick nach oben : 229.
Chemin vers la nouvelle musique : 153.
WEDEKIND, Frank (1864-1918), auteur dramatique allemand : 12, 15, 45, 54, 57, 79, 82, 84-86, 90, 101, 222, 255, 266.
Boîte de Pandore, La : 86, 222, 255.
Esprit de la Terre, (L') : 86, 255.
WEICHERT, Richard (1880-1961), metteur en scène allemand : 243.
WEILL, Kurt (1900-1950) : 28-29, 98-100, 102.
Mahagonny Songspiel : 99.
Protagonist, Der (Le protagoniste) : 102.
Royal Palace : 102.
Zar lässt sich photographieren, Der (Le tsar se laisse photographier) : 102.
WEINGARTNER, Felix (1863-1942), chef d'orchestre allemand : 28.
WEININGER, Otto (1880-1903), écrivain autrichien : 78, 89-92, 123, 195, 210.
Sexe et caractère : 89-90, 123.
WELLESZ, Egon (1885-1974), compositeur et musicologue autrichien, élève de Schoenberg : 34, 94-95, 138, 145, 158, 184.
WEREFKIN, Marianne von (1860-1938), peintre russe : 14.
WERFEL, Franz (1890-1945), poète et écrivain autrichien : 38, 50, 62, 68, 102, 169, 254.
Ami du monde (L') : 38, 50.

Appel à la révolution: 62.
Les Uns les autres: 50.
Nous sommes: 50.
Zwinsburg: 102.
WHISTLER, James A. : 26.
WHITMAN, Walt (1819-1892), poète américain : 279.
WIENE, Robert (1881-1938), réalisateur allemand : 67.
Cabinet du docteur Caligari (Le): 67, 202.
Wiener Werkstätte (L'atelier viennois) : 54.
WILDE, Oscar (1854-1900), écrivain irlandais : 92, 142, 238.
WITTGENSTEIN, Ludwig von (1889-1951), philosophe autrichien : 76, 79, 92-93, 96.
WOLF, Hugo (1860-1903), compositeur autrichien : 133.
WOLFF, Kurt (1887-1963), éditeur allemand : 43.
WOLF-FERRARI, Ermanno (1876-1948), compositeur italien : 237.
WORRINGER, Wilhelm (1881-1965), historien de l'art allemand : 11, 39, 40.

YOUENS, Susan : 209.

ZEHME, Albertine (1857-1946), artiste de cabaret : 207.
ZEISS, Carl, directeur de théâtre à Francfort : 243.
Zeitoper: 100, 252, 253.
ZEMLINSKY, Alexandre von (1871-1942), compositeur et chef d'orchestre autrichien : 32, 74, 112, 122, 138, 146, 238-239.
Florentinische Tragödie, Eine (Une tragédie florentine) : 146, 238-239.
Maeterlinck-Lieder op. 13 : 138.
Zwerg, Der (Le nain ou L'anniversaire de l'infante) : 238, 239.
ZILLIG, Winifried (1905-1963), compositeur et chef d'orchestre allemand : 27.
ZIMMERMANN, Bernd Alois (1918-1970), compositeur allemand : 281.
Soldaten, Die (Les soldats) : 281.
ZWEIG, Stefan (1881-1942), écrivain autrichien : 21, 43.

Table des matières

INTRODUCTION 9

Difficultés d'une approche, *12*. — Situation du propos, *16*.

PREMIÈRE PARTIE

L'EXPRESSIONNISME ET LA MUSIQUE

Chapitre premier. — ENTRE VIENNE ET BERLIN 21

I. Parcours croisés, *24*. — *Les personnalités et la ve musicale*, *24*. — *La nécessité du regroupement*, *29*. — II. Les supports et les moyens de diffusion des idées, *35*. — *Les revues*, *35*. — *« Expressionnisme humain » et « Expressionnisme abstrait »*, *37*. — *La musique dans* « Der Sturm », *40*. — *La politique dans* Die Aktion, *42*. — *Les cabarets*, *43*.

Chapitre II. — LES CONDITIONS D'UN EXPRESSIONNISME 47

Pluralité des activités, *52*. — Pluralité des orientations, *58*. — Les moyens d'expression : du cri à la révision du langage, *62*.

Chapitre III. — L'EXPRESSIONNISME ET LES MUSICIENS 73

L'environnement des musiciens viennois, *75*. — *Adolf Loos et Karl Kraus ou les nouvelles tables de la loi*, *79*. — *Kraus et*

Weininger, 89. – *Parenthèse : la pédagogie*, 93. – *Schoenberg et la peinture de son temps*, 96. – L'environnement culturel des musiciens après 1918, 98. – La musique et l'expressionnisme littéraire, *101*. – Une musique expressionniste, *103*. – Les trois phases de l'expressionnisme musical, *104*.

DEUXIÈME PARTIE

LA MUSIQUE ET L'EXPRESSIONNISME

Chapitre IV. – LA CONJONCTION SCHOENBERG-KANDINSKY 109

Étapes d'une rencontre : parallèles, *110*. – Entre la métaphore et l'analogie, *119*. – La peinture de Schoenberg, *122*. – Les compositions scéniques de Kandinsky, *127*.

Chapitre V. – L'ÉMANCIPATION DE LA DISSONANCE 131

Le style et l'idée, *131*. – De Wagner à Strauss : Tristan, encore et toujours, *137*. – De Mahler à Schoenberg, *147*.

Chapitre VI. – LA FORME ET L'EXPRESSION 155

I. Les moyens d'une nouvelle expressivité : les degrés de distanciation, *160*. – *La « petite forme »*, *167*. – *Le sens du texte*, *174*. – *Vers la forme symbolique :* Herzgewächse *ou le modèle*, *177*. – II. Le parcours schoenbergien : entre l'opéra et l'oratorio, *182*. – *La scène lyrique : d'*Erwartung *à* Die glückliche Hand, *182*. – *La musique hallucinée :* Erwartung, *184*. – *La peinture à la scène :* Die glückliche Hand, *195*. – *De la théâtralisation de la poésie à la voie religieuse : 206.*

Chapitre VII. – LE LIED EXPRESSIONNISTE ET SES DÉRIVÉS 221

Berg et le théâtre implicite, *222*. – L'emblème du *Pierrot lunaire*, 228.

Chapitre VIII. L'OPÉRA EXPRESSIONNISTE.................................. 237

Hindemith et la stylisation, *243*. – Berg et la convergence, *252*.

Conclusion. – L'ESTHÉTIQUE ET LES MOYENS........................... 269

La violence et l'expression, *270*. – Les voies parallèles, *274*.

Remerciements *283*
Bibliographie sélective.. *285*
Index... *293*

*Livre composé en Times de corps 11
et mis en pages par Jean-Louis* PAUL

Impression réalisée sur CAMERON *par*
BRODARD ET TAUPIN
La Flèche

*pour le compte des Éditions Fayard
en septembre 1995*

Imprimé en France
Dépôt légal : octobre 1995
N° d'édition : 33 – N° d'impression : 6097M-5
ISBN : 2-213-59243-8
35-56-9243-01/3